Social Psychology

刘佰龙◎编著

心理学与社交策略

千人千面，千面千心
知人、知面、知心的心理技巧集萃

破解人际交往的心理密码，呈现行为背后的心理奥秘
走进内心深处，把握心理脉搏
应用心理策略，突破社交障碍

中国纺织出版社

内 容 提 要

人际沟通能力是年轻人闯荡社会的基本技能。与人交流，有丰富的心理学知识作为基础，能够帮你提高沟通的成效，提高做事的效率。

本书从心理学和社交技巧两方面入手，教会读者理解行为心理学、认识心理学、大众心理学中的普遍规律，并联系现实生活给予阐释，提升读者与人交流和沟通的能力。书中丰富的案例为读者展示了如何受人欢迎、取得信任、有效沟通、消除隔阂的方法，帮助读者借用心理学的内容，提高社交能力，成就精彩人生。

图书在版编目（CIP）数据

心理学与社交策略／刘佰龙编著. --北京：中国纺织出版社，2014.2 （2024.4重印）
ISBN 978-7-5180-0109-5

Ⅰ.①心… Ⅱ.①刘… Ⅲ.①心理交往—社会心理学 Ⅳ.①C912.1

中国版本图书馆CIP数据核字（2013）第249618号

策划编辑：闫 星　　责任编辑：曲小月　　责任印制：储志伟

中国纺织出版社出版发行
地址：北京市朝阳区百子湾东里A407号　邮政编码：100124
邮购电话：010—67004461　传真：010—87155807
http：//www.c-textilep.com
E-mail：faxing@c-textilep.com
北京兰星球彩色印刷有限公司印刷　各地新华书店经销
2014年2月第1版　2024年4月第5次印刷
开本：710×1000　1/16　印张：18.5
字数：245千字　定价：82.00元

凡购本书，如有缺页、倒页、脱页，由本社图书营销中心调换

前言

人是群居动物，人类社会的绵延和发展离不开各种社会活动，然而一切社会活动的基础就是人与人之间的接触和交往。每个人都会与人打交道，这并不是一件难事，但是能够很好地处理自己的人际关系却不是每个人都能做到的，如同做任何事情一样，会做和做得好往往有天壤之别。

据统计，在一年内失去工作的人中，只有10%的人是因不能胜任工作而被解聘，其余90%的人则是因为不能很好地处理各种关系而丢了工作。所以，无论在日常生活中还是在商场和职场，轻松驾驭人际关系的方法是每个人都应该尽快掌握的。懂得社交心理学的知识，更能使你在工作和日常交际中与他人更好的交流和相处，构建融洽的关系。

社交并不是简单地与人说话，这其中有很多道理和奥妙，想要在社交场上如鱼得水，除了要掌握一些基本的社交理念、交际技巧之外，运用适当的心理策略也是迅速达成自己目的捷径。

在人际交往的过程中，我们必须要注意的是，社会是复杂的，人心是难测的，你会碰到各种各样的人和事，如果没有一点防范意识，就很容易在明枪暗箭的攻击下中招落马。社交策略正是一种用来洞察和分析他人，以顺利达成自己目的的方法和手段，它是一种为人处世的智慧和谋略，是保证你的人生旅途开阔平坦所必须具备的。在处理各种事情的时候，懂得用心理策略来做润滑剂，困难的事情往往就会变得简单起来。

一个人城府再深，也不可能完全掩饰自己的心思；一个人再虚伪，也会通过细节暴露本性。《心理学与社交策略》这本书运用大量生动有趣的案例展开分析，从心理认识和社交技巧两个方面教会你从细枝末节处辨析他人的想法，运用小策略轻松获得他人的信任与好感，达成自己的目的。希望读者朋友通过对本书的阅读可以在为人处世的过程中得心应手、游刃有余，可以在自己的事业上成绩卓著、一帆风顺。

编著者

2013年11月

目录

第1章

眼明心亮，结交益友的策略

常言道，画虎画皮难画骨，知人知面不知心。人是群居动物，离不开社会，更离不开与人打交道。在生活中，每个人都有朋友，但是，现代社会生活节奏越来越快，人们接触的信息面也越来越宽，所以人们周围的朋友也越来越复杂。其实，朋友分为很多种，例如知己、普通朋友、酒肉朋友等。那么，怎样才能快速识别一个人，从而确定是否应该与他结交呢？其实，慧眼识人是有技巧的。

多多去结识对自己有所帮助的人

李采在公司里担任业务骨干多年，一直梦想着成为销售部的主管，但是却始终没有晋升。今年，张副总调来主管公司的教学工作，因此，李采就把自己的前程寄托在了张副总身上。在工作上，事无巨细，他都要向张副总汇报、请示；在生活中，每逢过年过节，他总是拎着大包小包的礼品往张副总的家里跑；甚至张副总的孩子要小学升初中了，李采也搞得比自己家的孩子升学还要忙。

眼看自己马上就要在张副总的举荐下得到晋升，却突然爆出张副总因为几年前主管一个项目的时候资金上比较混乱，所以被公司调到研发部门搞管理工作了。实际上，这是公司把张副总打入冷宫了。

无疑，张副总如今已是泥菩萨过河自身难保，怎么可能还会扶持李采呢？这个突如其来的变动使李采措手不及，眼瞅着煮熟的鸭子飞了。在追悔莫及之际，李采一改往日对张副总殷勤备至、阿谀奉承的样子，连正眼都不看张副总一眼。

已经成为研发部主管的张副总不由得慨叹人心莫测、世态炎凉。因为内交外困，所以他的心境低落到了极点。这时，研发部的小宋看到张副总失意的模样，非常同情张副总。趁着节假日，小宋偷偷地来拜访张副总。这让张副总深感意外："我哪里还是什么张副总啊，虽然名义上挂着个研发部主管的头衔，但是，我已经没有任何实权，你还来找我干什么呢？"

听着张副总伤感的言辞，小宋毫不介意地说："张主管，我并不是来求您办事的。我只是认为福祸相依，坏事也有可能变成好事。其实，公司把您调到了研发部，你正好可以借此机会搞搞研发，我听人家说您最早的时候可就是咱们公司里的顶尖专家啊！"

张副总似乎有些感动，自从落马以后，之前那些在自己身边鞍前马后的人都远远地躲着自己，根本没人这样安慰过他。然而，这个看上去还有几分稚气的小姑娘说的话确实很有道理。最后，小宋说道："实际上，很多时候环境是无法改变的，假如我们不能让自己完全妥协，至少我们可以决定自己面对逆境时的态度。不管在什么环境条件下，我们都应该尽自己最大的努力，这样才不会后悔。"张副总重重地点了点头，眼中似乎有泪光在闪动。

半年后，由张副总牵头的一个力学科研项目取得了重大突破，获得市级技术进步奖，为此，张副总被评为科技进步带头标兵。此后，好运接踵而来，从监察部门传来消息，张副总当年负责的工程账目已经理清了，事实证明，张副总非常清廉，没有任何经济上的问题。经公司董事会研究，任命张副总为公司主管科研的老总！

晋升没多久，张总进行了一番重大的人事调整，他升任小宋为研发部主管，把李采调到了后勤部门做协助工作。

在上述事例中，李采和小宋通过不同的起点到达了不同的终点：一个与人交往功利性太强；另一个则在别人苦难的时候结识别人，终修得正果。不过，李采和小宋有一个共同点，即他们都结识了对自己有所帮助的人，所不同的是，他们与人交往的心态不同。在痛恨李采见风使舵的同时，我们不禁从心底欣赏小宋的智慧。不管怎么说，小宋抓住时间认识了有可能对自己有所帮助的人，从而使自己的工作更加顺利，前途更加光明。可以想象，如果李采不是那么势利，看到张副总被打入冷宫就马上见风使舵，那么，最终他也肯定能够得到张副总的提拔。

人是群居动物，不可能脱离社会，而在社会上生活，要想成功，很难离得开别人的帮助。在生活中，人们经常说某人的成功是因为有贵人相助。其实，每个人都有贵人，而这个所谓的贵人，就在你的关系网中。在这个关系网中，你有很多各行各业的朋友，当你遇到困难的时候，他们可以从不同的角度为你提供不同的帮助。在初步交往中，你很可能看轻这种交往，因为你根本没有看到交往的价值。其实，生活中贵人无处不在，不管是你的亲戚、朋友，还是同事，甚至是萍水相逢的人，都有可能成为你的贵人，关键在于要你去结识他们，这样才能在需要的时候求助于他们，让他们助你一臂之力。很多时候，人们都希望“有贵人相助”。的确，不管对于谁来说，有贵人相助都是一件好事情，因为在贵人的帮助下，我们能够更快地、更顺利地向自己的目标靠拢。那么，什么叫贵人？很多时候，人们会尊称对自己有很大帮助的人为贵人。例如，我们平时常说的“出门遇贵人”，指的就是对自己有很大帮助的人。不管你从事什么工作，要想成功，就必须建立良好的人脉关系。

不要轻易错过偶然遇到的“关键人物”

李景全是香港著名的实业家，曾经荣获香港十大杰出青年的称号。其实，李景全原本只是一个非常平凡的人，不仅一文不名，而且默默无闻。

但是，因为偶然遇到了生命中的“关键人物”，并且得到了对方的帮助，所以他发展了自己的事业，渐渐地走向了成功。李景全的成功之路给人们带来了启发。

李景全自立门户的时候才刚刚18岁，创业的艰难是不言自明的。不过，他现在已经不再对曾经的艰难生活念念不忘了，而是时刻牢记着大贵人曾文忠在他的创业历程中对他的种种帮助。18岁辍学的李景全迫于生计，首先来到一家电子公司当电子零件推销员。说得好听叫推销员，其实就是一个送货员。不过，这份工作虽然很辛苦，却使李景全有机会接触到了很多电脑行家，其中就包括大贵人曾文忠。

在做电子零件推销员的时候，李景全渐渐地对电脑业产生了浓厚的兴趣。终于，他拿出自己的所有积蓄——2万港元和别人合伙开了一家小公司，主要负责替电脑商装嵌电脑面板。然而，自己创业当老板比想象中难多了。因为缺乏经验，再加上合伙人对他的轻视，最后，李景全退还了合伙人2万港元，与合伙人分道扬镳。从那之后，公司完全属于李景全一个人了，与此同时，他开始了孤军奋战的日子。虽然公司在名义上属于李景全一个人了，但是，却欠下了10多万港元的债务！为了集思广益、走出困局，李景全找来昔日要好的同学们帮忙出主意。同学们纷纷出谋献策，终于帮助李景全在半年的时间里还清了所有的债务。不过，公司的生意却始终不见起色，直到他再次遇到曾文忠为止。

此时，曾文忠已经是香港著名的电脑商了，在电脑界一呼百应、举足轻重。曾文忠很想扩展公司的业务，因此想开厂进行生产。他觉得李景全是一个很理想的合作伙伴，因为李景全不仅年轻有朝气，而且踏实肯干。就这样，身陷困境的李景全遇到了事业上的贵人。双方一拍即合，不久就签订了合作协议。与曾文忠合作后，在曾文忠的支持和提携下，李景全的公司渐渐步入正轨，业务量芝麻开花——节节高。没过多久，李景全就来到深圳开厂，而且还招揽了很多台湾的业务。1990 年，李景全的建超实业成为了香港生产小型电脑板的厂家之一，公司每年的营业额高达7000万港元。

在上述事例中，李景全和曾文忠既不是亲戚，也不是朋友，只是因为偶然的机会，他们认识了。也正是因为这个偶然的机会，李景全才有机会得到曾文忠的认可和信任，他们才会成为合作伙伴。在实力上，李景全无疑与曾文忠相差甚远，但是，曾文忠看重的正是李景全身上优秀的品质。因此，李景全才有机会成就自己的事业。由此可见，不要轻易错过偶然遇到的关键人物，很多时候，正是他们改变了你人生的轨迹。

在生活中，每个人都向往成功，都希望自己能够事业有成。然而，成功是需要很多因素的。古人云，天时地利人和。在现代社会，要想成功，同样也需要很多必不可少的条件。其中，人脉关系是成功必不可少的重要因素之一。很多时候，人脉关系的范围很广。有的人认为人脉关系就是指自己的亲戚、朋友，至多包括同事。其实，客户、萍水相逢的人都有可能成为能够助你成功的关键人物。例如，在上述事例中，曾文忠就是李景全的客户，后来，他们才发展成为合作伙伴。需要注意的是，在把握关键人物的时候，也是有章可循的。众所周知，人的时间和精力是有限的，所以不可能全身心投入地和很多人交往，这就要求我们要有一定的目的性。例如，你想在写作的道路上有所发展，那么，你就要尽量找机会认识更多的作家、记者等；如果你想成为一名儿童教育家，那么你可以多结识在研究儿童教育方面颇有建树的人；如果你想成为歌星、演员，那么，你就要想方设法地认识演艺圈内的人士或者结识著名的经纪人，这样才能获得引荐和包装顺利地进入演艺界发展。如果你有针对性、目的性，再把握偶然认识的关键人物就会事半功倍。

其实，在与人交往的过程中，我们可以通过很多方式和途径拓展自己的人脉圈，其中有一个重要的原则，就是不要轻易错过偶然遇到的关键人物。不管是萍水相逢的陌生人，还是有一面之交的普通朋友，我们都要好好去把握，发展彼此之间的友谊，这样才能在需要的时候得到对方的援助。机会，往往就在偶然之间！

心里要有谱，朋友就是有“三六九等”

王潇和皮亚杰不仅是高中同学，而且还是大学同学。在学校的时候，王潇和皮亚杰就是非常好的朋友。每天，他们一起上课，一起放学，一起吃饭。寒暑假的时候，他们总是一起结伴回家。开学的时候就更不用说了，当然也是一起到校报到的。在同学们眼中，他们好得就像一个人一样，简直是如影随形。

巧合的是，大学毕业后，王潇和皮亚杰都成为了同一所中学的语文教师，而且都是从初中一年级开始教起。他们所在的省份对教育抓得非常严格，几乎每个学期，县教育局都要在各个乡镇进行评比，因此，每个乡镇也都要对各个基层中学进行教育评比，其中最主要的就是成绩排名。如果能荣获乡镇第一名，不仅有奖金，而且还会在大会上得到表扬；反之，假如不幸得了倒数第一名，不仅会被扣掉奖金，还要当着所有老师的面在大会上被点名批评。因此，王潇和皮亚杰两个人的压力陡然大了起来，再也不像上大学的时候那样无忧无虑了。值得欣慰的是，虽然他们两个人都是刚刚踏上工作岗位，但是因为在大学期间的基本功比较扎实，掌握了很多教学技巧，所以他们所在班级的成绩都是中等偏上，而且不相上下。

转眼间，一年过去了，县教育局要在全县树立典型，即在刚刚毕业一年的教师中选出前三名，颁发优秀新人教师奖。得知这个消息后，王潇和皮亚杰都兴奋异常，如果能够被选中，那可就在县城的教育界一举成名了。因此，这两个人都不分昼夜地准备着，都想被选中。在各项综合考查中，王潇和皮亚杰的实力相当，不相上下。不过，还有最后一项，就是同事们的评价。其实，王潇的性格是偏外向的，喜欢和别人谈笑，好处是很活泛，与很多同事都关系较好，但是，坏处在于他说话口无遮拦，所以也得罪了一部分同事。和王潇比起来，皮亚杰的性格比较稳重、内敛，不喜欢大声说笑，为人比较坦诚，工作勤勉负责，所以也有很多同事欣赏皮亚杰。在最后一轮竞争中，起初，王潇的投票略微领先。但是，在投票进行的最后一天，皮亚杰的投票突然直线飙升、遥遥领先。同事们都很纳闷，皮亚杰自己也很纳闷。刚开始的时候，同事们议论纷纷，说什么的都有，大多数人都认为皮亚杰看着老实，其实却在背地里搞小动作。当皮亚杰顺利当选为优秀新人教师的时候，人们才知道，原来是王潇在背地里帮皮亚杰拉选票。很多人都不理解王潇为什么这么做，据知情人士说，王潇之所以这么做其实很简单：王潇和皮亚杰不仅是大学同学，而且是高中同学，所以王潇知道皮亚杰的妈妈得了乳腺癌，而且已经扩散了。皮亚杰不仅经济压力大，而且精神压力也很大。如果能够让皮亚杰的妈妈在离开人世之前不仅知道自己的儿子有了一份稳定的工作，而且做得很好，甚至还获得了很大的荣誉，那么，皮亚杰的妈妈一定会感到欣慰和放心的。

如果说，有所谓真正的朋友，那么王潇与皮亚杰就是。在面对物质利益和荣誉的时候，王潇想的不是怎么取胜，而是站在皮亚杰的立场上考虑问题，只是为了使皮亚杰的妈妈能够在离开人世之前得到慰藉，王潇主动放弃了本应该属于自己的荣誉。在这种情况下，能做出如此举动的，才无愧于朋友的称谓。古人云，十年修得同船渡，百年修得共枕眠。实际上，同学之间的感情也是很深的，因为在年少无知的时候相识，所以几乎没有尔虞我诈的阴谋和陷害，而只有两小无猜的纯真友谊。也正因为如此，在现代社会中，同学的情谊才显得那么珍贵，真正的友情更是可遇而不可求。

虽然现代社会提倡人人平等，但是，其实朋友也是分三六九等的。当然，这里的三六九等的划分依据既不是社会地位，也不是金钱权势，更不是容貌或者学历，而是价值。俗话说，物以类聚，人以群分，不同的人，相互之间的关系也是不一样的，或亲或疏，或远或近，或好或坏。按照关系的远近亲疏以及彼此之间肝胆相照的程度，朋友可以大致分为三类。第一类是一等友，即志同道合、肝胆相照的朋友。他们不仅相互理解，相互关心，而且不管有什么事都能主动想到你，为你分忧解愁。在古时候，人们称这种人为可遇而不可求的知己。因此，古人常说“人生得一知己足矣”。在真正的危急关头，知己一定能够舍身为你。第二类朋友是二等友，即虽然不能肝胆相照，但是他们身上却有一些值得欣赏和学习的地方。其实，二等友还是占大多数的。针对这种朋友，古人也留下了一句非常精辟的话，即“君子之交淡如水”，通俗地说，就是无须整天腻在一起，但是仍然是朋友。在危急的关头，这种朋友会在保证自身安全的情况下尽力帮助你。第三类朋友是三等友，即酒肉朋友。这种朋友没有太大的本事，自然也就没有什么成就。不过，这种朋友能够使你不寂寞，有他们在身边，你的每一天都是热热闹闹的。尤其是对于有权有势的人而言，在光环的笼罩之下，很多酒肉朋友都围绕在他们身边。但是，这种热闹只是暂时的，因为人们常说“树倒猢狲散”。这些酒肉朋友，喜欢围绕在那些有钱有权的人身边，仰视着别人的风光，蹭吃蹭喝。而一旦对方陷入困境，或者经济破产，或者权势不在，他们就会一哄而散。无疑，在危急关头，这种朋友不但不会帮忙，甚至还会落井下石。因此，和这样的朋友，我们一定要甚交。

其实，这只是大致地对朋友进行了划分，细究起来，还有很多不同类别的朋友。但是，不管是哪一类的朋友，都不出这三种大的范围之外。明眼人一看就能看出来，第一类朋友是最好的，虽然很少交流，但是心灵相通；第三类朋友是最差的，因为物质利益而团结在一起，关系吹弹可破；第二类朋友是生活中的常态，虽然不完美，但是可以相互学习、共同进步。在结交朋友的时候，我们不要被表面现象迷惑，而要看清楚朋友的内心。不管是谁，都无法做到平等地对待每一个朋友，我们所能做的就是正确地认识朋友以及与朋友之间的关系，从而更好地维护朋友之间的关系。

知己难寻，遇到志同道合者一定要懂得珍惜

春秋时期，楚国有一位赫赫有名的音乐家，叫俞伯牙。从小，俞伯牙

就天赋异禀，非常喜欢音乐，拜了著名的琴师成连为师，学习琴艺。

经过三年的学习，俞伯牙琴艺渐精，成了当地著名的琴师。虽然人们都对俞伯牙的琴艺竖起了大拇指，但是俞伯牙却常常因为自己在艺术上达不到更高的境界而苦恼。成连老师知道俞伯牙的心思后，对他说："如今，我已经把自己的所有技艺都传授给你了。至于音乐的感受力、悟性方面，我也没有领悟好，所以教不了你。我的老师是一代宗师方子春，他住在东海的一个岛上。他不仅琴艺高超，而且对音乐有独特的感受力。我送你去拜他为师继续学习，好吗？"俞伯牙听了之后大喜过望，连声答应！

不久，他们就乘船去往东海。一天，船行至东海的蓬莱山，成连对伯牙说："你先在蓬莱山等一下，我去接老师，很快就回来。"说完，成连就头也不回地划船离开了。伯牙等了很多天，始终未见成连回来，非常伤心。他回首观岛内，山林一片寂静，只有鸟儿在啼鸣，像在唱一首忧伤的歌；他抬头望大海，只见大海波涛汹涌，了无人迹。伯牙触景生情，即兴弹了一首充满忧伤的曲子。俞伯牙身处孤岛，每天与树林飞鸟为伍，与大海波涛为伴，感情渐渐地发生了变化，逐渐领悟到了艺术的本质。此后，俞伯牙的琴艺得到了很大的提高，创作出了很多真正的传世之作。最终，俞伯牙终于如愿以偿地成为了一代杰出的琴师，不过，没有几个人能真正听懂他所弹奏的曲子。

一日，俞伯牙乘船沿江旅游。船行到一座高山旁时，突然下起了大雨，因此，船停在山边避雨。伯牙耳听着淅沥的雨声，看着雨打江面的景象，不禁琴兴大发。正当伯牙弹得兴致高涨时，突然感觉到琴弦上有异样的颤抖。伯牙知道，这是琴师的心灵感应，说明此刻附近有人在听琴。伯牙走出船外，果然看到岸上树林边坐着一个打柴人正在侧耳倾听。这个人就是钟子期。

伯牙赶紧把子期请到船上，说："我为你弹一首曲子听，好吗？"子期马上表示洗耳恭听。伯牙即兴弹了一曲《高山》，子期情不自禁地赞叹道："多么巍峨的高山啊！"接着，伯牙又弹了一曲《流水》，子期再次称赞说："多么浩荡的江水啊！"伯牙又钦佩又激动，对子期说："在这个世界上，只有你能听得懂我的心声，你真是我的知音啊！”就这样，两个人结为生死之交。

伯牙与子期约定，一旦周游完毕，就会亲自去子期家登门拜访。一日，伯牙如约前来子期家登门拜访，但是却听闻子期已经不幸因病去世了。得知这个消息后，伯牙伤心欲绝，奔到子期墓前为他弹奏了一首充满悲伤和怀念的曲子，然后站起身来毫不迟疑地把自己珍贵的琴砸碎于子期的墓前。从此，伯牙与琴绝缘，再也没有弹过琴。

因为钟子期能够听懂俞伯牙的琴声，所以自古以来，人们就把俞伯牙与钟子期的惺惺相惜当成是知己的典范。顾名思义，所谓“知己”，就是知道、了解自己内心的朋友。每个人都有很多朋友，但是真正的知己却很少。真正的知己，不会受到外物的限制，就像伯牙鼓琴志在高山，钟子期曰：“善哉，峨峨兮若泰山！”志在流水，钟子期曰：“善哉，洋洋乎若江河！”伯牙所念，钟子期必得之。那是心有灵犀的奇妙，是一种无须言说的理解，是心灵长久的感动，是两人情操智慧的共鸣。

朋友有很多种类，有莫逆之交，有点头之交，而知己则是朋友关系中最亲密的。很多人觉得莫逆之交就是知己，其实，莫逆之交也比不上知己。王勃在《送杜少府之任蜀州》中说：“海内存知己，天涯若比邻。”就是这样一句浅显而情意感人的诗句，表达了王勃对朋友深切的关心，而且也表现出了他与这个朋友的心灵是相通的。

那么，什么样的朋友才算得上是真正的知己呢？首先，知己要能够互相欣赏、互相体谅、互相关心，真诚相待，没有任何欺诈、瞒骗。仅就这简单的一句话，大多数人都做不到。此外，还要有共同的兴趣和爱好，例如，俞伯牙喜欢弹琴，钟子期喜欢听琴，所以他们才能成为知己。反之，假如他们没有共同的兴趣爱好，相处时就会无话可谈、尴尬冷场，从而感到沉闷枯燥。其实，所谓的有共同的兴趣爱好就是指志同道合，有共同的志向和志趣、理想和信念。宋代陈亮的《与吕伯恭正字书》之二中说：“天下事常出于人意料之外，志同道合，便能引其类。”总而言之，知音难觅，知己难求，遇到志同道合者一定要珍惜。

时常问候，不要等有事求人的时候再联系

三国时的刘备，之所以能够成就大业，创建蜀国，是因为他得到了很多人的帮助。早在读私塾时，刘备就因为讲义气、聪明，成了同学中的领头人。在几年的时间里，他经常帮助别的同学，与他们的关系非常好。长大之后，每个人都走上了自己的人生轨道，所以刘备与这些要好的同学全都各奔东西了。

虽然分开了，但是，刘备却一直与同学们保持联系。在刘备的同学中，有一个叫石全的人，是刘备读书时最好的朋友之一。读完书后，为了供奉老母亲，以尽孝道，石全回到了家中，靠打柴卖字画为生。刘备非但没有因为石全家境贫寒而疏远他，反而经常邀请石全到他家做客，一起探讨天下大势。

之后，为了实现心中宏伟的目标，刘备带领一支队伍参加了东汉末年的大混战。刚开始的时候，刘备因为军事实力很薄弱，所以只得依附于他人。在一次交战中，刘备所带的军队中了埋伏，只有他一个人侥幸逃脱。石全不顾生命危险把刘备隐藏了起来，帮助刘备躲过了一劫。正因此次石全的舍命相救，刘备才有了后来的丰功伟绩。

乔旭与宋晓是高中同学，住在一个宿舍的上下床，每天一起吃饭，一起睡觉，情如姐妹。后来，乔旭考进了本省的一所师范院校，宋晓则考到了西北的一所大学。刚开始的时候，她们还保持联系，经常写信互诉衷肠。随着时间的推移，她们在大学里结交了新的朋友，融入了新的生活，渐渐地，她们的书信越来越少，甚至于后来有了手机，也很少打电话。乔旭毕业后回到县城当了一名教师，每个月拿着死工资，过着按部就班的生活。宋晓毕业后去了上海，进了一家广告公司，从事广告设计工作。有几次，宋晓回老家看望父母，乔旭虽然知道宋晓回来了，但是都推说有事情而没有与宋晓见面。

突然有一天，乔旭打电话给宋晓，很怀旧地说了一些高中时代的事

情，又说了一些近况，谈话之间，两个人都不胜唏嘘，觉得时光如逝。让宋晓措手不及的是，乔旭话锋一转，唐突地说："你如今发达了，在上海工作工资一定很高吧，你看，你能不能借我些钱，我想在县城买套房子。"宋晓的脑袋还没有从兴奋之情中转过来，不由得愣住了。虽然宋晓在大城市工作，但是因为刚刚毕业，工作经验少，而且刚到新单位，所以，只是一个普通得不能再普通的小员工，每个月的工资除了付房租、车费、生活之外，所剩无几，哪里有能力帮助乔旭呢。况且，宋晓在大城市生活，也想早日扎下根来，所以，虽然毕业第一年攒了一万块钱，但是都买基金了。她婉言回绝了乔旭。

这件事过后，乔旭和宋晓又恢复了之前的状态，虽然有彼此的电话，但是很少联系。

在上述两个事例中，刘备因为念及旧情、与同学保持联系，而在危急时刻保全了自己的性命。而乔旭因为平日里不与朋友保持联系，突兀地请朋友帮助自己，所以尴尬地遭遇了拒绝。试想，假如刘备嫌贫爱富，对石全这样的贫寒之友爱搭不理，甚至充满蔑视，那么，石全还会在危急深刻不顾自己的生命安危去救刘备吗？再试想，假如乔旭在大学期间及工作以后一直与宋晓保持联系，维系高中时代亲如姐妹的感情，那么，宋晓有没有可能卖掉基金帮乔旭缓解一时的经济拮据呢？如果答案是肯定的，那么结局一定会大不一样。

人是感情动物，感情是人与人之间交往的基础，而感情则来自于交流。只有平时保持适度的交流，才能获得感情，从而维系感情的温度。虽然现代社会流行一句话"认钱不认人"，但是"人情生意"却从来没有间断过。在生活中，很多人都有过这样的感受：假如一个经常保持联系的朋友找你帮忙，即使你觉得有些为难，也一定会尽力帮助对方：反之，假如一位很长时间都没有联系过的同学或朋友找你帮忙，你大多数都会拒绝他，或者，即使你勉强接受了，但是却心不甘情不愿，当然就不会尽力帮忙了。由此可见，与人交往的时候是需要"感情投资"的。有一点必须注意，这种"感情投资"必须是健康的，假如一开始就带有明显的目的性，那么感情就会变味，变得不再是感情了。此外，感情投资的特点是放长线钓大鱼，最忌急功近利或者临时抱佛脚。所以，这种“感情投资”还应该是经常性的，假如长时间不联系，彼此之间就会变得陌生，自然就很难开口找人帮忙了。或者，即使你开口托他们帮忙了，对于一些比较重要的、关系到他们利益的事情，他们也很难心甘情愿地帮助你。

总而言之，一定要注意联络感情。只有平时联络，同学、朋友之情才能越来越浓，而不至于疏远。我们应该在平日里时常问候朋友，与朋友保持联系，或者喝喝茶，或者聊聊天，甚至打个电话、发个短信都可以。只有时常问候，保持联系，才不会在有求于人的时候遭到拒绝。

分清坦诚直言的真朋友与刻薄的损友

最近，唐霞很郁闷，因为她有一个朋友，总是喜欢给她泼冷水，让她原本挺好的心情变得越来越沮丧。

唐霞是一个公司的前台，中等长相，为人比较开朗。虽然公司里有很多人追唐霞，但是她一个都看不上眼，因为她给自己定下了目标，要找一个“有房有车、月薪过万”的男朋友。在唐霞发出这个口号之后，公司里的很多小伙子都被吓跑了。在北京这个城市，房子是一般的外地人不敢想象的奢侈品。很多女同事都在背地里嘲笑唐霞，觉得她的目标不切实际。的确，唐霞长相一般，虽然找对象不是难事，但是以她提出的标准来找对象，却很困难。在将近一年的时间里，唐霞都把眼睛盯在了来公司的客户身上。的确，这些客户都是成功人士，不仅有房有车，而且有老婆有孩子。找了将近一年之久，唐霞渐渐地降低了标准，与一个“无房无车、底薪三千”的做销售的小伙子谈起了恋爱。这个时候，很多与唐霞要好的人心里都松了一口气，觉得她终于走上了正常的轨道，眼睛不再只盯着房子、车子和钱了。唐霞也挺高兴的，毕竟年轻人谈恋爱，感情应该放在第一位。这时候，唐霞的一个女性朋友龚花荣见了唐霞之后，询问唐霞男朋友的情况，唐霞如实告知，龚花荣说："你不是说要找个有房有车、月薪过万的嘛！现在怎么也接受无房无车、底薪三千的了？你这个男朋友条件可不怎么样啊，还不如我们家××呢（她的老公）！"听了这话，唐霞的脸色突然变得很难看，而这个女朋友却仍然准备自顾自地说下去，这时，旁边的一个朋友小米赶紧打圆场，说："你知道什么呀，这是我们唐霞具有献身主义，愿意和一个一无所有的男孩子一起开创自己的未来，想当初，咱们不都是从一穷二白过来的嘛！"

此后，唐霞的心情一直很郁闷，脑海中回想着龚花荣说的话，觉得非常刺耳。当然，既然选择了，就是经过深思熟虑的，她当然不会因为这几句话就与男友分手。不过，她渐渐地疏远了这个女朋友，很少再与这个女朋友见面、打电话了，即使偶尔碰见了，也只是寒暄几句，而对自己的私事闭口不提。

在上述这个事例中，龚花荣无疑就是典型的损友。其实，大家都知道唐霞之前的择偶观是错的，对人品没有任何的要求，而只是要求对方"有房有车、月薪过万"，这是典型的拜金主义，这与商品待价而沽又有什么区别呢？后来，在找寻一段时间无果后，唐霞渐渐地转变了自己的观点，踏踏实实地找了一个彼此之间有感情的男孩子谈恋爱。不管是谁，看到了唐霞身上的这种转变都应该觉得高兴，都应该鼓励唐霞。但是，龚花荣却偏偏哪壶不开提哪壶，非要往人家的伤口上撒盐。说是朋友，其实，龚花荣的话比敌人的话更尖酸刻薄。这种人，不是损友又是什么？相比之下，小米所说的话虽然未必是坦诚直言，但最起码是有一定道理的。如今，在大城市，想与男友一起为未来奋斗的女孩子越来越少，而更多的女孩子梦想着一步登天，坐享其成。虽然没有任何经济基础的奋斗的确很苦，但是最起码能够收获爱情；虽然坐享其成很轻松，但是依赖别人生活并没有想象中那么容易和幸福。所以，在选择男朋友之前，女孩子一定要考虑清楚自己到底想要什么。

在现实生活中，像龚花荣这样的损友很多。虽然每个损友的动机和表现形式不一，但是目的却大同小异，即让对方变得不快乐、郁郁寡欢。大多数时候，这些损友之所以口下不积德，都是因为妒忌。在这里，我们必须分清楚妒忌与羡慕的不同之处。所谓妒忌，会严重地破坏朋友之间的关系，怀有妒忌之心的人一般争强好胜，事事都想强过别人。一旦看到别人过得比自己好，他就抓耳挠腮，坐立不安。例如，你换了辆十几万的车，但是他家的车却是四万块的奇瑞QQ，那么，妒忌的人甚至会说："哎呀，其实在市区里面没有必要开好车，因为即使你开一百多万的宝马也只能和我们家四万块钱的QQ开得一样快。"这就是典型的、不加掩饰的妒忌，看不得人家比他强，所以才会说出如此赤裸裸的话来。与妒忌不同，羡慕你的朋友虽然也想变得像你一样或者拥有你所拥有的，但是，他会真诚地祝福你、赞美你，然后把你当成是一个榜样或者是对他的激励，然后通过与你竞争来超越你。

那么，在生活中，如果发现自己身边有这种损友应该怎么办呢？其实，如果对方的话只是妒忌，而没有明目张胆地人身攻击或者是恶意诅咒，那么，你最好的办法就是不理他。就像龚花荣一样，这种损友一般都喜欢逞口舌之快，假如你说他一句，他肯定会有十句话等着反驳你，更深地伤害你。所以，你要想保护自己，就是默默地疏远他，不给他破坏你的心情的机会！

吃喝玩乐的朋友，可以结交但要有所距离

田磊的爱人在街上开了个小小的超市，因为诚实守信、老少不欺，再加上服务周到，所以生意还不错。常言道，树大招风，就是这样一个小买卖，也有人嫉妒。一些心术不正的人看到超市的生意挺好的，就有意找茬，田磊和爱人特别头疼，但他们都是老实巴交的人，所以只能无奈地一忍再忍，忍气吞声地生存着。

有一次，田磊和爱人去外地办事了，委托正在读大学的妹妹照看几天超市。他们刚走的第二天，就有一个街面上的小混混来到超市，说与田磊夫妇的关系很好，所以想赊一箱酒。妹妹看到来者气势汹汹，心里就先怯了三分，竟信以为真地赊给了他。但是，妹妹却不知道价钱，因此，那个青年故意把八十多块钱一瓶的酒说成了三十块钱，并且装模作样地说："放心吧，如果钱不够，等老板回来让他找我要。"话已至此，妹妹只好赊欠给他。

过了两天，田磊夫妇回到超市，发现八十多元的一瓶酒只买了三十元钱，一箱子酒就赔了三百多元，心疼不已。因此，田磊只好打电话找那个人，想不到的是，那个人却翻脸不认账，蛮不讲理地说："是你们自己愿意卖的，跟我有什么关系！"田磊听了特别生气，但却毫无办法。妹妹的心里更是窝囊，直埋怨自己。无意中，田磊和对门饭店的老黄唠叨了这件事。谁知，老黄当场就拿起电话打给了那个人，斩钉截铁地说："你小子！居然吃到我的头上了！你知道那是谁吗？那是我家的亲戚！"镶着大金牙的黄老板刚刚放下电话，那个买酒的人就把电话打到超市里了，并且连连道歉，说是一场误会。果然，不到十分钟，另一个青年就骑着摩托车风驰电掣地把钱送来了，又说了很多道歉与宽慰的话。等那人走后，田磊叹了口气说："哎呀，真是法不行，人行。"为了表示谢意，田磊特意让妻子炒了几个拿手菜招待了老黄。从此以后，田磊与老黄就成了酒肉朋友。不过，田磊想不明白老黄为什么要帮自己，老黄是开饭店的，比田磊有钱，而且老黄从中也得不到任何利益，和田磊也没有太多的交往。直到通过老黄认识了一些"混事"的人，田磊才明白老黄是为了仗义。此后，再也没有人敢找田磊超市的麻烦了。

每隔一段日子，田磊就会和老黄大口喝酒、大块吃肉。不过，他们的关系仅限于酒肉朋友。就这样，相安无事地过了几年。突然有一天，老黄的饭店被查封了，经过四处打听，田磊才知道原来老黄涉嫌贩毒。知道这件事情之后，田磊不禁后怕起来，自己经常与老黄喝酒吃肉，幸亏保持了距离，没有继续深交，否则，恐怕自己也要一起进去了。

在上述事例中，田磊与老黄的关系就是典型的酒肉朋友的关系，没事的时候在一起乐呵乐呵，平日里各忙各的，互不干扰。而正是因为他们互不干扰，田磊才能洁身自好地与老黄在一起喝了几年的酒、吃了几年的肉。

朋友有很多种，诸如患难朋友、忘年朋友、发小朋友、知心朋友、坏朋友、酒肉朋友等。其中，酒肉朋友是关系最浅的一种，但却是在一起的时候最乐呵的一种。在朋友的各种定义中，酒肉朋友是最容易混淆和干扰朋友概念的一种朋友。当一个人生活达到一定层次之后，酒肉朋友就和扑克、麻将一样是一个乐子。有了的时候喜欢他，没有的时候想他。宴席间，觥筹交错，推杯换盏，恨不得把心都掏出来给人看。大家称兄道弟，不亦乐乎。分了手，电话频联，如隔三秋。但是，真正有危难的时刻，如果你只有酒肉朋友，那么，将没有任何一个会真心地、竭尽全力地帮助你的人，也就是说，酒肉朋友是那种不能没有，但又不能依靠的朋友。人们常说，有茶有酒皆兄弟，急难时刻无一人。这句话用来形容酒肉朋友最合适不过。就像洞察秋毫的乾隆皇帝，尽管他明明知道和珅又贪又奸，但是仍然不会杀和珅，因为和珅是乾隆爷的乐子。

总而言之，酒肉朋友就是寻乐子朋友，虽然不会害你，但是也绝不会帮你。只有有钱有闲的人，才有时间和精力结交这种富贵朋友！一旦你没有钱了，你的那些酒肉朋友就会一哄而散，消失不见。其实，酒肉朋友就是花钱买乐！所以，在与酒肉朋友交往的时候，不妨把这种交往当成一种休闲，就像去蒸一次桑拿一样，酣畅淋漓地出一身汗，蒸完了就忘记了，谁也不会天天去蒸！

第2章

相识了解，读懂对方的策略

现代社会，凡事都讲求高效，甚至连爱情，都变成快餐式的了。在这个方便速成的年代，真心似乎变成了一种奢侈品，可遇而不可求。即使如此，人们仍然渴望着真心。那么，怎样才能测试出对方是否真心呢？很多时候，真相就隐藏在细节之中。

展开细节询问识破对方谎言

约翰和琼斯是一对情侣，琼斯对约翰非常不满，因为约翰胆小怯懦，不管做什么事情，都要让琼斯先试一试。有一次，他们出海游玩，返航时不幸遇到了飓风，他们乘坐的小艇被飓风无情地摧毁了，在危急时刻，幸亏琼斯抓住了一块木板，两个人才保住了性命。面对着一望无际的大海，琼斯问约翰："你害怕吗？"约翰一反常态，从怀中掏出一把水果刀，一本正经地说："害怕，但我必须保护你。如果真的遇到鲨鱼，我就用这个来对付它。"看着那个小小的水果刀，琼斯不禁摇头苦笑。

不久之后，他们发现了一艘轮船，急忙求救。正当货轮向他们驶来的时候，突然出现了一群鲨鱼，琼斯不假思索地喊道："约翰，赶紧用力游，我们一定会没事的！"想不到的是，约翰突然用力把琼斯推进海里，独自扒着木板朝轮船奋力游去，并且大声喊道："亲爱的，这次让我先试！"琼斯惊呆了，望着约翰的背影，她感到自己必死无疑。鲨鱼正在靠近，但是，让人惊讶的一幕发生了，鲨鱼径直向约翰游去，而并没有像琼斯担心的那样冲向自己。鲨鱼凶猛地撕咬着约翰，血水瞬间漫延开来，在最后的时刻，约翰竭尽全力地冲琼斯喊道：“我爱你！”

因为鲨鱼冲向了约翰，所以琼斯获救了。甲板上的人都在默哀，船长坐到琼斯身边说：“小姐,你的男友是我所见过的最勇敢的人。我们为他祈祷，希望他在天堂里没有痛苦！”“勇敢？他是个胆小鬼！”琼斯伤心地说：“在危急时刻他抛下我独自逃生……”船长惊讶地张大了嘴巴：“为了救你，他牺牲了自己的生命，您怎么能这样说他呢？”琼斯疑惑地看着船长，船长接着说：“刚才，我一直在用望远镜观察你们的情况，难道你不纳闷为什么鲨鱼对近处的你不闻不问，而径直地游向远方的他吗？原因其实很简单，我清楚地看到他把你推开后，用刀子割破了自己的手腕。大家都知道，鲨鱼对血腥味很敏感。假如不是因为他这样做来争取时间，恐怕你现在早就已经葬身鱼腹了……”

读完这个故事，我们不胜感慨，既为约翰对琼斯的爱而深深地感动，也为琼斯对约翰的误解而感到遗憾。幸运的是，船长亲眼目睹了事情的真相，否则，琼斯岂不是要怨恨约翰一辈子？在现实生活中，不会总是有这么一个明察秋毫的船长来为我们揭发真相，所以我们必须清楚地意识到：很多时候，眼睛看到的事情未必都是真的。要想知道真相，我们就必须去探究事情的细节。

现代社会，虽然仍然信奉诚实守信的道德准则，但是，诚信的缺失却越来越严重。当然，谎言并非都是恶意的，有些谎言是善意的，初衷也许只是为了保护一个人不受伤害。无论如何，不管是出自本心的无奈，还是外界的压力，说谎已经成为了人们的家常便饭。就像挥之不去的噩梦，谎言萦绕在人们的耳边，隔断着人与人之间真诚的关系。不管怎样，我们都要学会识破谎言。如果对方的谎言是善意的，我们就更加能够理解对方的苦心，避免彼此之间产生误会，加深彼此之间的感情。如果对方的谎言是恶意的欺骗，那么，识破谎言则有利于保护自己不受伤害。那么，怎样识破谎言呢？很多时候，撒谎都是有预谋的，既然是有预谋的，必然是事先计划好的，因此就不会留下明显的漏洞，很难识破。在这种情况下，就像上述事例中一样，眼睛看到的不一定是真的，那么，我们就要多多询问对方很多细节问题，这样才能找到对方撒谎的蛛丝马迹。大家一定要记住，只要是撒谎，就一定会在某个细微的环节有所疏漏，要想识破谎言，就一定要从细节处入手，多多询问。

通常，人们在撒谎之前会预先编造好情节，这样才能在别人询问的时候从容应对。当然，也不排除有很多人是临时才决定撒谎的，这样一来，没有经过缜密的思维，漏洞就会更多了。不管是事先预谋好的，还是临时决定的，撒谎者都只能编造大概的情节，很难编造完美无瑕的细节。很多时候，只有亲身经历过的事情，人们才能说出翔实确定的细节，而撒谎者根本不可能像亲身经历者那般对细节问题确凿无疑。例如，一个丈夫可能会撒谎骗妻子说昨晚之所以没有回家是因为在加班，但是，当妻子问他和谁一起加班时，他往往很难回答，因为他没有真的加班，所以不敢随便说和谁加班，以免妻子去核实。这时候，他往往会含糊其词，顾左右而言他。这时候，妻子就要警惕了。反之，如果他没有撒谎，一定会毫不迟疑地告诉妻子自己是和谁一起加班的。这就是细节的绝妙之处，很难伪造。难怪人们常说，如果你撒了一个谎，就要再撒很多谎来圆这个谎。总而言之，为了得知真相，我们一定要展开细节询问，这样才能识破谎言。其实，很多人都不喜欢别人骗自己，不管是善意的谎言，还是恶意的谎言。所以，还是真诚以待为好。

征求建议时看对方的真心程度

陈敏和郑玉是好朋友，从小一起长大。她们俩每天一起上学，一起放学，一起写作业，一起玩耍，就像亲姐妹一样。高中毕业后，陈敏考上了上海的一所大学，郑玉则考上了北京的一所大学。从此以后，她们每年只有寒暑假才能见面。每次见面的时候，她们都很关心地询问对方的生活，尤其是郑玉，总是刨根问底地问很多陈敏在新学校的情况。其实，郑玉是有点儿妒忌陈敏的，因为她们俩从小一起长大，而陈敏的学习成绩始终比郑玉略胜一筹，所以郑玉的父母总是让郑玉以陈敏为榜样。郑玉心里很不服气，始终憋着一口气。四年的时间转眼即逝，她们都即将面临大学毕业。众所周知，北京是全国的政治、文化中心，上海是全国的经济中心。所以，在北京的郑玉卯足了劲儿想在工作后与陈敏一较高下，因为她已经应厌倦了父母让她向陈敏学习的话，她想成为陈敏的榜样。

工作以后，陈敏和郑玉都非常努力，她们先后因为出色的表现而得到了提拔。随着升职，她们的薪水也涨了，陈敏给爸爸妈妈换了一个42寸的液晶电视，郑玉马上给父母买了一套家庭影院：陈敏春节的时候带爸爸妈妈去香港玩了一圈，郑玉马上就带爸爸妈妈去澳门旅游了一趟。就这样，这场无声的比赛还在郑玉心里继续着。

又过了几年，到了谈婚论嫁的年龄，陈敏长相秀美，有很多年轻人排着队追，但是陈敏却唯独对一个叫林枫的年轻人情有独钟。林枫长得很帅气，是很招女孩子喜欢的类型。不过，林枫有一个最大的缺点，就是有点儿花心，喜欢和女孩子玩暧昧。家里很多人都劝陈敏不要和林枫在一起，但是陈敏很纠结，舍不得放弃林枫，毕竟相处了一段时间还是有感情的。所以，她便征求郑玉的意见。得知这个消息后，郑玉既惊且喜，惊得是乖乖女这次居然不听父母的劝告要和一个花心的男人在一起，喜的是如果陈敏与林枫在一起，注定是不会幸福的。不过，她还是有点儿纠结，毕竟这关乎好朋友一生的幸福。想了几天之后，郑玉终于下定决心给陈敏打电话了，说：“陈敏，其实我知道你和林枫之间是有真爱的，不过，既然大家都不看好你们，我想他们也是有道理的……虽然我也知道，结婚之前，男人多多少少都是有点儿花心的，结婚之后，他们就会变好的，但是我想……额，你还是听从父母的建议分手吧……毕竟，你还年轻，以后一定还会遇到适合你的、爱你的人的。”可以想象，郑玉的这番话对于被爱情冲昏头脑的陈敏来说无异于火上浇油，没多久，陈敏就瞒着父母和林枫结了婚。常言道，不听老人言，吃亏在眼前，陈敏结婚之后，还没过完蜜月，就因为林枫花心不改而天天和林枫吵架。

其实，在生活中，每个人都是有私心的，都有自己心里不为人知的小秘密。在郑玉心里，她的小秘密就是要超过陈敏。虽然她与陈敏亲如姐妹，但是，也不妨碍她心里一直坚守着这个小秘密。其实，即使郑玉没有这么起反作用地去劝陈敏，陈敏也有可能会坚持自己的选择与林枫结婚，但是，在这件事情里，郑玉的劝告还是起到了很大的推动作用。众所周知，恋爱就像重感冒，使人头昏脑涨，而陈敏之所以征求郑玉的意见，纯粹是因为信任郑玉。但是，让所有人都意想不到的是，郑玉居然起到了推动作用，从某种意义上说，这其实也是郑玉不想看到的，但是，她没有战胜心里长久以来一直存在的小秘密。在生活中，人们在遇到重大抉择难以定夺的时候，总是想征求别人的意见，很多时候，他们往往能够从别人的建议中受益匪浅，然而，也有的时候，他们会被别人的意见误导，最可怕的就在于别人的建议是别有用心的。所以，在征求别人的建议之前，一定要辨别对方是不是真心的。很多时候，要想更好地处理问题，别人的意见只能作为参考，关键在于自己要理智、冷静地分析事情，这样才能做出正确的判断和选择。

老人们常说，画虎画皮难画骨，知人知面不知心。朋友之间交往，关键在于真诚。然而，并非每一个朋友都会真诚地对待你。人们的心里总是有一些不为人知的秘密，从本性上来说，人们都是自私的、利己的。就像上述事例中的郑玉一样，即使与陈敏亲如姐妹，也难免会妒忌陈敏。所以，对待一般的朋友，我们就更要认真辨识，分清朋友是否真心。这样，在征求别人的建议时，才能更加冷静、理智地取其精华，去其糟粕。

表达喜好，看对方与你是否志同道合

童佳静今年27岁了，是一家外企公司的总经理助理。27岁了，这个年龄说大不大，说小也不小了，看着女儿每天一个人出出进进的，童妈妈开始着急上火，四处联络亲戚朋友给童佳静介绍男朋友。众所周知，最近特别流行相亲，每到周六日，在灯红酒绿之下，酒吧里、咖啡馆里都坐着很多相亲的男男女女。如今，在妈妈的高压政策下，童佳静也成了相亲大军中的一员。但是，因为童佳静条件好，自视甚高，所以很难看得上别人。偶尔有她看得上的，对方却对脸蛋和身材提出了近乎苛刻的要求，因此童佳静把对对方的喜欢毫不迟疑地转变为了鄙视。上大学的时候，童佳静学的是中文专业，大家都知道，学中文的人大多喜欢文学，或者爱读小说，或者爱写诗歌，骨子里总是有那么点儿罗曼蒂克，所以，童佳静不仅对对方的修养、品位、长相等高标准、严要求，最主要的是，她还希望对方像自己一样罗曼蒂克，这样才能合拍，成为像林徽因与梁思成那样志同道合、一往情深的伉俪。

至于相了多少次亲，童佳静已经懒得去计数了，其中，只有一次，童佳静觉得对方不管是在修养、品位还是长相方面，都比较符合自己的要求，但是，交往了两三个月之后，她却发现对方俗不可耐，根本听不懂她所说的高雅文学。于是，她果断地选择了分手。这样下去也不是办法啊？总不能每个周末都去相亲吧？但是，又不能不去，因为妈妈一直在紧紧地盯着她。那么，怎样才能判断出对方是否与自己志同道合呢？经过一段时间的学习和探讨，童佳静终于找到了一个在短期内初步试探对方是否与自己志同道合的方法，即相亲的时候和对方谈论自己的兴趣爱好。有了这个明确而效果显著的方法之后，童佳静相亲的时候明显轻松多了。坐下来寒暄片刻之后，她就会开始与对方谈论文学，例如玛格丽特·米切尔的《飘》、格里高尔的《静静的顿河》、斯陀夫人的《汤姆大伯的小屋》、米兰·昆德拉的《生命不能承受之轻》等。就这样，她轻轻松松地否定了大多数人。直至有一天，一个叫李霖的男孩子与她相见恨晚，彻夜长谈对这些文学名著的深切理解。最终，童佳静认定：就是他了！

的确，要想在短时间内确定对方与自己是否志同道合确实很难，但是，童佳静找到了一个最佳的途径，即与对方谈论自己的兴趣爱好。这个方法不仅使她成功地缩短了每次相亲的时间，而且使她准确地找到了自己想要找的人。如果不是使用这个方法，而只局限于眼睛所看到的表象、耳朵所听到的各种条件，那么，童佳静很难在第一时间内初步判断李霖是否是自己想找的人，甚至还有可能错过李霖。其实，不管是找恋人，还是与普通朋友之间的交往，都可以使用这个方法来初步判断对方是否与自己志同道合。当然，每个人的喜好是不一样的，有的人喜欢文学，有的人喜爱绘画，有的人喜欢旅游，有的人喜欢音乐。但是，每个人的目的都是一样的，即找到与自己志同道合的朋友或者是爱人。那么，如果你喜欢文学，就与人谈论你喜爱的作品；如果你喜欢绘画，就与人谈论你喜欢的画家及其作品的风格；如果你喜欢旅游，可谈的东西就太多了，各个地方的秀美景色、风土人情、美食等，都是绝佳的谈论话题；如果你喜欢音乐，就谈谈你喜欢的音乐大师。总而言之，你想找的是与你志同道合的人，如果你真诚地谈论自己的兴趣爱好，那么，只要对方有与你相同或者相近的兴趣爱好，就一定会产生共鸣。

所谓志同道合，指的是人与人之间拥有相同的志向和志趣，此外，理想、信念契合。宋代陈亮的《与吕伯恭正字书》之二中说：“天下事常出于人意料之外，志同道合，便能引其类。”由此可见，志同道合是一件好事，不管是男人还是女人，不管是穷人还是富人，也不管是位高权重的人还是地位卑微的人，只要大家拥有共同的目标，怀着共同的理想，为了共同的事业一起并肩奋斗，就一定能够获得成功。

吐露点隐私探出对方的真心忠诚度

下班了，办公室里空空荡荡的，只有白月和马云还没有走。白月开始打电话："你在哪儿呢？什么时候回家？啊……可是……我都买好菜了……好吧……就这样吧！"挂了电话，白月的眼眶湿润了，心里像办公室一样空落落的。今天是他们结婚七周年的纪念日，可是老公不仅忘记了，而且连晚饭都不回家吃，白月已经记不清楚有多少夜晚是自己独自一个人度过的了。

"怎么了？"一双温暖而干燥的手搭在白月的肩膀上，原来是新来的马云，除了白月之外，办公室里就只有马云了。白月勉强地牵动了一下嘴角，说："都下班了，你怎么还不回家？"马云不屑地撇了撇嘴巴，说："家？要是家里就我自己一个人，还能算家吗？还不如待在办公室里心里清净呢！"

白月看了看面前的这个三十多岁的女人，尽管同事们都说她很难相处，但是，此时此刻，白月分明从马云的脸上看到了一种和自己相似的落寞。看到别人也有落寞，白月反倒放松了，她立即站起来，大声说："咱们一起去吃韩国烤肉吧，我请客！"想不到，结婚纪念日居然要和一个刚刚认识的同事一起度过，白月不禁讽刺地笑了笑。直到酒过三巡，白月才和马云说今天是自己结婚七周年的纪念日。想不到，马云一点儿也不感到惊讶，反而说自己的好几个结婚纪念日也是一个人度过的。

白月愣住了，泪水突然一串串地滚下来。在一个和自己有着相似经历的人面前，她彻底崩溃了，把自己心里的苦闷一股脑儿地说了出来。

夜深了，马云把俨然已经喝多了的白月送回了家。工作这么多年来，白月从来没有把任何同事带到自己的家里，因为她觉得家是只属于亲人的地方。但是，就是吃一顿饭的工夫，白月已经把马云当成了自己最要好的朋友。

几天过去了，白月发现其他同事对她露出奇怪的眼光。有时候，桌上的电话才刚刚响，她就感觉到周围同事的几十双眼睛都在齐刷刷地偷窥她，侧耳倾听她在说什么。

终于有一天，张小姐忍不住告诉她：

"大家都知道你和你老公的事情了！坦白说，你真是糊涂了，大家同事七八年，你都从来没有说过，为什么就告诉刚刚来了没几天的马云呢？大家都知道她是个长舌妇，如今，你的事情在公司里传得沸沸扬扬。”

“可是，她，她和我的情况是一样的……”

“她和你什么一样啊，她上个月才结婚，老公怎么会出轨呢！”

事已至此，说出去的话就像泼出去的水，白月后悔莫及，最后，因为忍受不了同事们的可怜和同情的目光，不得不离开了待了七八年的公司，找了一个新的单位从头干起。在这个事例中，马云正是使用了先透露自己隐私的技巧，使白月轻信她，向她诉说了自己的痛苦。实际上，在人与人交往的过程中，的确存在这个问题。很多时候，人们为了得到别人的真心，总是先透露一点儿自己的隐私，以此表现自己的真心，然后，对方自然而然地就会说出隐私，仿佛只有这样，才显得公平。不过，事例中的马云显然是有些邪恶的，因为她为了打探白月的隐私，居然撒谎欺骗白月，编造与白月相似的经历。最可恶的是，她刚到单位就迫不及待地四处散播白月的谣言，使白月不仅在感情上受到了伤害，而且还失去了工作。此外，白月也是有责任的，正如张小姐所说，对待相处七八年的同事，白月都一直对自己的隐私守口如瓶，却轻易地对一个刚刚认识几天的同事和盘托出自己的隐私，所以才会酿成严重的后果。

在生活中，当一个人想与另外一个人建立特别亲密的关系时，最直接的办法就是分享秘密。为了达到这个目的，人们绞尽脑汁，想方设法，不仅会为对方算命、填写表格，而且会为对方做心理测验的游戏，甚至，很多时候，他们不惜透露自己的隐私给对方，以交换对方的秘密。当然，也有一些居心叵测的人甚至用“假秘密”来换别人的“真秘密”。

古人云，“交浅而言深，既为君子所忌，亦为小人所薄。”毫无疑问，不管对谁来说，秘密都是很重要的。所以，一旦一个人对你说出了他的秘密，他就会变得不安起来，因为他不敢确定你是否会帮他保守秘密。为了避免自己的秘密被泄露，他通常也会要求你说出自己的秘密。这样一来，就好像双方都握住了对方的把柄，能够在关键时刻以此来要挟对方。其实，既然交换秘密并不能使人们觉得轻松，那么，最好的做法是索性不要把自己的秘密告诉别人，同时，也不要听别人告诉自己的秘密。此外，在秘密传播的过程中，往往会产生很大的副作用，这就更要求我们不要去传递自己的秘密。在西方社会，很多公司都明文规定部门主管不允许与普通职员在一个餐厅用餐，目的就在于避免在用餐时，员工听到主管之间的交谈，再断章取义地四处传播。不过，凡事都是有两面性的，假如你的确迫切需要判断一个人对你是否真心、是否忠诚，那么你可以透露一些隐私给他，这样一来，他就会觉得你是把他当自己人的，你是因为信任他才把隐私告诉他的。那么，如果他对你真心，他必然会因此而对你感激涕零，更加忠心耿耿，从而起到笼络人心的效果。反之，如果他对你没有真心，他就会把你的隐私说出去，或者不做丝毫回应，把你的隐私烂在肚子里。因此，当你为了试探人心而透露自己的隐私时，一定要记住：最好泄露一些无关紧要的、不会对自己造成负面影响的隐私。这样，即使对方四处传扬你的隐私，也不会给你带来不好的影响。

聊聊宠物话题，试探对方心地

蔡大妈今年60岁了，非常喜欢养狗。因为儿女相继成家立业，老伴也于前几年去世了，所以蔡大妈养了四只狗，每天与狗做伴。牛大爷和蔡大妈是一个小区的，今年62岁，经常在蔡大妈遛狗的时候遇到蔡大妈。开始的时候，只是偶尔点点头、打个招呼，渐渐地，牛大爷就和蔡大妈熟悉起来了。因为要一起遛四只狗，所以蔡大妈不得不分两次，遛完两只送上楼去，然后再牵两只下来。熟悉了之后，牛大爷主动要求替蔡大妈分担遛狗的任务，两个人一起，每人遛两只。这样一来，蔡大妈就轻松多了。随着交往日益增多，他们对彼此之间的了解也逐渐加深，蔡大妈得知，原来牛大爷也非常喜欢狗，只是因为小孙子太小，才不得不把自己养了八年之久的一只泰迪送人了。得知牛大爷也喜欢狗之后，蔡大妈高兴极了，她说：

“我是爱狗之人，其实养狗是需要花费很多的时间和精力的，既然养了，就必须好好照顾它们。所以，我觉得，只要是喜欢宠物的人，一定都是非常有耐心的。”

寒来暑往，经过一两年的交往，蔡大妈和牛大爷渐渐产生了感情，萌生了老来结伴的思想。终于有一天，他们之间的那层窗户纸被捅破了，他们和各自的儿女摊牌了。原本，他们还很担心儿女们会反对，谁知道双方的儿女都非常赞同，都为父母在年老的时候找到伴高兴。一个月之后，双方的儿女们欢聚一堂，给蔡大妈和牛大爷举办了一个热热闹闹的家庭婚礼。

如今，婚恋交友的节目非常火爆，收视率极高。如果是经常观看这类电视节目的观众，就不难发现，现在很多女孩子在寻找伴侣的时候都要求对方必须喜欢宠物，甚至还有一部分男孩子也对女友提出了这个要求。在江苏卫视《非诚勿扰》的舞台上，一个女嘉宾给男嘉宾留灯到最后，眼看着就要牵手成功了，谁知道女嘉宾在最后的关键时刻问了男嘉宾一个问题：“你喜欢宠物吗？你能支持我养宠物吗？”遗憾的是，男嘉宾说不喜欢宠物把家里弄得到处都是毛发，因此，女嘉宾遗憾地灭了灯。男嘉宾下台后，主持人问女嘉宾为什么因为男嘉宾不喜欢养宠物就灭了男嘉宾的灯，女嘉宾说其实原因很简单，她认为不喜欢宠物的男嘉宾没有爱心。

虽然女嘉宾因为男嘉宾不喜欢养宠物就觉得男嘉宾没有爱心的行为是有些偏激的，但是，还是从某种程度上反映出越来越多的人在寻找配偶的时候非常关注对方是否喜欢宠物，尤其是本身就喜欢宠物的人。在第一个事例中，蔡大妈之所以能够下定决心与牛大爷牵手度过余生，在某种意义上来说，就是牛大爷喜欢宠物这个特点起到了很大的促进作用。正是因为牛大爷喜欢养宠物，所以蔡大妈才更加确定牛大爷是有耐心、爱心、责任心的人。当然，不喜欢养宠物的人就不善良、没有爱心吗？答案当然是未必。大多数人都有自己的喜好，例如有人有洁癖，那么当然很难接受宠物身上的毛发掉得家里到处都是。有人比较懒，自己都照顾不好，哪里还有多余的时间照顾宠物呢！虽然人们有这么多理由不养宠物，不过，从某种意义上来说，养宠物的人通常都心地善良，有爱心，有责任心。

以前，女孩子们在找男朋友的时候有两个要求：一是对方的身体要好，因为只有身体好才能照顾家庭，与妻子白头到老；二是对方的性格要好，因为只有性格好，才能和睦相处。通常情况下，如果不是刻意隐瞒家族病史，身体状况是可以用肉眼看出来的。但是，性格好不好就无法用肉眼进行观察了，不过，聪明的人们也想出了一个办法，即把另一半带到孩子中间，看看他是否有足够的耐心和爱心对待孩子，看看孩子是不是喜欢他。仅凭这一点，就可以大致判断出一个人的性格了。其实，在很多电视剧、电影中都有这个情节，相爱的恋人在交往的过程中，经常会有一方把另一方带到社会福利院或者智障学校，以此更加深入和透彻地观察对方。如今，人们又加上了一句：不管怎么说，喜欢宠物的人就坏不到哪里去！

杯子技巧，测出你和对方的心理距离

艾米和皮特是一对情侣，他们从高中时代就是同学，从大学时代确立恋爱关系开始，迄今为止已经谈了10年恋爱了。再过两个月，艾米就要过30周岁生日了。看着镜子里不再青春靓丽的自己，艾米有点儿担忧。她想结婚了，想有一个完全属于自己的家。但是，艾米却不知道皮特的心里是怎么想的。因此，艾米想找皮特好好谈一谈。

一天，艾米把皮特约到了一家咖啡馆，刚开始的时候，他们面对面坐着，两个人谁都没有说话，沉默地喝着咖啡，以前艾米觉得这是默契，如今，她却觉得心里有点儿不是滋味。一杯咖啡喝完了，艾米终于开口问道：“亲爱的，你对未来有什么打算吗？”皮特是个工作狂，每天都把大量的时间和精力用在工作上。他沉思片刻，用坚定的目光看着艾米说：“我准备辞职，自己开创一家公司，你认为如何？我在现在的这家单位已经工作六年了，我觉得我已经深入了解了这个行业的运作流程，我有信心，我觉得自己能干好！”艾米微笑着对皮特说：“当然，我相信你的能力，你总是那么优秀，几乎任何问题都难不倒你！”皮特接着说：“艾米，等我自己开公司后，我一定要在上海最金贵的地段给你买一套大房子，然后咱们在里面安家，生一大群属于咱们俩的孩子！”说着，皮特甚至开始笑起来，看得出来，他对未来满怀憧憬，他很爱艾米，想和艾米一起生活。

艾米的心里不禁松了口气，她委婉地说：“可是，皮特，我不在乎是不是能有一栋大房子，我只希望我们两个能够在一起。”皮特不解地看着艾米，说：“咱们现在不就是在一起吗？”艾米继续说：“我的意思是，再过两个月，我就整整30周岁了，你知道，女人过了35岁生孩子是不好的，我想，现在正是我们结婚生子的好时候。”说着，艾米坐到皮特的身边，依偎在皮特的肩膀上，顺手把自己的咖啡杯和皮特的杯子放在了一起，彼此紧贴着，就像他们俩一样。“现在？”皮特一边说一边舔了舔嘴唇，他拿起咖啡杯喝了一口咖啡，顺手把杯子放到了距离艾米的杯子10公分左右的地方，继续说道：“艾米，我想给你更好的生活，我不希望咱们的孩子出生在一个与别人共用厨房和卫生间的家里。相信我，艾米，只要我自己开公司，要不了两年，就能实现买大房子的梦想。到时候，咱们一买好了房子就结婚，保证你可以在35岁之前生宝宝。”艾米叹了一口气，她知道皮特是爱自己的，也知道皮特是很固执的，既然他想开公司创业，就不会在这个关键时刻结婚。于是，艾米坐正身体，正视着皮特的眼睛，说：“那好吧，皮特，我愿意等你，我相信你的能力。”

其实，艾米和皮特已经认识13年了，谈恋爱也已经10年了，他们可以毫无顾虑地结婚了，因此他们甚至比某些夫妻之间更加了解。但是，在艾米提出请求的时候，皮特并没有明确地拒绝，艾米为什么不坚持一下呢？原因很简单，就是因为咖啡杯。艾米在依偎到皮特身边的时候，同时也把自己的咖啡杯和皮特的杯子紧紧地放在了一起，但是，皮特显然还没有准备好结婚，虽然他没有明说，但是他在放咖啡杯的时候，把自己的杯子放到了距离艾米的杯子10公分左右的地方。这就说明，皮特心里是不想现在结婚的，所以他才会在不知不觉之中把自己的杯子放到了距离艾米的杯子

10公分左右的地方。在生活中，人们把这种现象称为“杯子技巧”。利用“杯子技巧”，可以探知对方的真实想法。例如，你可以像艾米这样找个机会与对方一起喝咖啡，闲聊一会儿之后，假装漫不经心地把自己的杯子贴近对方的杯子，当然，贴近的程度要视你们双方的关系而定。假如对方默默地把杯子移开了，就说明他认为两人还是维持现状好，在他心里目前还没有进一步的打算；反之，假如对方没有移动杯子，就可以说明你们之间的距离感缩短了。由此一来，透过杯子间的距离，就可以测出两个人之间的心理距离。

在生活中，“杯子技巧”不仅可以用来测试恋人之间的距离，也可以用来测试朋友、同事之间的距离。当然，测试朋友和同事之间的距离时无须像艾米那样把杯子紧紧地贴在一起，只要超过你们平时的亲密界限就可以了。此外，这种杯子效应其实在生活中非常常见。仔细回想一下，你就会发现，每当单位开会的时候，同事之间的座次是有规律的，你总会不由自主地靠近一些人，也会不由自主地疏远一些人。此外，乘火车的时候，都是陌生人，你与谁的关系更近？只要回想一下就不难发现，你肯定与自己的邻座、上下铺，或者对面的乘客搭讪更多，而很少与坐得比较远的或者是隔壁车厢的陌生人说话。由此可见，随着空间距离的缩小，人们之间的心理距离也会缩小。在与人交往的过程中，如果我们能够灵活运用“杯子技巧”，就能方便地测试出对方与自己的心理距离，从而更好地把握交往的节奏和进度。

第3章

防人之心，与人相处留心避开陷阱

在现实社会中，什么样的人都有，每个人的性格和心地都不一样。每天，人们熙熙攘攘地生活在这个地球上，为了各种各样的目的而忙碌奔波着。常言道，害人之心不可有，防人之心不可无。的确，为了保护自己，有的时候是应该有防人之心的。其实，防人的时候未必需要草木皆兵，只要留心避开那些常见的陷阱就可以了。

小心那些对你过分热情的人

从大学毕业后，小夏一直在某家外企工作，现在已经五年了。去年，她结婚了，今年顺利地怀了宝宝。为了减轻小夏的工作负担，公司又新招了一个大学生叫小麦，并且叮嘱小夏多教教小麦。这样，等小夏休产假的时候，小麦就可以承担一部分工作了。

小麦刚刚大学毕业，为人热情开朗，一口一个夏姐的，叫得小夏都不好意思了。来公司没几天，小麦在午休的时候告诉小夏说她的姑姑是这家公司中国地区的负责人。虽然在公司五年了，但是小夏很少见到公司的高层，因此根本无从考证中国地区的负责人是否真的是小麦的姑姑。此外，小夏也不是那种八卦的人，她的性格比较内向，觉得工作的时候最好不要聊一些闲言碎语，只要好好工作就行了。到底是年轻人，精力比较充沛，小麦每天都精神抖擞的。但是，每到中午的时候，小夏可能是因为怀孕的缘故总是昏昏欲睡。看到小夏困倦的样子，小麦就主动要求帮小夏按摩一下，还说按摩能活血，可以防止孕妇的腿水肿。小夏觉得很感动，笑着说："小麦，想不到你年纪轻轻，却这么体贴人，现在，像你这么善解人意的小姑娘可是很少见了！"小麦咧开嘴笑了笑，说："夏姐，我们都是女人，如果连女人都不知道心疼女人，那么还有谁来心疼我们呢？"说着，小麦还拿出了精心准备的热带水果给小夏吃，说是可以补充维生素，对胎儿有好处。看这股殷勤劲儿，就连小夏的老公都难以望其项背。

原本，公司招聘小麦的目的是为了给小夏配一个助手，这样一则可以减轻小夏的工作量，二则可以在小夏休产假的时候，让小麦配合小夏的接班人做好工作。谁想到，小麦进公司一个月以后，就熟悉了自己的工作流程，因此，她开始旁敲侧击地让小夏教她更多的东西。一天中午，小麦又在给小夏按摩，一边按摩一边说："夏姐，其实我觉得我已经熟悉我现在负责的工作了，还是挺清闲的。我是这样想的，你看，我还年轻，精力也比较充沛，而你呢，还有三个月才休产假，我觉得，要是你在这段时间多教我一些东西，等你休产假的时候，我就能够做更多的工作了。"小夏享受着小麦不容推辞的按摩，怎么好意思拒绝她呢？于是，在剩下的三个月里，小夏教了小麦很多东西，偏偏小麦的脑子比较灵活，上进心又强，所以，小麦进步得非常快。转眼之间，小夏到预产期了，开始休产假。原本，公司领导准备再派一个老员工接手小夏的工作，但是架不住小麦软磨硬泡地央求领导给她一个独当一面的工作机会，而且小麦还立下了军令状，所以公司领导同意给小麦一个星期的时间独立主持工作，看看她能否胜任。结果让公司领导大吃一惊，短短的半年时间里，小麦已经不是那个初进公司时整日嘻嘻哈哈的小姑娘了，她变得成熟、干练，最重要的是把工作打理得井井有条，丝毫不比小夏差。

休完产假回到公司后，小麦已经完全适应了小夏之前的工作，甚至比小夏更为出色。而小夏呢，则恰恰相反，因为剖腹产生宝宝伤了元气，再加上带宝宝很辛苦，所以小夏每天哈欠连天、不在状态，与之前有了很大的不同。结局可想而知，在给小夏挂了半年的闲职之后，公司领导找了个机会劝小夏全职回家带宝宝。小夏当然知道这是什么意思，只是，她很愤愤不平。从她休完产假之后，小麦一改往日殷勤备至的模样，对小夏爱搭不理。小夏很后悔，自己当初太心软，架不住小麦软磨硬泡，把自己的看家本领都教给了小麦。如果不是小夏手把手地教，小麦至少还要工作两年才能积累丰富的经验，当然也就谈不上现在的进步了。从这个事例中我们不难发现，如果一个人对你过分热情，而且她又不是你的亲人、密友，那么，你就要小心了，因为她很可能有什么目的。

人们常说，天上没有掉馅饼的好事，世界上没有免费的午餐。的确，在生活中，既没有无缘无故的爱，也没有无缘无故的恨。在这个世界上，只有父母能够毫无所求地爱孩子，除此之外，人们对一个人好，总是出于特定的原因或者为了实现某些目的。人们还经常说一句话，吃人的嘴短，拿人的手软。就像小夏一样，如果不是因为接受了小麦的按摩和热带水果，也就不至于在面对小麦拜师学艺的请求时不好意思拒绝。总而言之，做人不能贪图小便宜，更不能随便接受别人无缘无故的热情，因为在热情背后总是隐藏着别样的用心。

远离那些总爱说别人隐私的人

梁静刚刚大学毕业，孤身一人来到北京打拼。北漂的日子无疑是艰辛的，梁静每天都早出晚归地找工作。就这样，过了一个多月，身心俱疲的她终于找到了一个相对满意的工作。梁静很珍惜这次工作的机会，在单位里任劳任怨、尽职尽责，每天，她都主动提前半个小时到办公室打扫好卫生，把办公室整理得纤尘不染。甚至，老板还在会议上表扬他们办公室是全公司的楷模。渐渐地，同事们都喜欢上了勤快的梁静。梁静不太爱说话，除了工作之外，每当有同事们找她交流，她也多以倾听为主，以微笑面对他们。所以，在这个蜚短流长的办公室里，虽然梁静已经工作半年了，但是没有任何关于梁静的负面新闻。

过了没多久，公司里又来了一个新人，叫柯以敏。柯以敏的性格和梁静截然相反，她每天都咋咋呼呼的，喜欢大呼小叫。职场人士都知道，休息室、茶水间和洗手间是办公室里流言的发散地。过了没多久，同事们就发现，只要是有人在闲谈的地方，就有柯以敏的身影。她不仅喜欢暴露自己的隐私，还喜欢打探别人的隐私，最关键的是她像一个高分贝的喇叭，不管什么事情，只要她知道了，几乎就相当于整个公司都知道了。有一次，梁静和一个处得比较好的同事在洗手间说一点儿私人的小秘密，结果，柯以敏突然进来了。虽然当时柯以敏没有说什么，但是当天下午，梁静和那个同事所说的话就传遍了整个公司。经历了这件事情，同事们都知道了柯以敏是个高分贝喇叭，自此，不管是女同事还是男同事，只要见到柯以敏就会绕着走。就这样，过了没两个月，柯以敏就没脸在公司待下去了，主动提出了辞职。

而梁静，因为一直谨言慎行，所以同事们都很喜欢她，在公司开辟新部门的时候，同事们一致推选她为部门主管。自此，她的事业发展得越来越顺利。

从上述事例中，我们不难发现，没有人喜欢长舌妇，当然还有大嘴巴的男人。总而言之，不管是男人还是女人，都应该管好自己的嘴，不要总是把别人的隐私挂在嘴边。通常情况下，只有爱挑拨离间的人才喜欢在背后议论别人。也正因为是在背后议论别人，才使挑拨离间者得以生存。在生活中，不管是在大学校园还是在职场，大家都有过不同程度的体会，总有这样一群人，他们非常虚伪，言行不一致，人前人后不一致。很多时候，这样的人当着别人的面时奴颜婢膝、无比热情，但是，不等人家转过身去，他就口出恶语，把人骂得狗血喷头，甚至还会凭空捏造一些子虚乌有的事情陷害别人。几乎在每一个社交圈里，都会有一两个这样的人。通常情况下，他们的特征很明显，即看上去活泼开朗、毫无心机，其实是想以此来麻痹别人，借机打听别人的私生活。为了让你敞开心扉与他交流，他甚至会故意在你面前说某人的坏话，例如领导的，而一旦你顺着他的话说下去，他就会于第一时间内赶去领导面前打小报告，这种行为是典型的诱骗你评价同事。因此，如果有人在你面前说别人的坏话，即使你心里很认同他的观点，也不要随声附和，而要提高警惕。你一定要记住，如果一个人能够在你面前说别人的坏话，那么，这个人就肯定会在别人的面前说你的坏话。

那么，到底应该怎么办呢？最好的办法是既不要附和，也不要反对，而要这只耳朵进，那只耳朵出。一旦你发现某人喜欢在一个人面前说另外一个人的坏话，首先，你就要怀疑说话者的人品问题，然后在下次遇到他之前绕道而行，不给他在背后说人坏话的机会，至少不给他在你面前说别人坏话的机会。在职场中，有人擅长坐山观虎斗，有人喜欢搬弄是非，对你来说，假如希望自己的职业生涯能够顺利一些，少一些节外生枝，最好的办法就是离那些喜欢说别人隐私的人远远的，躲得越远越好。否则，这个人这一刻还在你面前猛夸你的长处，痛斥他人短处，下一刻，在你还没有来得及转身的时候，他很可能就会改变句子的主语把同样的话再对别人重说一遍。职场中有句话非常流行，叫“大公司做人，小公司做事”。事实的确如此。在大公司里，人员比较多，鱼龙混杂，需要同事之间彼此配合完成的工作也比较多。所以，要想把工作做好，首先要搞好同事之间的关系，只有把人际关系搞好了，工作上才会更加顺利。而在小公司，环境相对简单，员工也比较少，因此往往一人身兼数职，合作沟通起来也没有那么困难。和柯以敏比起来，梁静的为人做事无疑更加成功，得到了同事们的认可和肯定。而梁静之所以能够成功，关键之处就在于她远离了是非，远离了那些喜欢说别人隐私的人。

在生活中，在职场中，有一种人天生就是“长舌妇”，当然，这里的“长舌妇”并不专指女人，也包括那些大嘴巴的男人。这些人，只要一天不说些蜚短流长的话，就会觉得不舒服。碰到这种人的时候，有的人会因为不好意思直接走开而随口敷衍几句，但是，即使是这样，也会带来无法预料的后果。也许到不了明天，我们就会发现自己随声附和的话居然变成了不折不扣的评价传到了当事人的耳朵里，而且，某人已经无数倍地夸大了你附和的原意。如此一来，轻则对方找上门来，重则人家在心里给你记好了这笔账，以找准合适的时机再与你算账。那么，既然长舌妇这么可怕，有没有什么化解的招数呢？当然有。方法有二：其一是顾左右而言他，在对方讲述他人是非的时候，你可以驴唇不对马嘴地自顾自地谈美容、谈健身、谈时装、谈娱乐八卦新闻，总而言之，所有与工作或者同事无关痛痒的话题都可以，但就是要坚持不说谁是谁非；其二是保持沉默，任由“长舌妇”说得唾沫横飞、天花乱坠，你只要管好自己的嘴巴，不发表任何言论就行了。这样一来，时间长了，她就会觉得尴尬无聊，再也不会在你面前说东道西了。总而言之，作为职场人士，要想洁身自好，必须记住一句话：是非的漩涡特别深，一旦掉进去，就会越陷越深。

互诉衷肠时留点分寸，别把老底儿都说出来

小徐与小唐都是刚刚毕业的大学生，同时被招进公司，都在业务部，专门在全国各地跑业务，所以他们俩的关系非常好，走得很近。

有一次，公司在海南搞了一个大项目，需要销售人员去联系一些相关业务。但是，因为业务量大，老总担心一个业务员能力不够，所以决定派两个业务员一起拿下这笔业务。这样一来，小徐与小唐就被双双派去了海南。虽然是出差，但是两个年轻人在一起还是很轻松、热闹的。在火车上，他们一起打牌、喝啤酒、聊天，彼此之间越来越熟悉了。到了海南以后，他们两个人联手一举拿下了相关业务，比预计的时间提前了好几天，因此，老总特批他们在海南玩三天再回来，差旅费由公司报销，他们每人只要负责自己的景点门票就可以了。这两个年轻人痛痛快快地玩了个够！在海南的最后一天，他们俩专门找了一家饭店好好地大吃大喝了一顿。席间，小唐说：“小徐，咱们这个老板可是不错，还奖励咱们公款旅游了三天，这可是大方的老板呀！回去以后，咱们一定要好好干，既给老板多挣

钱，也给自己攒钱买房娶个媳妇儿！”小徐有点儿喝多了，说话都不清楚了，大着舌头说：“是呀，咱们一定要抓住这个机会好好挣钱。”接着，小徐又说：“小唐，来公司这一年，你老实告诉我你攒了多少钱了？”听了这话，小唐惊讶地张大嘴巴说：“攒钱？怎么可能呢？咱们每个月的工资才两千多，每次出差，虽然公司报销差旅费，但是看到喜欢的东西会买下来作为礼物送给亲戚朋友，所以，我几乎每个月都花光了。”小徐坏坏地笑着说：“我可没说工资啊，我说的是别的钱。咱们俩是一起进公司的，我都攒了两万了，你还会少，我可是数了，你联系成的业务比我多六个呢！”小唐还是不明所以，说：“这和业务有什么关系啊，你忘啦咱们第一年是试用期，不计算业务量的，只有基本工资。”小徐不耐烦地说：“你小子还和我装，回扣啊，你可别告诉我你没拿过回扣，谁信哪！”小唐至此恍然大悟，连声说：“小徐，你喝多了，咱们赶紧回去睡觉吧，明儿一早还要赶火车回去呢！”小徐酒醒之后，很担心自己说了什么不该说的话。不过，又过去了半年，大家相安无事，所以他也渐渐地放心了。

半年后，原来的销售主管升为副总了，所以公司想提拔一个新人当销售主管，因为领导觉得新人有热情，富于创新性。在正式公布结果的前一天，几乎全公司的人都知道已经定下来要提拔小徐了，但是，第二天公布的却是小唐，而且公司还把小徐开除了。这个结果出乎大家的意料，不过，小徐、小唐以及相关领导的心里都清楚是怎么回事。尤其是小徐，肠子都快悔青了。

在上述事例中，小徐在酒过三巡之后和小唐互诉衷肠，说出了自己拿回扣的秘密。说完之后，他又后悔了，因为这个秘密事关自己的前途。但是，过了半年还是相安无事，所以小徐的心渐渐地放下来了，他觉得自己或者根本就没说，或者即使说了，小唐也当成醉话了，不会给捅出去的。其实，小徐想错了。小唐之所以没说，只是因为他与小徐之前没有利益冲突而已。到了生死存亡的关头，或者是小徐晋升，或者是小唐晋升，那么，为了自己的事业和前途，小唐还是在最后一天把这件事情汇报给领导了。至于结果如何，大家都已经知道了。

很多时候，人们都说同学和战友的友谊是最值得珍惜的，因为纯洁，因为真诚。和同学情谊、战友关系比起来，同事关系就显得不那么牢靠了。在职场上，每个人都在竭尽全力地往上爬，或者是为了加薪，或者是为了升职。所以，同事之间的竞争关系是很激烈的，尤其是实力相当的同事之间。人在职场，要想有个好前途，得到提拔和重用，除了要努力提高自己的工作能力之外，更要努力提高自己的职场修养，管好自己的嘴巴。当你兴奋得过了头，想把自己的秘密告诉别人时，最好三思而后行，因为一时的痛快，很可能会毁了你得来不易的前途。

小心他人“挑唆”你说出对别人不满的话

李强是某公司的销售员，业绩一直处于中等水平，既不高，也不低。不过，因为李强的妻子是公司副总的小姨子，所以，李强被提拔为销售部主管。原本大家都是同事，而且业绩不相上下，甚至比李强更好，但是，如今李强一步登天，居然成了销售主管，不管对于谁来说，这都无异于一记重磅炸弹。虽然的确有一部分同事是出于酸葡萄心理，但也确实有一部分同事本身就比李强的资历深，业绩也比李强优秀。背地里，大家你一言我一语，众说纷纭：“哼，论资历，他比我晚来公司两年；论业绩，他的业绩也没有我好，但是人家有裙带关系啊！”“真是的，升官也要升得人们心服口服啊，升他当销售部主管，有谁能服气？”一时间，销售部的同事们群情激奋，你一句我一句地，把李强数落得一无是处。

小记是刚刚应聘到公司销售部工作的大学生，他看到大家越说越激动，也借此机会说了很多关于李强的坏话，例如李强工作能力不强、疑心太重、与同事之间有隔阂等。不过，俗话说，画虎画皮难画骨，知人知面难知心。在这些人中，有一个两面三刀的同事朱某，朱某虽然当着大家的面也义愤填膺地说李强的坏话，但他其实是李强的耳目，私下里与李强的关系特别好。

大家不禁纳闷，既然他与李强是好朋友，又为什么要说李强的坏话呢？其实，这是李强与朱某的计谋，即让朱某假装说李强的坏话，这样一来，在朱某的“挑唆”下，大家就会无所顾忌地说李强的坏话。而过不了当晚，朱某就会找机会把大家所说的坏话告诉李强。

其实，李强也知道销售部有很多资历和业绩都比他强很多的人，所以他这么晋升为销售部主管一定会引起大家强烈的不满。为了了解大家的真实想法，更好地展开工作，避开工作中同事们的情绪暗礁，因此，李强特派朱某“带头”说他的坏话，从而更好地了解大家的情绪状态。

当朱某把大家的不满和不服气纷纷传给李强之后，李强想：其实，这些同事们的不满都在我的意料之中。但是，出乎我意料的是，小记这个乳臭未干的臭小子居然也敢当众说我的坏话。他进公司刚刚才两个月，有什么资格说我呢？！自此以后，李强在工作中处处为难小记，给小记小鞋穿。结果，又过了几个月，小记被迫无奈主动辞职了。直到最后小记也不明白，自己并不是第一个也不是唯一一个说李强坏话的人，为什么李强单单容不下自己呢？

在上述事例中，小记的确不是第一个也不是唯一一个说李强坏话的人。但是，为什么李强唯独容不下小记呢？原因就是小记大学刚刚毕业，不仅没有任何业绩，而且没有任何资历，所以，他确实不应该在这种时候出头。小记的错误，就是典型的在别人的“挑唆”说出了对某个人不满的话。其实，小记真的对李强有那么大的意见吗？未必。很有可能，小记只是为了迎合大家，才一时说出了那样的话来，归根结底，他还是被朱某的“挑唆”蒙蔽了，害得自己失去了得来不易的工作，成了背后说别人坏话的牺牲品。其实，人与人之间的关系是很复杂、很敏感的。尤其是在办公室里，几个人在一起难免会闲聊起来。有时，说到某个人时，大家还会同仇敌忾地说出一大串坏话来。每当这种时候，总是有很多人把持不住自己，也随声附和着说起某人的坏话来，其结果不难想象，早晚有一天，这种坏话一定会添油加醋地传到当事人的耳朵里。即使对方是人品高尚的人，也难免会有些心里过不去；万一对方是一个心胸狭隘的小人，轻则以其人之道还治其人之身，重则暗地里下刀子，伺机报复。

人们常说，多个朋友多条路，少个朋友多堵墙。无一例外，每个人都不喜欢别人说自己不好听的，而都喜欢别人说自己好听的。俗话说，世上没有不透风的墙，不管一个人说了别人什么，别人迟早会知道的。如果你在背后夸奖别人，那么，别人知道以后一定会很开心；反之，如果你在背后批评、指责别人，当别人有一天知道后，一定会心生不快，甚至为你们以后的交往埋下隐患。在日常生活中，我们难免会遇到别人在自己面前说某个人的坏话。此时，我们一定要端正自己的态度，不要为了迎合他人而跟着他人一起去指责、批评某人。最好的办法是，如果发现别人在你面前说某个人的坏话，就赶紧走开，即使走不了，也不要插嘴，只要微笑一下就可以了。总而言之，每当遇到有他人围在一起说某人坏话时，不管你是否确定那些人中有故意“挑唆”的托儿，都要谨言慎行。只有这样，才能更好地与人相处，也不至于使自己陷入被动的尴尬处境。

说话做事留有余地，别被他人抓住把柄

魏文帝曹丕，对人冷漠无情，心胸狭隘。曹操在位时，鲍勋担任魏郡西部都尉的官职，负责邺城（今河北临漳县）西部的治安。那个时候，曹丕还是太子，他的夫人郭妃之弟因为触犯了法律，鲍勋便将他依法抓捕了。为了此事，曹丕出面求情，但是鲍勋为人清正廉明，拒不答应，依法惩办了郭妃之弟。自此以后，因为这件事情，曹丕一直耿耿于怀，总是想伺机报复鲍勋。

曹丕即位后，鲍勋不仅没有避让风头，反而更加直言不讳地向曹丕进谏。因为鲍勋进谏的方式和措辞过于直接，有几次惹得曹丕勃然大怒。然而，如今的曹丕已经不同于往日了，他掌握着满朝文武的生杀大权，完全可以任意处置鲍勋。

有一次行军宿营，鲍勋担任营中执法官。一天，他的一个朋友来军营探望他，因为军营还没有建好，所以朋友从中抄了近道。按照军规，军营内是不许抄近道的。军营令要以违犯军规处置鲍勋的那个朋友，鲍勋以营垒刚刚打桩画线、还没有建成为由，为朋友据理力争。

曹丕知道这件事情后，大喜过望，他终于抓住了鲍勋的把柄，因此马上下令道："鲍勋指鹿为马，应交办治罪！"

执法大臣接到命令后非常为难，因为鲍勋并没有违反军规，而只是念及朋友情谊保护了友人而已，性质根本没有这么严重，更不至于被比成大奸臣赵高呀！曹丕勃然大怒，说道："鲍勋罪在必死，如果你们胆敢袒护他，我就将你们一并治罪！"

事已至此，朝中的一大批元老重臣都认为曹丕未免有公报私仇之嫌，因此全都出面为鲍勋求情，就连主持司法的大臣高柔，也舍生取义地坚决拒绝执行处斩鲍勋的诏命。这下子，曹丕更加生气了，他把高柔召到朝堂软禁起来，亲自出面派遣使臣杀了鲍勋，然后才放了高柔。

在上述事例中，虽然曹丕的确是冷漠无情、心胸狭隘的，但是，鲍勋其实也是有一定的错误的。古人常说，伴君如伴虎，作为大臣，在和帝王相处的时候，一定要讲究方式方法，既要据理力争，也要保全自己的性命。而鲍勋的错误之处恰恰在于他只看到眼前的事情，而没有长远考虑身后的事情，做事情的时候有欠考虑。也许，他至死都不知道曹丕为什么一定要因为这点儿小事而处死自己。由此可见，在做事情的时候，一定要三思而后行，特别是对地位比自己高的人，在交流和相处的时候更是要谨言慎行，这样才不至于在不知不觉之间给自己惹来杀身之祸。当然，现代社会已然没有了真正意义上的杀身之祸，但是，人在职场，如果因为言行不慎而导致自己失去工作，不也是很可惜的吗？

著名的哲学家、教育家苏格拉底曾经说过："一颗完全理智的心，就像是一把锋利无比的刀，会割伤使用它的人。"在这个世界上，没有任何事情是完全绝对的，每件事情都像一枚硬币似的具有两面性。这就告诫人们，不管是说话还是做事，都要给自己留有回旋的余地。看书的时候，我们总是发现书页的四围留有一些空白的地方；仔细观察水泥路面，我们不难发现每隔一段距离，水泥路面之间就会有缝隙；即使是农民种庄稼，也会在行与行之间留下空隙……其实，这些都是留有余地。做人做事也是一样，只有给自己留有余地，一旦事情发生变化，才不至于使自己陷于尴尬的境地，进退两难。做人的艺术，就是要讲究平衡，既要左顾右盼，又要瞻前顾后。要想更好地生活在这个世界上，千万不要让自己的言行和思维沿着一个方向发展，走向极端。不管面对什么事情或者是人物，在你做出论断的时候，一定要给自己留下余地。对于别人所说的话，我们一定要结合实际情况综合考量，不可片面地主观臆断。在社会上生存，不管是处世还是做人，都应该学会给自己留有余地，留条后路，事情不要做得太绝，话也不要说得太满。只有凡事都给自己留有余地，才能在回头的时候有路可走，从而避免彻底失败的命运。

总而言之，人有很多种智慧，然而，真正能够称得上是人生智慧的就是给自己留点余地。话说要有弹性，做事要有分寸，凡事都讲究灵活的安排，以使自己回旋的余地更大。否则，一旦被别人抓住把柄，就会在无形之中给自己的人生设置障碍，甚至改变自己的人生轨迹。

不要总依赖别人，否则会被人利用

一个人在屋檐下躲雨，突然看见远处走来了一位撑着伞的禅师，因此，他大声喊道："禅师！佛法讲求普度众生，你可以度我一程吗？"禅师说："我走在雨里，你躲在屋檐下，我被雨包围着，而你藏身的屋檐下却根本没有雨，你有何需我度你呢？"

听到禅师这么说，那个人赶紧走出屋檐，站在雨里，说："您看，我现在也在雨里了，如今，你可以度我了吧？"禅师还是说："我依然不能度你！”那个人疑惑不解地问道：“刚才我在屋檐下你不度我，现在我在雨里，你为什么还是不度我呢？”禅师说：“此时此刻，咱们俩的处境是一样的，即都在雨中。唯一的区别在于我带伞了，而你没有带伞，所以我没有淋雨，而你却淋雨了。确切地说，我之所以没有淋雨，是因为伞度我，因此，我根本无法度你。假如你想找人度你，那么，你根本不必找我，正确的做法是找伞！”

虽然那个人被大雨淋得浑身都湿透了，但是直到最后，禅师也没有度他。

那人愤愤不平地说：“既然不愿意度我，就应该早点儿说明。绕了这么大一个圈子，是故意想让我淋雨吧。人们都说佛法讲求‘普度众生’，我看佛法是‘专度自己’！”

禅师听了，丝毫没有生气，而是平心静气地说：“想要不淋雨，出门的时候就要记得自己带伞。”

有的人总是想依赖别人，即使看到天马上就下雨了，也不带伞，一心只想着别人肯定会带伞，肯定会有人帮助他，实际上，这种想法是最害人的。如果一个人不依靠自己的努力，而一心只想着依赖别人，到头来终将毫无所得。实际上，真正悟道的人是不会被外物干扰的。人生来就有自性，只是有的人因为平日不去寻找，所以还没有找到而已。如果自己不作任何努力，只把眼光放在别人身上，想依靠别人成功，那简直是不可能的。

有一天，一个老人和一个年轻人一起来到沙漠里栽种胡杨树。等到树苗成活以后，老人很少来，即使偶尔来了，也只是扶一扶被风刮倒的树苗，不浇一点儿水，任由胡杨树自由地生长；年轻人却觉得沙漠里太干旱了，树苗很难长成大树，所以每隔几天就来给树苗浇水。几年过去了，老人种的胡杨树看着很干枯，就像在沙漠中渴了很久的枯树一样。而年轻人种的胡杨树则不一样，郁郁葱葱，长得很粗壮。沙漠里的气候很恶劣，突然有一天，刮起了罕见的沙尘暴。风停后，人们惊讶地发现老人种的胡杨树只是被风吹折了一些树枝，吹掉了一些树叶，而年轻人栽的胡杨树几乎全都被风刮倒了，有的甚至连根拔起。年轻人疑惑不解，就问老人这是问什么，老人缓缓地说道：“这是因为你总是隔三贫五地来给树浇水施肥，这样一来，它们自己就不会努力把根往泥土深处扎以吸收养分和水分。而我种的树则不同。自从树苗成活以后，我从来没有给树浇过水，因为生存环境的恶劣，所以它们不得不把自己的根扎到地底下的泉源中去。你想，树有这么深的根，怎么可能轻易地被风刮倒呢？”

以上两个事例都说明了一个道理，过分地依赖别人，必将使自己在面对困境的时候手足无措。就和胡杨树一样，任何时候，人都应该靠自己，只有这样，才能从容地面对人生的风风雨雨。这个道理也同样适用于职场。虽然职场不讲求佛法，环境也不像沙漠那般恶劣，但是，职场却同样要求每一个人勤奋努力，依靠自己获得成功。

现代社会，竞争越来越激烈，职场人士的压力也越来越大，在巨大的生存压力下，人们之间勾心斗角、尔虞我诈的现象越来越明显。在职场中生存，就犹如逆水行舟，不进则退。通常情况下，同事之间是合作的、互惠互利的关系，而很少有同学之间那般纯洁的友谊和战友之间那般换命的交情。因此，同事之间只能合作，而不能依靠。在职场中，假如一个人总是依靠别人的帮助，那么，一旦他们之间的合作关系破裂，他就会遭受巨大的创伤。或者，即使他们之前的合作关系保持完好，合作关系也是与利益有关的，所以，很难保证在面对更加巨大的利益时，你的合伙人是否会利用你成就自己。

其实，人生就是一个过程，是一个历练自己、成就自己的过程。歌中有云，不经一番寒彻骨，哪得梅花扑鼻香。不管是在职场中，还是在职场中，我们都要依靠自己，自立自强。如果过分依赖别人，轻则被别人釜底抽薪，重则被别人利用，不管是哪一种，都是我们所不愿意看到的。

对逆反心重的人，不如来个“就坡下驴”

陈红雷在读大学期间，谈了一个女朋友。刚开始的时候，父母是表示强烈反对的。因为陈红雷是家里的独子，所以父母一心想让他大学毕业后回到家乡工作。而陈红雷谈的这个女朋友也是家里的独生女，她的父母也想让她大学毕业后回到家乡工作。这样一来，陈红雷的父母不禁头都大了，到底去谁家好呢？显然两人是不合适的。最合乎理想的是大学毕业后先回到老家找一份稳定的工作，然后在本地找一个知根知底的女朋友，按部就班、万无一失地结婚、生子、过日子。但是，陈红雷显然不愿意听从父母的建议。其实，陈红雷的父母心里很清楚，陈红雷从小就主意正，自己拿定主意的事情很难改变想法，而且，陈红雷的逆反心理很重，如果父母说得不对他的心意，他就会坚定地选择与父母对着干。因此，父母想来想去，虽然表示了强烈的反对，但是却一直没有采取具体的行动，因为他们怕起到相反的效果，导致事与愿违：万一儿子一生气决定去女友家发展了呢？

大学时光总是美好的，美好的时光总是容易偷偷溜走，不知不觉之间，陈红雷和女友都即将毕业了。为了去留问题，陈红雷和女友认真地谈过一次。因为陈红雷的家在内蒙古，而女友的家在广东，所以，首先他们在生活习惯上就很难容忍去对方的家里生活。不管是气候，还是饮食习惯，内蒙古与广东都相差十万八千里。经过反复的考虑，他们最终决定放弃双方父母的意见，而选择在就读大学的城市北京生活。这样一来，他们谁都不必为了谁去适应生活环境的改变，而北京，他们在大学期间已经完全适应和习惯了。商量好之后，陈红雷和女友分别和自己的父母认真地交谈了一次。原本，陈红雷以为父母一定会反对自己，因为父母是一直希望他能够回老家生活的。想不到的是，父母却支持他的决定，并且建议他最好再考个研究生，因为父母觉得学历高一些毕业的时候更好找工作，而且更有希望把户口落在北京。陈红雷喜出望外，马上就采纳了父母的建议。其实，陈红雷的父母之所以改变自己的想法而做出这样的决定，完全是因为他们知道陈红雷的叛逆心很强，如果双方发生言语冲突，他是很有可能在一气之下与女友去广东的。而当得知儿子做出了留在北京的决定之后，陈红雷父母的一颗心终于落地了，毕竟北京比广东距离内蒙古近多了，而且儿子也不用去适应广东那与内蒙古截然不同的环境气候与饮食习惯了。老两口自我安慰道：如果儿子能在北京落户，不也是很好吗？想儿子了随时就可以去看看，比去广东方便多了。而陈红雷的心里也美滋滋的，得到了父母的谅解与支持，他与女友的爱情就显得更加美满了。

在上述事例中，陈红雷父母对待陈红雷，就采取了典型的“就坡下驴”的策略。常言道，知子莫若母。当父母的，辛辛苦苦地养育了孩子二十多年，当然对孩子的一言一行、脾气秉性都非常了解。如果陈红雷的父母只顾一味地反对陈红雷与女友谈恋爱，那么，他们不仅无法达到目的，还会造成很严重的后果。即使陈红雷最终不与女友去广东，也定会与父母闹得不欢而散。对于陈红雷这种有主见、逆反心理重的孩子而言，“就坡下驴”无疑是一个两全其美的好办法。这样一来，陈红雷与女友不仅不用再为到底去谁的老家定居而发愁了，还可以在父母的支持下，共同努力，在北京为自己安一个家，使生活和事业都走向正轨。对于这两个年轻人而言，北京是他们的母校所在地，完全可以说是他们的第二故乡，在读大学期间，他们已经熟悉了北京的环境，适应了北京的风土人情，而且，他们的同学之中也一定会有很多人留在北京工作，这样一来，他们就有了丰富的人脉。此外，北京还是全国的政治、文化中心，是我国的首都，是国家化的大都市，无疑对他们未来的发展十分有益。一举多得的事情，何乐而不为呢？

在生活中，很多人不理解“就坡下驴”的意思。其实，从字面上来理解，“就坡下驴”就是说：人骑在驴子上，由于驴子比较高，所以要想下来，很容易摔倒；为了安全起见，最好先找个陡坡，让驴子停在低处，人就可以顺势从驴子上下到陡坡的高处；这样一来，就使驴子的身高显得不那么高了，人下来的时候也就比较容易了，从而能够避免摔跤。在现实生活中，“就坡下驴”通常用来指找个借口下台阶，以避免难堪。其实，不管在生活中还是在工作中，总是有一些人特立独行、叛逆心强。只要我们深入理解“就坡下驴”的意思，并且在生活和工作中灵活运用，就能够避重就轻，减少与人交往时的冲突，从而更好地与身边的人相处。此外，“就坡下驴”还可以减轻人的逆反心理，使逆反者更加心甘情愿地采纳你的意见或者建议，这样一来，你不就离实现自己的心愿更近了一步吗？

第4章

入目悦心，面容装束要多花心思

现代社会，随着时代的进步、经济的发展，人们越来越重视穿衣打扮，在审美方面也有了很大的进步。很多时候，着装已经不再出于最初的蔽体、保暖的作用，而是象征着社会的文明程度。尤其是在职场中，虽然人们总是说不能以貌取人，但是最基本的礼仪要求我们必须重视面容装束，给人以悦目赏心的感觉，这样才能使自己的生活和工作更加顺利。

穿着用点心思，让人一看就留下好印象

志远和张铭是大学同学，今年，他们都已经是大四的学生了，马上就要走出校园，踏入社会。大四以来，他们班有一部分同学选择考研，因此暂时避过了就业的压力，可以继续在校园里悠闲地读书。但是，志远却认为应该先工作，等到工作稳定以后，根据工作和个人发展的需要，然后再有针对性地选择培训、在职读研等适合自己的方式提高自己的能力。张铭虽然想读研，但是他的父母都下岗了，目前以卖水果为生，早出晚归地特别辛苦，所以张铭思考再三，还是决定先工作，以减轻父母的压力。因为志远和张铭平时关系就很好，所以在找工作的时候，他们总是结伴而行，不仅一起参加招聘会，甚至连面试的时候都一起去。

一个偶然的机会，志远得知一家跨国公司招聘销售人员，因此他就投

递了简历。简历投出去以后没多久公司就通知他去面试。志远非常高兴，把这个消息告诉了张铭。张铭首先对志远表示祝贺。不过，因为是第一次去跨国公司面试，所以志远还是很紧张的，因此他坚持让张铭陪他一起去。恰恰张铭那天也有一个面试，不过时间和志远正好是错开的，因此他俩便约定先一起去张铭的公司面试，然后再一起去志远的公司面试。面试的日期到了，张铭提前几天就理了发，而且还为自己准备了一套笔挺的西装。相比之下，志远则显得随意多了，他还是穿着平时上学穿的休闲服。在约定的地点见面以后，张铭提醒志远："你可是去跨国公司面试啊，外国的公司最讲究仪表了，你穿这个休闲服不太合适吧！"但是，志远却不以为然地说："咱是去应聘销售的，又不是去应聘模特的，只要能把东西卖出去，谁在乎咱们穿的是西装还是休闲服呢？"

张铭的面试结束以后，他们一起去了志远所要面试的公司。志远进去面试了，张铭在房间外面等待着。后来，志远面试完了出来的时候，面试官也跟着出来了。看到和志远在一起的张铭，面试官不由得眼前一亮，觉得张铭特别精神，而且给人一种干练的感觉。因此，面试官亲切地问张铭："你好，同学，你是志远的同学吗？"张铭赶紧告诉面试官："是的，我们是同班同学，都是学习市场营销的。"面试官接着问："你这身西服看起来特别配你，使你显得精神抖擞，而且，鞋子也是新买的吧，锃亮锃亮的！"听到面试官这么说，张铭不好意思地笑了,说："是的，这身行头花了我两个月的兼职工资呢！不过，我觉得这样显得人精神一些，还是很值得的。"面试官说："你找好工作了吗？要是没有确定的单位，不妨给我一份简历，我觉得你应该很适合我们公司的工作。"就这样，张铭给了面试官一份自己随身携带的简历。

事情的结果出乎他们的意料，最终，这家跨国公司同时录取了志远和张铭，而且还让志远学习学习张铭在穿着方面的技巧。

聪明人很容易看出来，张铭之所以无心插柳柳成荫，正是因为整洁、笔挺的西装使他吸引了面试官的注意力，因此给自己争取到了工作的机会。在大多数情况下，面试是大学生走出校门、迈进社会的第一步。现代社会，人们越来越重视仪表，因此，越来越多的大学生更加重视自己在面试时的着装。通常，大家都知道着装往往决定了自己给人留下的第一印象。其实，面对第一次见面的面试官，你滔滔不绝的口才只给面试官三分之一的印象，你的简历也只给面试官三分之一的印象，而你面试时的穿着则同样能够给面试官留下三分之一的印象。由此可见，在面试中，要想给面试官留下良好的印象，首先要保证自己的穿着整洁干练。那么，作为求职者，怎样穿着才能给面试官留下好印象呢？

从严格意义上来说，着装既是一门技巧，也是一门艺术。从礼仪的角度上来看，着装是一门系统工程，不仅指穿衣戴帽，也包括由此而折射出的教养与品位。从本质上讲，着装并不等于人们平时所说的穿衣服。一般情况下，穿衣服往往是出于生理方面的需要，所看重的是服装的实用性。着装则完全不一样，着装其实是一个人在力所能及的前提下，基于自身的阅历、修养或审美品位，综合考虑服装搭配技巧、流行时尚、所处场合、自身特点等因素，精心选择、搭配和组合服装，从而使个人形象更加完美。在各种正式场合，注意个人着装的人能够给他人留下良好的印象，反之，不注意个人着装者往往会因为与场合不协调而遭人非议。一般情况下，着装要想做到品位超群，就必须兼顾以下五个方面。第一，独特的着装风格。不管干什么事情，最忌讳的就是跟风，因为跟风很容易迷失自己，着装也是这样。既然着装反映了一个人的修养和品位，那么，我们就应该保持自己的着装风格，不要盲目地追赶潮流。第二，整体协调。着装的时候，不要把各个部分分开看，而要把它们作为统一的整体，进行合理的搭配，使之看起来和谐自然，完美地衬托出你的气质。第三，干净整洁。不管在什么场合，也不管你所穿的衣服是昂贵还是便宜，首先的要求就是干净整洁。即使你因为家境贫寒而衣服上有补丁，也要保持干净清爽，因为这样能够使别人觉得你的内心是热爱生活的。当然，现在已经很少有人穿打补丁的衣服了，所以在保持衣服干净整洁的基础上，还要保持衣服的平整，最好不要有洗不掉的污渍等。第四，着装文明。人和动物的很大一个区别，就是人穿衣服，而动物不穿。但是，现在很多人在着装的时候为了标新立异，往往穿得非常暴露。其实，正规社交礼仪要求人们不要穿过于暴露的服装。尤其是在正式场合，尽量不要穿袒胸露背，暴露大腿、脚部和腋窝的服装，更不要在大庭广众之下赤裸着胳膊。第五，着装技巧。在着装方面，假如有心学习，其实是有很多讲究的。例如，女士穿裙子时，所穿丝袜的袜口应被裙子下摆所遮掩，而不宜露于裙摆之外；男士穿单排扣西装上衣时，三粒钮扣的要系中间一粒或是上面两粒，两粒钮扣的要系上面一粒等。

老话说得好，“佛要金装，人要衣装”“人靠衣装马靠鞍”。作为社会的一员，不管我们是否有足够的收入满足自己对于服装的要求，都要保证着装的朴实大方、干净舒适，这样才能给人留下好印象。

深色的正装出席严肃场合，让人对你更信任

金鸡百花电影节暨中国电影百年庆典无疑是本年度最大的华语电影庆典，不过，这界电影节与往年有所不同，对所有参加的明星、嘉宾和观众提出了严格的着装要求，即不管是明星、嘉宾还是观众，都必须正装出席。这样一来，能够充分体现典礼的神圣庄重以及对电影以及电影人的尊重。

2005年从11月9日到12日，三亚举行了20余项活动，其中包括开幕酒会、各种影展、中国电影海报及影人画像展、金鸡奖终评、中国电影论坛、中国电影论坛学术研讨会、中国电影论坛学术研讨暨论坛颁奖仪式、颁奖典礼、闭幕酒会等。组委会负责人介绍说，电影节活动的重头戏是12日的明星、嘉宾、世姐同走“星光大道”和参加颁奖典礼。本届电影节的组委会要求嘉宾、明星以及参会影迷必须正装出席。在此之前，在三亚举办的电影节策划研讨会上就提出，要“以衣取人”，严格明星着装。由于与柏林、威尼斯、奥斯卡、戛纳等重大国际性电影节庆典活动比起来，我

国的电影节上明星着装都过于随意，因此很难体现电影节的高贵和庄重。

除了要求参与的明星、嘉宾和观众穿正装之外，为了体现对电影和电影人的尊重，组委会要求所有采访本届电影节的记者也穿正装，每一位男士都要穿深色西装，每一位女士都要穿正式裙装，不然，就将被拒之门外。从首届电影节以来，这是国内电影节第一次明确要求记者采访穿深色西装。这样做，一来可以与国际接轨，二来能够充分表现出对电影和电影人的尊重。

李明启是某名牌大学的毕业生，有两年的工作经验。一个偶然的机会，他得知一家跨国公司招聘营销经理，之后他经过层层面试，现在已经进入了最后的复试阶段。最后的复试阶段其实很轻松，因为公司前几次面试已经了解了想要了解的情况，所以最后复试的时候反而更像是闲谈。和李明启一起面试的有好个人，不过，其中以李明启的学历最高，而且是出身名校。经过面试，李明启从面试者中脱颖而出，几位面试官都非常欣赏他的学识、修养和风度。然而，最让人惊讶的事情却发生了，在最后关头，公司录用了一个比李明启的能力稍弱的人。李明启百思不得其解，终于忍不住追问面试负责人原因。面试负责人惋惜地说："其实，我们几个面试官是一致看好你的，但是，董事长无意间看到了你，发现你穿的是牛仔裤，董事长说作为一个营销经理，第一印象应该给人信任感。但是你看上去却像青涩的大学生，显得不够稳重，而且对工作的态度也不够严肃。因此，董事长坚决要求我们录用另外一个能力比你稍微弱一点儿的人，因为那个人穿着黑色的正装。"这个理由让李明启哭笑不得，但是却又引起了他深深的反思。

众所周知，每年的电影节都是电影人的盛宴。当然，不难发现国外的电影节上众星云集，而且每个人都是正装出席。男士通常穿着黑色的西装、燕尾服，女士则身穿晚礼服，看上去简直是视觉的一大享受。随着社会的发展，我国已经与国际接轨，所以也不可避免地要在着装上提出更高的要求。其实，着装很多时候远远不是我们平时所说的穿衣服那么简单，服饰，在很大程度上是社会进化的一个标志。而且，一个人的着装不可避免地会反映出他的性格、修养等方面的特征。所以，我们一定要更加重视着装在生活中的重要性。很多时候，正装的颜色都是以黑色为主的，因为黑色能够给人留下成熟、稳重的印象，使人产生信任感。随着社会的发展，着装越来越重要，这是不可避免的事实，每个人都要引起足够的重视。

通常情况下，在西方国家，男士的正装指的是西装、燕尾礼服；在中国，正装主要以西装为主，有时也可以穿着中山装。一般，最常见的男士正装是“衬衫+西服+领带+皮带+西裤+皮鞋”，其实，如果是在炎热的夏天，只穿着衬衫和西裤也是正装的体现。穿西装的时候，不是特别强调款式，但是必须根据穿着场合、氛围，表现出西装庄重的特点。西装首先应该讲究面料的精致与考究，面料最好挺阔一些，不要过于厚重，最好是黑色的，灰色为次选。如果有条件，西装最好量身定做，因为西装最讲究的就是合身，衣长应过于臀部，标准的尺寸是从脖子到地面的1/2长；衬衫领口应该比西装领口略高；袖子长度以袖子下端到拇指11cm是最合适的；裤腰前低而后高，裤边不能卷边，裤型可以根据潮流选择，但是不宜过于时髦；裤长以到鞋跟处为准，不能露出袜子。上述这些，都是穿着西装的基本搭配，符合西装的规范性。对于女士而言，正装主要是指西装套裙，也可以是西装长裤。此外，假如是出席像电影节之类的场合，也可以穿礼服裙、晚礼服。相对而言，男士正装最好是黑色，深灰色也可以，女士西装正装也应该以深色为主，如果是礼服裙、晚礼服之类的正装，颜色的选择范围可以更大一些。作为男士，最好选择深色正装，这样能够让别人更加信任你。

浅色亮色服饰增添你的亲切感

李丽和雅娟都是师范学院的学生，今年她们已经是大四的学生了，因此，很多同学都开始一边学习，一边忙着找工作。李丽和雅娟所学的专业都是小学教育，想到毕业以后就要当孩子王了，她们既紧张又兴奋。紧张的是不知道自己能不能当好孩子王，让孩子乖乖地听话，兴奋的是自己马上就要走上讲台为人师表了。到了下学期，看到同学们都在找工作，李丽和雅娟也沉不住气了。李丽和雅娟所在的学校在江苏淮河以北，因为听有经验的同学们说苏南的学校条件好，待遇高，而且教学环境非常好，所以她们俩也蠢蠢欲动地想去苏南找工作。不过，因为都是女孩子，担心安全问题，所以她们俩决定结伴而行。到了苏南之后，她们先去了当地比较大的招聘会，投递了很多简历，然后在网上找了很多学校的招聘信息，在网上投递了简历。因为她们所在的师范院校在江苏省内还是比较有名的，所以她们没几天就收到了很多面试通知。其中，居然有几家学校同时通知她俩面试，这让她们欣喜若狂，觉得毕业以后还可以在一起工作、生活，简直是太好了。

转眼之间，面试的日期到了，她们早早地就起来梳洗打扮，想尽量给学校留下好印象。李丽的性格是活泼外向的，因此，她穿了一件洁白的连衣裙，还梳了一个高高的马尾辫。雅娟的性格比较内向，稳重老成，上学的时候她就喜欢穿职业装，因此面试更是为自己精心挑选了一套黑色的西装套裙。面试的过程很顺利，因为她们俩在学校里都是品学兼优的好学生，不仅学习成绩好，而且还有特殊的才艺，例如李丽擅长弹钢琴，喜欢唱歌跳舞，而雅娟则喜欢绘画，平日里还喜欢写文章。原本，雅娟以为自己面试成功的概率会更大一些，因为她觉得李丽看起来就像个孩子，不太适合管孩子、教孩子呢。但是，回到学校不到两周，她们就先后收到了那家学校的答复，结果出乎雅娟的意料：她们同时被录用了。原来，雅娟虽然看上去更像老师，但是略显严肃和沉闷，因此学校安排她教高年级。而李丽虽然看上去像个孩子，但是很有亲和力，因此学校安排李丽教低年级的孩子。

由此可见，并非所有的单位都要求工作人员必须穿深颜色的正装，假如你的单位不要求你每天都穿深颜色的正装，那么你完全可以穿浅色或亮色的衣服，因为这样可以增加你的亲切感。在上述事例中，可能大多数人都会觉得雅娟更加适合当老师，她看上去稳重老成，好为人师。而李丽因为穿着洁白的连衣裙，所以看上去更像是知心大姐姐，非常亲切活泼。不过，凡事都有两面性，也许有的岗位需要稳重老成的，而有的岗位恰恰需要亲切活泼的。低年级的孩子因为刚刚从父母的身边来到陌生的学校，所以需要能够给人亲切感的老师安慰他们的心灵，使他们觉得非常安全，以此缓解他们焦虑的情绪。其实，学校领导的安排还是很合理的，充分发挥了李丽和雅娟各自的长处，使之更加适合自己的工作岗位。除了教师的工作之外，还有很多工作并不要求每个员工都身穿庄重的正装。这个时候，我们不妨穿着颜色鲜亮一些的服饰，这样不仅能够使自己的心情变得更好，更加轻松惬意，也能够给办公室带来一抹亮色，使看到你的人也感觉亲切随和。这样一来，就能够使彼此之间的关系更加轻松自在，也能够使办公室的氛围更加自由随意。例如，白色给人以一种干净、明快、纯洁的感觉；绿色给人以清新的感觉，使人能够嗅得到春天的气息；黄色显得非常温暖，使人觉得心里暖融融的；红色显得热烈奔放，给人一种热情洋溢的感觉；蓝色使人感觉很宁静，就像置身于清凉的海边等。

在搭配浅色或亮色的服饰时，为了避免颜色过于跳跃，给人以浮夸的感觉，我们不妨遵循以下三个原则。第一，同色系搭配。同色系搭配可以使颜色看起来过渡自然，比较协调。同种色搭配时最好深、中、浅三个层次变化，层次过多易产生烦琐、散漫的效果，少于三个层次的搭配显得比较单调。第二，相近色搭配。颜色相近色服装搭配变化较多，而且能够获得协调统一的整体效果。第三，主色调搭配。主色调搭配必须首先确定一种起主导作用的主色，而且主色应与整套服饰及基调相一致。在整套服饰中，主色占据的面积一般比较大，辅色可以选择对比的颜色，不过要与服饰的整体基调相协调。

用点小饰品凸显个性，让他人一下记住你

贺明是保险代理人，业绩一直很好。不过，同事们特别纳闷，因为贺明每天都很轻松，时而健身，时而去高尔夫球场打球，有的时候还会跟团旅游什么的。而且，同事们一般都比较节俭，因为跑业务，所以很少穿高档的服装。和贺明的生活截然不同的是，大多数业绩做得比较好的同事都非常辛苦，每天都会去自己选定的小区门口、商场门口给陌生的人群发名片，有的时候还要去小区进行陌生拜访，向陌生人推销保险。几个月下来，每个同事都晒得黑黑的，皮糙肉厚。相比之下，贺明则像一个私营企业主，每天穿着高档西装出入俱乐部，或者穿着一身名牌的运动服去健身会所。不仅是服装，贺明身上的小饰品更是昂贵。贺明有一个zippo的打火机，还有一个阿玛尼的镶钻领带夹。每当同事们在烈日炎炎之中站在大街上发名片的时候，贺明却惬意地在运动馆里健身，或者在高尔夫球场挥汗如雨。总而言之，贺明太像一个事业有成的商务人士了。正是因为这样，所以同事们才百思不得其解。

不过，贺明心里很清楚，这是自己的一个小秘密。其实，贺明的家境并不是很富裕，也并非像大家所想的那样是个事业有成的小企业主，但是，对于贺明来说，他却不得不如此。

原来，以前的贺明也和大家一样去街边、小区里开发客户，但是后来他发现效果很不好。一个偶然的机会，他的姐姐去健身的时候和一个会员聊天，结果聊到弟弟是做保险的，想不到那个会员恰巧想买保险，所以在姐姐的介绍下贺明顺利地成功签约。受到这件事情的启发，贺明想与其风吹日晒地在大路边开发客户，有的时候还要遭受客户的质疑和白眼，何不去中等阶级常去的健身馆开发客户呢。想到这里，贺明赶紧办了一张健身年卡。果然，在健身的时候，贺明遇到了很多有钱有闲的中产阶级。一次，贺明和一个会员聊得特别好，当那个会员问他做什么工作的时候，贺明很自然地说自己是保险代理人。结果，这个会员不仅没有排斥贺明，反而主动问贺明保险的相关情况。后来，这个客户从贺明这里买了保险。无意之间，在聊天的时候，贺明才知道原来这个会员最早开始关注自己，只是因为自己所用的zippo打火机。其实，贺明自己是舍不得买五千多元的打火机用的，这个打火机是他在以前单位工作的时候，一个大订单的客户送给他的纪念品。想不到，正是因为这个极具个性的打火机，让这个会员记住了贺明，并且成为了贺明的客户。最重要的是，后来，这个客户又给贺明介绍了很多客户。为此，贺明又开始学习打高尔夫球，并且还花了几千元给自己买了一个阿玛尼的镶钻领带夹。很多时候，这些别致的饰品成为了贺明的名片。

在这个真实的案例中，贺明的成功无疑借助了饰品的重要作用。很多时候，一个别致的、价格昂贵的饰品，甚至比得上你口若悬河的自我介绍。高端人士自然都知道zippo的打火机和阿玛尼的领带夹，因为这些价格昂贵的饰品简直是身份的象征。拥有它们，无须言语，那些成功人士就会对贺明产生好感，自然也就更加信任贺明。当然，作为男性，其实饰品的选择范围是比较小的。除了打火机和领带夹之外，腰带和钱夹也算得上是男性为数不多的饰品之一。相比之下，女性的饰品可供选择的范围则更大一些。例如，项链、耳环、戒指、胸针、皮包等。不过，佩戴这些小饰品是有技巧的，要达到画龙点睛的效果，使别人因为饰品的别致而牢牢地记住你，而不能夺人耳目，使别人一味地关注你的饰品，而忽略了你本人。

人在职场，首先要塑造一个良好的个人形象，不过，归根结底，饰品的作用是装饰。那么，怎样选择饰品才能让你光彩夺目而不浮夸呢？首先，佩戴饰品的重要原则是适宜，以能够衬托出你的气质为佳，而不要喧宾夺主。佩戴饰品的重要原则之一是不妨碍工作，所以，应当尽量避免选择过于耀眼的闪光饰品，而要选择有品位的、格调高雅而不张扬的饰品，这样才能适应办公室严肃的工作环境。其次，佩戴饰品的种类不宜过多。尤其是对于女性来说，有很多首饰可供选择，但是，同时佩戴的首饰至多不能超过三种，否则就会给人一种繁冗、罗列、堆砌之感。再次，佩戴饰品要精益求精。当然，这里所指的精益求精不是指价格越高越好，而是要精致，经得起推敲。千万不要戴那些地摊上随便买来的饰品，否则往往会起到相反的效果。最后，佩戴饰品要有自己的独特风格。很难想象，假如办公室里每个人都佩戴一个一模一样的饰品，那么饰品就变成与制服类似的东西，不仅没有装饰的效果，反而显得千篇一律，毫无个性可言。很多时候，即使是一只狼牙用细绳穿着挂在脖子上，也会起到别致的效果，而无须佩戴人人都有的铂金项链。由此可见，佩戴饰品贵在别出心裁，贵在与自己的气质浑然天成。

穿出自己的风格，令人对你过目不忘

艾米大学毕业后，应聘进了一家民营企业工作。虽然公司没有要求穿正装上班，但是艾米却发现公司里的大多数同事的穿着都很正式，男士多是西装革履，女士多是套裙，只是，很少有能够让人耳目一新的装扮。但是，艾米自从高中起，就喜欢在穿着方面特立独行。上学的时候，她最讨厌的就是穿校服，大学毕业找工作的时候，艾米最关心的就是企业是否要求穿工装。其实，艾米当时有两个选择，一个是外资企业，一个是现在所在的民营企业。但是，艾米很纠结，不知道应该在这两个公司里选择哪一个。但是，当知道那个外资企业要求上班时间必须穿工装的时候，艾米毫不犹豫地选择了现在的这个民营企业。艾米根本无法忍受穿工装的人生。

自从艾米来上班以后，办公室里发生了很明显的变化。艾米的身材很高挑，她喜欢民族风味的打扮，再加上一头飘逸的长发，显得潇洒不羁，特别吸引眼球。上班第一天，艾米穿了一身长裙，胸下的裹紧、下摆的抽紧，让上衣顿时充满了立体感觉。甩口的夸张长裤，让人无从分辨到底是裙还是裤。流畅大气的线条、神秘抽象的图案，这些夸张而富有特点的装扮，让艾米看上去像一个风情万种的吉卜赛女郎。再加上暗金属感的鱼骨鞋，更是营造出了一个时髦的吉卜赛女郎的形象。当艾米游走在办公室里的时候，同事们看她的眼光就像看到一条热带鱼游弋在办公室里，不由得让人们怀疑自己到底是在办公室，还是在热带海洋的底岸。第二天，艾米更是像变了一个人似的，她的上身穿着一件特别松垮的白色衬衫，但是领子却是极具个性的立领，腿上穿了一条黑色带暗红色格子的紧身裤，脚上穿了一双黑色的盖过脚踝的罗马凉鞋。这身装扮与第一天的风格截然不同，强烈冲击着同事们的视觉神经。

上班第三天，老板已经在一百多名员工中记住艾米的名字了。周一开例会的时候，老板指名让艾米负责一个策划文案，还说看着艾米的气质和风格，一定充满了灵感。而在平时，一个新进员工，至少要用三个月的时间才能让老板记住自己。

聪明人一眼就能看出来，艾米之所以能够让老板只用了三天时间就记住了自己的名字，就是因为她特立独行的着装风格。很多时候，办公室的环境总是显得有些沉闷和压抑，而如果你能用一抹亮色装点办公室，就会给人耳目一新的感觉，从而使人牢牢地记住你。这样一来，就像艾米一样，你就能够尽快得到更多的工作机会，甚至还能荣幸地让老板亲自点将。毫无疑问，爱美是人类的天性，不管是男人还是女人，都喜欢欣赏美的东西。因此，如果单位没有规定上班时间必须穿工装，那么，你就可以在不出位的情况下，最大限度地把自己装扮得更加美丽，更加别具风情。不过，在装点自己的时候需要注意一点，即要穿出自己的风格和气质，而不要盲目地跟随潮流。其实，每个人都有自己的性格特征，同样的道理，我们在穿衣服方面，也要形成自己独特的风格，这样才能得到别人的欣赏和认可。试想，假如在艾米工作一天以后，第二天有个原本循规蹈矩的同事马上模仿艾米的吉卜赛女郎的风格，效果将如何呢？恐怕不仅不会得到大家的欣赏，反而还会招致大家的嘲笑和挖苦。因此，着装一定要符合自己的个性，穿出自己的风格。因为只有穿出自己的风格，别人才会对你过目不忘。

总体来说，穿着的风格不外乎以下几种，诸如时尚型、保守型、名牌型、平民型、青春靓丽型、运动动感型之类。时尚型的着装一般紧跟时代的潮流，什么流行穿什么。保守型的着装相对墨守成规，不愿意跟随时尚，而坚持自己固有的风格。名牌型顾名思义就是喜欢穿名牌的衣服。平民型着装风格的人很少追求名牌，他们的宗旨是只买对的，不买贵的，穿着服饰的时候以舒适为主。青春靓丽型的穿着看上去热情洋溢，充满朝气，是少男少女的首选。运动动感型着装风格的人往往喜欢穿运动休闲的款式，看上去比较轻松随意。不过，这只是着装的大概倾向，其中每个类型又分为很多种类。大家不应该生搬硬套地迎合某一种类型的要求，而应该在充分了解自己的基础上，找到最适合自己的着装风格，与自己的风格气质相匹配。只有这样，才能在服饰的衬托下使自己显得更加完美，给人留下深刻的印象。

鞋与包的选择让人了解你的品位

马云是学市场营销专业的，已经大学毕业两年了。在这两年里，他一直在一家民营企业做销售工作。不过，一个偶然的机会，马云得知有一家跨国公司要招聘一名销售主管，因此便投递了简历。在民营企业做销售的这两年中，马云积累了丰富的销售经验，所以，他相信自己能够胜任销售主管一职。投简历之后没几天，跨国公司就打电话通知马云去面试。接到电话以后，马云非常激动，他觉得自己鲤鱼跳龙门的机会来了。距离面试还有几天时间的时候，马云赶紧去理发店理了理发，还去商场为自己选购了一件白色的衬衫和一身黑色的西装，这身行头花了马云两个月的工资，让马云心疼不已，不过他还是觉得很值得。当然，他也没有忘记把自己的鞋子好好地上了上鞋油。

面试那天，马云过五关斩六将，顺利地到达了最后一道面试。当时，面试初选的人数有一百多人，最后，只有马云和其余五个人有机会参加董事长亲自面试的最后一道程序。这次是小组面试，即六个人一起参加董事长主持的面试，完成一个董事长提出来的销售策划方案。在面试的过程中，马云的表现很优秀，令其他几个面试者压力很大。不过，他们最终通过彼此配合完成了这个策划方案。面试结束后，这六个人坐在会议室里等通知，董事长在和几个面试官沟通。在等待的过程中，几个应试者不由得聊了起来。大家都觉得马云肯定能够成功应聘，因为马云无疑是他们之中最优秀的。而坐在这几人中间，马云则暗自庆幸自己花了两个月的工资买了一身好行头，因为其余的五个人全是西装革履。一个小时候过后，董事长助理出来宣布了最终的结果。结果大大出乎大家的意料，马云没有竞聘成功，董事长选择了另外一个男士。

马云很纳闷董事长为什么没有选择自己，因为明眼人都能看出来马云无疑是其中最优秀的。为此，马云去问一个面试官。面试官很惋惜地说："其实，你各个方面都非常符合我们的要求，但是，您在仪表方面略有欠缺。要知道，我们是跨国公司，需要打交道的都是高级商务人士，每个员工都代表了我们公司的形象，所以董事长还是选择了仪表方面比您好的那个应聘者。"听到这里，马云脱口而出："可是，我已经非常重视形象了啊，您看，我身上穿的西装是特意去商场买的，花了我两个月的工资呢！"面试官笑着说："我知道您的西装是刚买的，因为您忘记把袖口的商标拆下来了。不过，我个人认为，您如果能够给这身高档西装再配一双好的皮鞋，那就更好了。要知道，皮鞋才是着装的细节，能够暴露您的着装习惯和品位。"

在这个事例中，其实马云是非常重视这次面试的，而且，他也确实做了充分的准备。遗憾的是，他在准备的时候忽略了一个小小的细节，即鞋子的细节。马云的鞋子已经穿了很长时间了，虽然他上了鞋油，也抹得油光锃亮，但是鞋子难免有些松懈，失去了挺拔俊朗的外形。因此，即使马云花了两个月的工资专门去商场买了一身高档西服，董事长也还是从马云的鞋子上看出马云平日的着装习惯了。作为一个跨国公司的销售主管，难免要与很多大公司打交道，甚至还要与外国公司打交道，因此仪表是非常重要的，不仅代表着公司的形象，甚至还代表着国家的形象。尤其是在高端商务中，仪表更是重中之重，不仅是个人习惯问题，更代表是你是否尊重对方、重视对方。

其实，作为男性，还是比较好选择自己的鞋子的，只要质地优良、款式经典、舒适耐穿，就基本符合了男士穿鞋的要求。不过，尽管男人买鞋没有必要像女人那样看见就要买,但是也不能一双鞋子穿到烂，显得自己特别穷酸。很多时候，一双好鞋的标准不仅仅在于穿着的舒适性,还要能够与服装搭配得体，这样对别人来说也是一种视觉享受。由此可见，对于男人而言,鞋子不仅仅是必不可少的生活工具,更应该是衣装打扮的重要组成部分。要想体现男人的品位，就要穿得有变化,穿得有风格,穿得适合不同的场合。

相比男人，女人的鞋子的款式更多，可供选择的空间更大，也就更加能够凸显一个人的风格和品位。对于女人来说， 除了鞋子之外，包也是穿着服饰的很重要的配角，往往起到举足轻重的作用。包是一个人风格的宣言书，要想找到一个人的风格和价值取向，只要观察她所用的包就可以了。一个另类的人包肯定是与众不同、标新立异的；一个严谨的人包肯定是中规中矩的；一个随意的人包肯定是松松垮垮的，有很大的容量，既方便又实用。

通俗地说，就是没有品位的人不懂得让鞋和包对着装起到画龙点睛的作用，而有品位的人则懂得让鞋和包唱好配角，将整体着装烘托得更加完美。

会穿高跟鞋的女人更有魅力

杨慧和老公是高中同学，他们从大一就开始谈恋爱，大学毕业后一年就结婚了，因此现在正处于七年之痒中。也难怪，他们已经认识15年了，谈恋爱12年了，彼此之间熟悉地就像左手握右手，早已没有了新鲜感。自从怀孕之后，她就辞职了。现在，他们的孩子已经三岁了，所以杨慧已经在家当全职家庭主妇三年多了。有的时候，看着写字楼里踩着高跟鞋摇曳多姿的白领，杨慧心里酸酸的。在没有孩子之前，她也每天踩着6cm的高跟鞋，吧嗒吧嗒地去写字楼里上班。每天早晨，她和老公一起起床，一起吃早饭，一起开车上班，老公先把她送到单位，然后再继续往前走一段路，就到了自己的单位。当然，下班的时候，老公会来单位接上她，或者一起出去吃饭，或者一起买菜回家做饭，有的时候还会和朋友一起去歌厅唱歌，或者去酒吧喝酒。

然而，为了孕育一个最好的宝宝，杨慧一怀孕就辞职了，不仅不能去歌厅唱歌、跳舞了，更不能去酒吧喝酒了。宝宝出生以后，杨慧更忙碌了，每天都在忙着照顾宝宝，甚至连和老公聊聊天的时间都没有了。闲暇的时候，杨慧会拿出以前的高跟鞋来看一看，那些6cm高的高跟鞋自从怀孕开始，杨慧再也没有穿过了。原本以为生了宝宝以后能穿，但是因为要照顾宝宝，所以穿高跟鞋很不方便。就这样，杨慧已经三年多没有穿过高跟鞋了。现在的她，俨然已经习惯了穿平底鞋，活动更加自如。但是，杨慧很怀念那种穿着高跟鞋摇曳多姿的生活，平底鞋总是给人一种臃肿的感觉，使身形显得皱皱巴巴的，一点儿都不挺拔。

最近，杨慧发现老公经常很晚才回家，她还在老公的手机上发现了别的女人发的很暧昧的信息。杨慧的心里像打翻了五味瓶，自己为了孕育孩子、照顾家庭，放弃了工作，放弃了风情万种的高跟鞋，而丈夫却渐渐地心有所属。不过，杨慧是个聪明的女子，她没有声张，更没有质疑丈夫。在一个晴朗的春日，杨慧把孩子送到了幼儿园，自己把所有的高跟鞋都拿出来打理好，然后，她把自己打扮得漂漂亮亮的，走进了写字楼。没过几天，踩着6cm高跟鞋的杨慧的生活又步入了正轨，每天早晨，她和老公一起起床，吃早饭，送孩子，每天晚上，老公先去接她，然后他们一起去接孩子，一家三口一起吃晚餐。晚上，孩子睡熟以后，听着孩子均匀的呼声，杨慧有的时候还会和老公依偎着看看电影。虽然三年多没穿高跟鞋了，脚上磨出了好几个血泡，但是杨慧的心里比蜜还甜。她又自信起来了……

故事里的杨慧很聪明，她知道什么才是最重要的。的确，很多时候，女人为了孩子和家庭，放弃了自己的事业，刚开始的时候，老公也许会非常感激妻子，但是，时间长了，一切都淡了，老公的眼中只看到了妻子日渐臃肿的身形和不再光鲜亮丽的容颜。这个时候应该怎么办呢？最好的办法是像杨慧一样穿起久违的高跟鞋，找到久已迷失的自己。无疑，丈夫对杨慧还是有感情的，毕竟能够走到婚姻的两个人都是有感情基础的。这个时候，假如选择打闹，那么必将使丈夫毫不犹豫地绝情而去。聪明的杨慧没有那么做，即像放风筝一样，看到要变天了，她收回了手中的线。穿起高跟鞋，重新走进写字楼，重新开始自己的事业，把自己变成一个当了母亲的成熟的有魅力的女人，即使丈夫的心偶尔向外张望一下又何妨？

在意大利文中，高跟鞋指的是一种刀刃很窄细的匕首。因此，曾经有人说穿着高跟鞋的女人就像走在刀尖上的美人鱼一样。必须承认，高跟鞋的确给女人带来了摇曳多姿的风情和无法言说的妩媚。据说，很多男人都喜欢穿高跟鞋的女人。高跟鞋给女人带来很多美好的幻想，仿佛即使是再普通的女人，只要穿上了高跟鞋，就像灰姑娘有了水晶鞋似的，就有了邂逅爱情的道具，有了与王子共舞的资本。正是这个原因，所以，虽然高跟鞋穿上真的很不舒服，但它是美丽的。对于愿意倾尽所有来追求美丽的女人而言，这点痛根本算不了什么。并非每一个女人穿高跟鞋都是为了爱情，有些女人之所以穿高跟鞋，或者是自恋，或者是想让自己变得更加自信。尽管流年似水，美人迟暮，但是，只要穿上高跟鞋，就似乎拥有了永恒的美丽和风情。

第5章

注重细节，让自己不落被动的策略

生活和工作中处处充满了竞争，很多时候，即使你的能力很强，也未必能够顺利地获得成功。这是为什么呢？因为很多人不懂得养精蓄锐，一招制敌。总是有很多人过于急躁，迫不及待地想要获得成功，其实，成功并不是唾手可得的，而必须经历耐心的等待。在漫长的等待过程中，假如你能够提升自己的能力，积累宝贵的经验，积攒自己的力量，再加上合适的时机，你就能够一招制敌。

一再出击的人往往以失败收尾

在非洲的戈壁滩上，干旱炎热的气候和土壤只适合生长根系较庞大的植物，但是，只有一种植物除外——一种叫作依米的小花。和绝大多数都有庞大根系的植物不同的是，依米花只有一条细长的根茎。在茫茫戈壁滩上，在热带气候中，依米花要想把自己的根部植入土壤之中，必须得用五年的时间。经过五年的漫长等待，到了第六年的时候，依米花才吐蕊。依米花美得让人难以置信，它非常奇特，每朵花有四个花瓣，每一个花瓣都有一种颜色，红、黄、蓝、白，煞是娇艳绚丽。然而，虽然这种四色小花是经过漫长的积蓄、扎根才开出来的，但是花期却非常短暂，只有两天，两天过后，依米花连花带茎一起枯萎死亡。

在非洲，依米花象征着一生一次的美丽和一生一次的辉煌，虽然等待是如此漫长，美丽和辉煌是如此短暂，但是依米花照样无怨无悔，付出了自己所有的心血。

对于人类来说，五年也许只是弹指一挥间，但是对于依米花来说，五年几乎是它一生的时间。五年扎根、六年吐蕊、两天花期。仅仅为了这短暂的两天的花期，依米花的一生都在恶劣的自然环境下倔强生长。我们无法想象，它为了这片刻的美丽需要怎样的顽强和耐力。

李峰大学毕业后进了一家网络公司工作，因为他与老板是亲戚关系，所以同事们多多少少对他有一些看法，甚至有的同事在背后说李峰并没有真才实学，只不过花钱上了个民办大学而已，现在找不到工作就进了亲戚的公司。其实，李峰是很喜欢网络开发的，因此，虽然他上的大学并非名牌大学，但他还是利用业余时间学到了很多真才实学，而且他立志要在网络开发的领域做出成绩来。但是，听到同事们的风言风语，李峰非常生气，他非常着急地想要证明自己，因此在工作中非常努力。不过，因为刚刚毕业，所以李峰的工作经验很少，因为急于求成地想做出成绩，所以他在工作中急功近利，反而接连犯了好几个错误，招致同事们更加对他不以为然。曾经有一段时间，李峰甚至对自己失去了信心，他问自己：“我这么努力，为什么不能做出成绩来呢？难道我真的像大家所说的那样？”见此情景，身为老板的亲戚劝李峰：“别人爱怎么说就怎么说吧，你完全不用着急。你知道你为什么会频频出错吗？就是因为你太着急做出成绩了。其实，即使你不是我的亲戚，大学毕业进入一家新公司，你首要的任务就是积累经验。常言道，磨刀不误砍柴工，假如你把心思用在积累经验和学习别人的工作技能上，而不是这么急于求成地频频出击，那么，你的成绩一定会更好。到时候，你还怕别人不认可你的能力吗？”听到这里，李峰恍然大悟。

泰戈尔说过“生如春花之灿烂，死如秋叶之静美”，这句话用到依米花身上再贴切不过。读到依米花的故事时，大多数人的眼前都会出现茫茫万里的戈壁滩和一朵娇小的花朵。这是一种鲜明的对比，给人以强烈的震撼。毫无疑问，虽然依米花的生命悠远、倔强、卑微、渺小、灿烂，但是却永恒地盛开在每一个人的心里。六年的时间，在干旱炎热的戈壁滩上，只有一根细小根茎的依米花默默地坚持着，努力地把自己的根向下、向下，再向下。这一切的努力都只为了两天的尽情绽放。依米花把生命演绎到了一种极致，把生命波澜壮阔的一面浓缩成了悄无声息的短暂美丽，因此更让人发自心底地震颤。细弱的依米花之所以能在戈壁滩上开出娇艳美丽的花朵，就是因为它懂得积蓄力量。试想，假如依米花刚刚吸取了一点儿水分就迫不及待地开花，也许还没有打好花苞,就耗尽了所有的能量枯萎了。依米花的可贵在于它的坚持，它不停地吸取力量，直到能够绽放。在依米花细小的茎脉里，必然有火一样的信念在支撑着它：开花，开花，热烈而又坦然地开花！它薄薄有限的花瓣绽放着生命最亮丽的光彩。而第二个事例中的李峰，则无异于一个着急绽放的依米花。每一次急于求成，面临的都是失败的尴尬和难堪。如果不是老板即时劝说李峰端正自己的心态，积聚力量，恐怕李峰很难在自己接连不断的失败和同事冷言冷语的讽刺挖苦中坚持下去。幸运的是，他最终幡然醒悟，选择像依米花一样努力地扎根，等到时机成熟的时候再绚丽地绽放。

每个人都有很多希冀、期盼与梦想，但是，在生活的重压之下，有的人迫不及待地想实现这些梦想，而不管时机是否成熟，是否具备实现这些梦想的条件，他们总是频频出击，因此等待他们的总是失败。而有些人懂得等待，懂得积蓄力量，懂得像依米花一样用持久的耐心和毅力坚持下去，知道要微笑着面对生活。所以，这些人在积蓄了力量之后，一定能够获得成功，迎来生命中最绚烂的绽放。

言多必失，少说话的人才是真聪明

每年学期期末的时候，为了交流教育思想，互通有无，各大高校都会举行一个酒会。当然，这个酒会并非是学校内部的，而是带有很大的娱乐性质，所以学校中层以上的领导可以偕家属参加酒会。因此，某大学的校长把夫人带去一起参加酒会了。在酒会上，人们彼此之间都很友好，虽然不认识，但是都互相交流，谈笑风生。校长去与其他的同事们交流学术思想了，因此校长夫人只好自己在宴会上四处转转，偶尔和相识的人聊两句。开始用餐了，因为是自助餐，所以大家自由取餐，随便找地方坐下来用餐。用餐的时候，一个人神秘兮兮地向校长夫人讲起某校校长剽窃别人论文的秘密，同时表现出对校长卑鄙行为的强烈不满，最后还说了一大堆攻击校长的话。

校长夫人的修养很好，一直面带微笑地听着，直到最后，校长夫人才问他说："先生，你知道我是谁吗？"

这时，这个大嘴巴的先生才如梦初醒地说："哦，对了，我还没有请教您尊姓大名呢！"

听到他这么说，校长夫人莞尔一笑，说："呵呵，我就是你刚才所说的那位校长的妻子。"

听闻此言，这位先生像是受到了惊吓一般，瞠目结舌，目瞪口呆，一句话也说不出来。他满面通红，恨不得找个地缝钻进去，场面特别尴尬。毫无疑问，这位先生口无遮拦的行为给校长夫人留下了深刻的印象。

这个事例深刻地说明了一个道理，言多必失。很多时候，假如一个人总是口若悬河地说话，就难免会暴露一些问题。古人云，言多必失，祸从口出。尤其是在人多的场合，假如说话的时候不小心，你的话就可能伤害或者中伤某人。也许，人家当面不会明说，但是却会背地里心存不满，这样一来，自然就会惹祸上身。就像故事中的那个大嘴巴先生，他没搞清楚对方身份就在校长夫人面前说校长的坏话，虽然是在不知道二人关系的情况下，但是必将使校长夫人和校长牢牢地记住他以及他所说的话。很多时候，少说话的人才是聪明人。例如故事中的校长夫人，非常有涵养，即使听到有人当着她的面说校长的坏话，她也能够控制自己，继续保持倾听的状态，直到最后，她才笑着告诉对方自己就是对方口中的校长的夫人。比较起来，那个大嘴巴的男人未免有些失策，而校长夫人才是真正的聪明人。

在生活中，很多人将“三缄其口”作为自己的座右铭，就是因为知道言多必失的道理。在社交场合，有的人滔滔不绝、口若悬河，虽然很多人都希望自己能够成为这样的健谈人士，但是这么做其实也是有弊端的。在人多的地方，一旦口无遮拦，说错了话，说漏了嘴，往往很难补救。因此，聪明的人在人多的场合会尽量少说话，即使说话，也会讲究“忌口”。不然，假如因为言行不慎而把事情搞砸，或者导致别人下不了台，那就得不偿失了。纵观历史场合，那些成功的人说话的时候都能够很好地把握分寸，往往是惜字如金。无论在什么场合，成功人士都落落大方，不该说的时候，一个字也不说，该说的时候，总是能够说到事情的关键之处，点石成金。

忍住自己的脾气，看清事态再出手

为了研究情绪对健康的影响，美国生理学家艾尔玛曾经做过一个简单的实验。他把一支支玻璃管插在零摄氏度的冰和水混合的容器中，借以收集人们在不同的情绪状态下呼出来的“水汽”。研究结果证实，生气时呼出的汽，会出现紫色的沉淀物，如果把这种“带有紫色沉淀物的水”注射到白鼠身上，白鼠就会在几分钟之内死亡。而如果被试者在心平气和的时候呼出的水汽，凝成的水澄清透明，无色、无杂质。由此可见，怒气的危害是很大的。

章华的脾气很不好，总是容易急躁暴怒。大学毕业后，章华应聘到一家民营企业工作。和章华一起进公司的还有一个叫李强的大学毕业生，他们都分在了销售部，负责销售业务。在工作中，章华和李强都很珍惜工作的机会，都非常认真努力。尤其是章华，自从工作以来，他很少休息，即使周六日也很辛苦地出去跑业务。功夫不负有心人，在年终公司的年会上，老板特意表扬了章华和李强，并且还颁发给他们俩优秀新人奖。虽然只是一个小小的奖励，但是章华的干劲更大了，他更加辛苦和努力地工作，为公司创造了很多利润。相比之下，李强也是很努力的，但是，不知道是因为运气的原因，还是因为技巧的原因，李强的销售业绩始终比章华略逊一筹。就这样，又过了一年，章华和李强已经是公司的老员工了。今年9月份的时候，公司突然调整结构，销售部扩大了规模。以前，销售部的业务员都是由销售主管直接管理的，但是现在，销售部将分为三个销售小组，分别设三个销售主管。这样一来，就缺少两个销售主管。在以前的销售业务员中，有一个叫宋智的业务员在公司已经工作六年了，而且销售业绩始终与李强不相上下，因此，大家都觉得这两个销售主管的业务非宋智与章华莫属。谁知道，一个星期之后公布了销售主管的职位，一个是宋智，一个是李强。听到这个消息的时候，章华觉得自己的头都大了。他想不明白为什么没有升自己为销售主管，因此在公布销售主管名单的那天下午就辞职了。章华辞职以后，李强觉得很纳闷，便去找章华。见到章华的时候，李强说的第一句话就是："章华，你为什么不愿意当销售经理啊？""销售经理？"章华不由得问道，"什么销售经理？"李强反问道："难道你不知道吗？公司之所以把销售部划分为三个销售小组，就是想成立销售部啊，已经内定让你当销售经理了，这么好的机会你为什么放弃呢？"听到这里，章华不由得后悔万分，因为没有控制好冲动的脾气，他不仅错失了升职的良机，而且还失去了一份工作。

生气是一种对身体健康危害很大的行为，艾尔玛的实验充分证明了这一点。在第二个事例中，章华假如能够控制住自己的怒气，再多了解一下事情的真实情况，就不至于因此而错失了升职的良机。在生活中，怒气似乎是一种危害很大的能量，如果合理控制，就有可能有所收获；如果稍加控制，它的破坏性就会大大减弱；如果不加以控制，任由其肆意发展，就会产生很大的杀伤力。当然，这种杀伤力未必一定会伤害别人，很多时候，更有可能伤害自己。所以，我们应该学会控制住自己的脾气，不要冲动行事。在生活中，假如每个人都能很好地控制自己的脾气，凡事三思而后行，就能够更加清醒理智地看清事情的真相。反之，倘若对自己的脾气不加以控制，脾气暴躁的人就会习惯于经常发火，最终导致严重的后果。

有一位名人说过，在成功的路上，人们最大的敌人实际上并非是资历浅薄，或者是缺少机会，而是不能很好地控制自己的脾气。消沉退缩时，放纵自己的萎靡，白白地浪费很多稍纵即逝的机会；喜出望外时，对自己的情绪不加以控制，往往乐极生悲；悲伤愤怒时，不能制怒，就会使周围的合作者望而止步；极度亢奋时，不控制自己的情绪，就会使自己得意忘形。作为职场人士，不管是男人还是女人，不管是办公室白领还是建筑工人，不管是企业CEO还是普通的职员，都很难逃脱情绪的包围。人的基本情绪有四种，即喜、怒、哀、惧，正是这四种情绪构成了人们旺盛的生命力及丰富的情感元素。从某种意义上来说，每个人都是情绪的“奴隶”。无论是在生活中还是在工作中，要想生活得幸福美满，在工作上取得成就，我们就一定要学会控制自己的脾气，看清事情的真相之后再采取合理的措施，这样才能避免因为冲动而伤害自己或者别人。

别狂妄，能力再强也要低调行事

郑庄公准备伐许。开战之前，为了挑选先行官，他先在国都组织比赛。听到立功的机会来了，各位大将都跃跃欲试，争先恐后地一显身手。

比赛的第一项目是击剑格斗。只见盾牌晃动，剑光流转，各位大将都使出十八般武艺，力争在比赛中胜出。经过轮番比试，第一个项目挑选出了六个人，只有这六个人才有资格参加下一轮比赛。

比赛的第二个项目是比试箭法，要求是，取胜的六名将领每个人各射三箭，只要射中靶心就取胜了。前面的四名将领的三箭有的射中靶心，有的射中靶边，没有一个人是三箭连中靶心的。第五位上来射箭的是公孙子都。他年轻气盛，武艺高强，自视甚高，从来不把别人放在眼中。只见公孙子都大步流星地走上台去，搭弓上箭，三箭连中靶心。他高昂着头，瞟了排在他后面的第六名射手一眼，不屑地笑了笑，退下台去了。

最后上来的那位射手叫颖考叔，是个白发苍苍、精神矍铄的老人，连胡子都是雪白的，深得庄公的器重。只见颖考叔从容镇定地走上台去，不慌不忙地“嗖嗖嗖”射出三箭，居然与公孙子都射了个平手，三箭都连中靶心。

比赛进行到现在，只剩下公孙子都和颖考叔两个人了。为了在他们俩之间分出输赢，庄公派人拉出一辆战车，对他们说：“你们两个人站在百步之外，一起来抢这部战车。谁先抢到手，谁就有资格担任先行官。”公孙子都心里很不屑，他认为一个白发苍苍的老人肯定跑不过他。因此，他轻蔑地看了颖考叔一眼。跑到一半路程的时候，出人意料的事情发生了，公孙子都脚下一滑，控制不好平衡，所以跌了个大跟头。等到公孙子都爬起来时，颖考叔已经跑到了终点，把战车据为己有了。事出意外，公孙子都根本不服气，因此他飞快地跑到战车那里，与颖考叔争夺起来。见此情形，庄公赶紧派人阻止，宣布颖考叔担任先行官。为了这件事情，公孙子都一直暗暗地怀恨在心。

果然，颖考叔能力非凡，不负庄公的厚望，在进攻许国都城时，第一个手举大旗从云梯上冲上许都城头，大大地鼓舞了士气。看到颖考叔为国家立下了大功，公孙子都嫉妒不已，居然抽出箭来，搭弓瞄准向城头上的颖考叔射过去。这一箭把颖考叔射了个“透心凉”，当场从城头一头栽了下来。另一位大将瑕叔盈不知道事情的真相，还以为颖考叔在慌乱之中被许兵射中阵亡了，因此，他赶紧拿起战旗，继续指挥士卒冲城，终于成功地占领了许都。

在这个历史典故中，这场争斗最终成全了瑕叔盈。因为瑕叔盈在关键时刻接替颖考叔指挥战争，所以立下了大功，得到了庄公的大力奖赏。显而易见，假如以谁出任先行官作为标准，那么，公孙子都毫无疑问是一个失败者。在整个比赛的过程中，公孙子都目中无人，过于傲气，仗着自己身强体壮、武艺高强，便处处争先，不过，这样一来，却使他意外地摔了一跤，处于被动的地位。相比之下，颖考叔尽管年纪大了，但是也仍然不知道收敛锋芒，尽管他凭借自己的经验和老谋深算在比赛中获胜，但是在攻城的紧要关头却好大喜功地扛着大旗抢先上了城头，这样一来，就给了公孙子都机会射他个“透心凉”，导致他命丧黄泉。“鹬蚌相争，渔翁得利”，在这个故事中，只有暇叔盈才是最后的赢家。假如公孙子都和颖考叔都能够收敛锋芒，互让一步，那么，公孙子都就有可能成为先行官，颖考叔也不至于落得“透心凉”的下场。

在一个团队中，最需要的就是低调、谦虚的人，只有这样的人，才能够得到大家的信任和支持。而一旦有了大家的信任和支持，你就能够在团队中顺利地开展自己的工作，从而对公司做出贡献。由此可见，谦逊是金。一个谦逊的人，行事低调，更注重行动，而很少大造声势。很多时候，在别人还在犹豫不决、争吵不休的时候，他已经开始认真地思考怎样才能圆满地解决问题了。可以说，只有谦逊的、行事低调的人，才能够保持不骄不躁的心态，在生活和工作中取得成功。

等待时机，用强大的耐心获取最后胜利

公元前506年，吴王阖闾拜孙武为大将，伍子胥为副将，战胜了楚国，成为了南方的霸主 。公元前496年，吴国的邻居越国国王勾践即位。吴国一向与越国不和，因此，吴王阖闾想趁勾践新登大宝之际，发兵攻打越国，双方在槜李（浙江嘉兴西南）展开了激烈的战斗。原本，吴王阖闾满以为自己有十足的把握打一场大胜仗，想不到的是，勾践誓死抵抗，打败了吴国的军队，而且，吴王阖闾满也在这场战争中中箭，身受重伤。吴王年纪已经很大了，回到吴国后没过多长时间就去世了。临死之前，吴王阖闾满再三叮嘱他的儿子夫差一定要记得攻打越国，以便报仇雪恨。吴王阖闾满的儿子夫差即位后，始终牢记他父亲的“血海深仇”，为此，夫差用了整

整三年的时间刻苦练兵，并且亲自率领大军攻打越国。

看到比自己强大的吴国前来挑衅，越王勾践手下有两个著名的大臣，一个叫文种，一个叫范蠡。他们一致建议勾践不要出击跟吴国作战，而要集中兵力守住城池。不过，勾践求胜心切，没有采纳这两位大臣的建议。勾践调集大量军力在太湖周围与吴军展开激战，结果被吴国打败了。既然是战败方，越王勾践迫于无奈，采纳范蠡的建议，向吴国求和，用今天的话来说，就是投降了。经过多方打听，文种得知吴国的大臣伯嚭是个贪财好色的家伙，所以便在私下里送了很多珠宝和美女给伯嚭，并且求他在夫差面前多多替勾践美言几句。虽然伍子胥坚决反对议和，但是吴王夫差还是在伯嚭的劝说下同意了勾践的求和乞求。不过，吴王夫差提出了一个条件，即勾践必须去吴国做奴仆。就这样，勾践不得不去吴国，给夫差喂了两年马，还帮夫差看守父亲的坟墓。两年之后，夫差放勾践回到越国。勾践回到越国之后，立志报仇雪恨。但是，他担心自己会被安逸的生活磨灭志气，因此便把柴草当被褥，每次吃饭之前都要先尝尝苦胆的味道。这就是众所周知的“卧薪尝胆”的故事。当然，勾践在自己“卧薪尝胆”的同时，为了迷惑夫差，他还把大美女西施送给了夫差，以此施展美人计。果然，夫差因为美人变得越来越迷糊了。公元前475年，越王勾践顺利地降服了吴王夫差，并且把夫差逼得自杀了。自此，春秋时期彻底结束了，进入了战国时代，中国的封建时代拉开了帷幕。

勾践卧薪尝胆的故事已经在中国流传了几千年，期间，众说纷纭，有褒有贬，但是，有一件事情是确定无疑的，即大家都很肯定勾践耐心地等待时间的力量。曾经贵为一国之君的勾践，因为国破家亡，所以不得不沦为阶下囚，忍辱负重地生活着。为了迷惑夫差，勾践甘心当夫差的喂马夫，还看守夫差父亲的坟墓。这种屈辱，简直比死更让人难受。其实，勾践并不是怕死，而是等待时机东山再起。勾践忍受了一般人不能忍受的屈辱，并且将之转化为自己的动力。即使回国以后，能够享受安逸的生活了，勾践也没有忘记自己曾经受过的屈辱和深仇大恨，因此，他放弃舒适奢华的宫殿不住，而住在茅草屋中，以柴草当被褥，还在每次吃饭之前都先尝苦胆的味道。在勾践的心中，牢牢地记着家国之恨、个人之仇。这一等就是二十年，勾践等待了整整二十年，才集中自己的所有力量奋力出击，一举灭吴。勾践站在吴王宫殿仰天长啸，把纠缠了他二十年之久的屈辱一泻千里！由此可见，要想品尝成功的喜悦，就要能够耐心地等待时机，争取最后的胜利。

在生活中，人们也常说磨刀不误砍柴工。其实，说的也是这个道理。很多时候，人们往往过于急躁，明明时机不够成熟，条件也没有完全具备，但是却急急忙忙地仓促应战，这样一来，很难取得成功。而有的人则有足够的耐心，等待合适的时机到来之时，再一举出击，取得最后的胜利。现在，很多人都不知道应该怎样才能取得成功，其实，缺的就是强大的耐心。只要你有强大的耐心，锤炼自己，积聚力量，就一定能够等到最合适的时机，取得最终的胜利。尤其是在职场上，很多时候，机会转瞬即逝，即使没有抓住合适的机会，也不要着急，而要戒骄戒躁，提高自己的能力，积累丰富的经验，这样一来，在下次机会到来的时候，你才能更好地把握时机，发展自己的事业，从而获得成功。

不必针尖对麦芒，转移对方视线巧迎战

前些年，意大利米兰足球俱乐部的一位著名球星想得到更高的年度合同酬金，因此，他接连几个赛季都试着自己去谈判，但是，始终没能达成令他满意的协议。虽然这名运动员很聪明，但是他却生性腼腆。由于那个总经理手中握有一张王牌：在与球星订立的合同中，有一项规定运动员不能跳槽的保留条款。因此，这个球星即使没有争取到加薪的要求，也无法提出跳槽。几个回合下来，他承认自己斗不过那个铁面无情、唯利是图的总经理。 球星不由得苦苦思索，如何才能使态度强硬的总经理答应自己的要求呢？突然有一天，球星脑中灵光一闪，虽然那项保留条款的主要作用

是他既不能迫使总经理给他加薪，也不能在合同期内跳槽，但是，这个条款却无法阻止他退出体育界。为了给总经理施加压力，增加自己的谈判筹码，他果断地向总经理提出自己要退出体育圈、加入影视界。

虽然这名运动员非常害羞，不善于表现自己，但是他却长得特别帅气，模样颇讨人喜欢，再加上他在体育界的盛名，因此很多人都对他非常好奇，都十分想在银幕和荧屏上一睹他的风采。因此，他中断了自己的体育事业，开始和一个独资的制片商接洽，并且还草拟了一份为期三年的合同。与此同时，他还把这一切都通知了新闻界。这无异于体育界和影视界的一个重磅新闻，因此，大众传媒对此进行了大肆渲染。这样一来，原本胜券在握的总经理受到了巨大压力，因为一旦这名球星挂靴而去，球迷们定会不依不饶地闹个天翻地覆，他的生意自然也就黄了。迫于无奈，他不得不满足了球星的加薪要求。

一家公司的推销员来到一个建筑设计公司，向一群工程师推销他们公司的打印机。这种打印机的价格非常昂贵，每台高达一万美元。虽然推销员口若悬河地把自己的产品详细介绍了一番，但是，工程师们全都默不作声、面无表情地看着他，这使推销员十分尴尬。推销员心里很明白，其主要原因在于价格昂贵。因此，他略经思索，决定从产品的质量入手，为工程师们进行一次别出心裁的演示。

出乎工程师们的意料，这名推销员在推销无果的情况下突然生气了。他愤怒地把机器从桌子上搬下来，生气地扔到地下；他脱掉皮鞋，使劲扔出去，砸在打印机上；他竭尽全力地捶打着电子元件的机箱。这可是一台价值一万美元的打印机呀！工程师们全都围了上来，想看看这个“疯子”到底准备干什么。谁知，他们却惊讶地发现，打印机不仅完好无损，而且还在勤勤恳恳地工作着。其中的一位工程师小声说：“让我看看！上帝啊，看看呀！没有一个数码是错的！”结果是显而易见的。此时，工程师们已经不再关注这台打印机的价格了，转而纷纷同意购买这种打印机。

这两个事例都深刻地说明了一个道理，而球星和打印机推销员正是因为深谙这个道理，所以才最终实现了自己的目的。试想，假如球星一直按照之前的策略持续几个赛季去与总经理谈判，那么，结果非但毫无改变，而且这个球星也会因此而郁郁寡欢，影响自己的生活和工作，甚至还有可能因为心情郁闷在球场上频频失误。而那个打印机推销员，假如一直强调自己的产品是多么好，只会使自己的话显得空洞无力，最终招致工程师们的反感，甚至还会把他轰出去。那么，他们是如何成功的呢？他们俩有一个共同之处，即都采取了曲线救国的道路。面对总经理的冷漠无情、唯利是图，球星没有再过多地纠缠，而是在公众面前扬言自己要去影视圈发展，而且还真的找了一个制片人开始谈论细节。众所周知，球迷的热情是很大的，假如球迷知道这个著名球星因为加薪的要求没有得到满足而放弃了体育事业，那么总经理的事业必然受到巨大的冲击。权衡利弊，总经理自然知道自己应该怎么做。而打印机推销员知道在昂贵的价格之下，自己说什么都显得很无力，为此，他首先要做的事情就是向工程师们验证自己所介绍的产品的一切优点都是真的，因此，他佯装愤怒无比，甚至工程师们怀疑他疯了，居然想砸烂一台价值高达一万美元的机器。但是，工程师们却发现自己的担心是多余的，结果大家都知道了，在事实面前，工程师们纷纷同意购买这种打印机。

很多时候，针尖对麦芒只会加剧对方的反感和排斥的心理，此时不如巧妙地转移对方的视线，从另外一个角度强有力地说明事实真相。由此可见，看上去最漫长的迂回道路，往往是达到目的的最短途径。在谈判的过程中，假如遇到正面的阻碍，最好的办法就是绕而言之，曲径通幽。如果你能够学会巧妙地运用迂回的谈判方法，就能够起到事半功倍的效果，这是开门见山的谈判方法所无法比拟的！这个道理也同样适用于推销，因为推销其实也是一个谈判的过程，让对方在你的说服下认可你的思想、接受你的建议或者是产品！

选择熟悉的环境才会更有优势

小玲和玉敏是高中同学，高考报志愿的时候，她们一起报考了一家师范类院校。转眼之间，她们已经是即将毕业的大四学生了。大四下学期，学校安排她们进行为期两个月的实习。小玲和玉敏都被安排进了县实验小学实习。在她们那个小小的县城，实验小学是最好的学校，很多教师都四处托关系想进这所小学。因此，小玲和玉敏都非常珍惜这次实习的机会。巧得很，小玲的小学就是在实验小学就读的，因此，小玲对这所学校非常熟悉，而且，她上小学时候的老师现在也还在这所学校里工作呢！在实习之余，小玲非常积极地帮助自己以前的老师批改学生的作业，为此，她很快就与大多数老师都混熟了。相比之下，玉敏对这所学校则显得比较陌生，因为她的小学是在另外一所小学就读的。不过，玉敏非常外向开朗，因此，在小玲的介绍下，她也认识了很多老师。转眼之间，实习就要结束了，在这短短的两个月时间里，孩子们已经和小玲、玉敏相处得很好了，老师们也习惯了有她们存在的办公室。

实习结束的前夕，老师们纷纷说："小玲、玉敏，毕业以后还来咱们学校吧，大家在一起多好啊！"小玲确实很想进实验小学，因此她抓住机会和老师们联络感情，为将来进这所学校做准备。其实，小玲和玉敏都非常优秀，所以校长很想让她们毕业以后回到学校任职。得知这个消息的时候，小玲欣喜若狂，但是玉敏却显得很平静。原来，玉敏想在毕业之后自己去大城市的私立学校应聘。为此，小玲劝她说："玉敏，这个机会多么难得啊，多少人做梦都想着进实验小学呢，对于咱们来说，这可是无异于天上掉馅饼的好事啊！我觉得你应该好好珍惜，毕竟，这里有咱们熟悉的人和事，不管是生活还是事业上的发展，都会更加顺利的！"但是，玉敏似乎已经厌倦了在熟悉的环境里生活，一门心思地想去外地应聘。

大学毕业后，小玲如愿以偿地进入了实验小学，因为曾经在这里实习过，所以她的教学工作进展得很顺利，工作第一年就获得了优秀新人奖，工作第二年就加入了学科小组，而且在自己的努力下成为了学科带头人。三年之后，小玲已经成为全校最年轻的办公室主任了，只要她继续努力，等待她的将是学科主任的职位。而玉敏呢？大学毕业后义无反顾地背起行囊去了大城市，直到半年以后，她才在一家私立学校找到了工作。但是，因为人生地不熟，不仅生活上有很多不方便，而且玉敏在学校也一直发展得不顺利。大城市人才众多，玉敏在省内读的大学不占丝毫优势，反而处处受那些名牌大学生的排挤。就这样，工作了两年之后，玉敏因为郁郁不得志，辞掉了工作，改行去一个民营小企业当文员了。

其实，小玲和玉敏的起点是一样的，假如她们都进了实验小学工作，很难说谁会发展得更快更好。不过，因为玉敏选择了一个人去陌生的城市打拼，所以她的起点无疑就不如在熟悉的环境中工作的小玲更加占据优势了。其实，大城市并不如很多人想象中的那么美好，虽然大城市的工作机会多，但是大城市的竞争也更加激烈，而且人才济济，很难出类拔萃。相比之下，如果你能够在熟悉的环境中谋求一份不错的工作，也不失为一个很好的选择。

在职场中，很多求职者盲目地应聘大企业、外资企业，其实，如果能够在自己相对熟悉的民营企业甚至小公司找到一份合适的工作，也许将更加适合自己的发展。因为只有在熟悉的环境中，我们才会更有优势。很多人喜欢看世界杯，那么就会知道，在足球比赛中，主场优势非常大。以世界杯为例，很多国家就是因为凭借主场优势，才获得了唯一的一次冠军，例如法兰西、英格兰等球队，此外，还有很多国家也有在本土获得冠军的经历，例如意大利、德国、乌拉圭、阿根廷等。再以欧洲联赛为例，一支球队主场和客场所获得的积分往往相差很大。究其原因，就是因为主场优势。其实，这个道理同样适用于工作和生活之中。总而言之，一定要牢记，只有在熟悉的环境中，我们才会更加占据优势。

第6章

无声暗示，用身体语言影响对方

在人与人交往当中，适当的肢体语言的表达，甚至比语言表达更准确。因为人的语言或许会有假，但是身体是不会说谎的。所以，在人际交往中，身体语言更能传达真实的内心情感。一个善意的微笑，一个亲切的眼神，讲话的语气语调、举止态度乃至服饰，都能准确地反映人物内心的真实变化。因此，在交流中适当地运用身体去表达你的意愿，影响别人，给别人留下好印象，从而在交往中占据主动。

握手礼能将情感传递给对方

在生活中，我们见了别人都会主动去和对方握手，以此来表示友好和欢迎。事实上，在你面带微笑主动走上前去和别人握手的时候，别人因此而受到了尊重，觉得你是一个非常有涵养的人。相反，如果你站在原地，面无表情，别人会觉得你不懂得尊重别人，觉得你没有教养。握手，这么一个简单的礼节，却能传达你的热情和友善。

单鹏是锅炉厂的销售员。按理说，他做销售已经有整整两年的时间了，可以说是经验丰富，可是最近却频频地丢掉了好几个并不难对付的准客户。这究竟是怎么回事呢？

这天一大早，他去拜访一家橡胶厂的厂长黄某。由于之前拜访过几次，而且电话里沟通得也不错，所以单鹏满怀信心地带着合同前来。

当他敲开了黄厂长的办公室门之后，看到办公室里有好几个人，似乎都是公司的领导，于是单鹏一一走上前去，跟他们握手问好。就在这时候，从门外面走进来一位60多岁、穿着普通的老人，老人提着水壶，逐个为他们加水。单鹏觉得他就是个打杂的老头，所以没怎么在意，也没有跟他问好握手。一会儿，老头什么话也没说，悄悄地离开了。

和黄厂长进行了一番寒暄之后，单鹏拿出了合同，把事先约好的合作条件一一又说了一遍，之后放到了黄厂长的面前。黄厂长认真地看了一遍，点了点头，准备在合同上签字。这时候，秘书走了进来，在黄厂长的耳边悄悄地说了几句话。

黄厂长笑着站起来说："不好意思，小单，你稍等我几分钟，我临时有点事情。"说完，黄厂长随着秘书一起走了出去。

几分钟之后，黄厂长走了进来，说："很抱歉，我们董事长不同意咱们之间的合作。"

单鹏惊讶地说："为什么啊？是我开出的条件不优惠吗？"黄厂长摇了摇头。

单鹏说："那究竟是为什么呢？"

黄厂长："我也不知道怎么回事，不知道刚才你做了什么事情，给董事长留下了不好的印象。"

单鹏说："刚才董事长在这里啊？是哪一位，你能提醒一下我吗？"

黄厂长："就是那位为我们倒水的老人啊。"

听到黄厂长的话，单鹏半天说不出话来。

故事中的单鹏，在和别人握手问好时，因以貌取人恰恰忽略了董事长，让董事长觉得他不懂得尊重别人，而感觉受到了伤害，因而对他产生了排斥和对抗的情绪，最后的合作自然化为泡影了。由此可见，在与人相处的时候，一定要注重握手的礼节，让别人感觉到你的热情和真情，感觉到你的友善和坦诚，因此而尊敬你、欣赏你。那么，到底如何握手更能赢得别人的好感呢?

1. 和男士握手，要握紧握满

一般情况下，和男士握手的时候，要握紧握满。握得越紧，握得越满，则表明你对对方越欢迎，越欣赏和喜欢对方。如果刚抓住手指，或者很松，则会让别人觉得你的心不诚，不喜欢和对方结交。这样，就会造成对方内心的不满，与你产生误会。可见，和别人握手的时候，一定要把手握紧握满，即使你对对方有想法，也不要在这个时候显露出来。

2. 和女士握手，抓指尖轻摇

男女之间一般情况下不握手，当然如果女士主动伸手，男士才能握手。如果男士主动则会让女士惊慌失措，误认为有轻薄之意。当然，和女士握手也要注意，不可抓得太满，也不能抓太紧，抓住女士的指尖摇一摇就可以了。值得注意的是，握手的时间绝对不能过长。这样，你既尊重了对方，又和她们保持了距离。

3. 和长辈握手，不要太主动

晚辈和长辈见面的时候，如果长辈不主动伸手，晚辈不宜伸手，因为握手代表着彼此之间地位的平等。长辈主动伸手和你握，说明长辈愿意降低身份，和你做朋友。而晚辈主动伸手，则是拉低了长辈的身份，是对长辈的不尊重。所以，遇到长辈的时候，千万不要为了表达你的热情而主动伸手。

4. 与关系深厚人握手时用双手

在和一些地位比较高、关系比较深的人握手的时候，要用双手，以表达你对对方的敬重。一般情况下，这样握手的时候，要么对方就是对你有很大帮助的人，要么就是你非常尊敬的人。因此，不要随便用双手去和别人握手，以免给对方带来心理压力。但是如果有需要，则千万不要把双手换成单手，也不要握一下就松开，要长时间的紧握。

用眼神与他人建立一种有效沟通

眼睛是心灵的窗户，彼此的眼神交流是真正沟通和交流的基础。对方在想什么，可以通过眼睛看得清清楚楚。事实上，一个人的眼睛所传递的信息是最准确的，同时也是最有价值的。这也就是为什么人与人之间交流的时候，需要眼神的接触。因此，在与人相处的时候，也要学会读懂对方的双眸，洞悉对方真实的内心世界，以便于和他人建立一种有效的沟通。

段伊在这次的工作考试中，如愿以偿地考上了高中老师，后来她被分配到了弘强中学。弘强中学高三（8）班是个出了名的头疼班，在校的老师都不愿意带。段伊初来乍到，不了解实际的情况，便接受了学校的这个安排，事实上她完全可以拒绝的。

由于是第一次上讲台，段伊多少有些紧张，但是当她满怀信心地站在讲台上开始讲课的时候，心里顿时凉了半截。原来一上课，同学们便开始各干各的事情了，有看小说的，有交头接耳聊天的，有睡觉的。段伊好几次都停止讲课，提醒同学们认真听讲，但是没有一点儿效果。

段伊望着同学们，内心非常地纠结。第一次上课就这样，以后的课还怎么上下去呢。这样一个班，她该如何带好呢？越想心里越没底。正当她在灰心失望的时候，突然发现坐在第一排的一个女生正在看着她，微笑着。尽管这个女孩的注意力似乎也没在课堂上，但是那一次眼神碰撞，让段伊看到了一丝的希望。

段伊的心里顿时平静了很多，她认认真真地把课讲完了。

第二次上课的时候，段伊叫那位女生起来回答问题，期间她了解了女生叫艾鸿，学习很差。从那以后，段伊总是很关注艾鸿，在学习上给了她很大的帮助，渐渐地，艾鸿的成绩突飞猛进，迅速地挤到了班级的前五名。

同学们都觉得段老师非常照顾艾鸿，有的说艾鸿是段老师的亲戚，有的说段老师背后收了艾鸿的礼物。事实上，段伊之所以这么帮助艾鸿，是因为她给她留下的第一感觉非常好。就是那一个不经意间流露出的眼神，让段伊对艾鸿产生了好感。

故事中的段伊，在第一次面对陌生的同学们的时候，非常的孤独。在这种情况下，她需要别人的支持和肯定。而艾鸿在这个时候，给了她一个关注的眼神，让段伊顿时觉得自己并不孤独。因此，她对艾鸿产生了好感，并在此后的学习中给了艾鸿很大的帮助。由此可见，在和陌生人的接触中，要想获得对方的信任，在关键时候一定要给对方一个关注的眼神，赢得对方的好感。那么，究竟如何用一个眼神获得对方的好感呢。

1. 寻找对方的眼神所在

要想让对方捕捉到你的眼神，给别人留下好感，首先你得让对方发现你。那么，就要寻找对方的眼神所在，跟对方有个眼神的碰撞。因此，在人际交往当中，如果对方没有刻意地寻找眼神，寻找支持，那么你就要多关注对方的眼神所在，为和对方的眼神相碰撞创造机会。当然不能直勾勾地盯着对方的眼睛看，这样很不礼貌，反而会让对方不舒服。

2. 眼神碰撞时点头肯定

你和对方的眼神相碰撞了，只能说明你对他所说的话感兴趣，并不能说明你一定肯定他、认可他。所以，要想让对方对你产生好感并记住你，光和对方眼神碰撞是不够的，还要及时地点点头，把你的肯定和认可传达出来。否则，对方看到你的眼神没有什么感觉，就起不到任何的作用。

3. 眼神中流露出一些希望

眼神能传情达意，但是，有的人的眼神看上去没有任何的情绪和心思，完全是无意中碰到了一样。这样的眼神，在生活中不知道要碰到多少，所以，别人自然也不会注意到你，不会对你产生好感。因此，在用眼神捕捉对方的心时，不妨在眼神中包含一些希望，让对方感受到你真的对他很感兴趣。

4.眼睛睁大眉毛轻上扬

当一个人看到自己感兴趣的东西时，眼睛会睁大，眉毛会轻轻地上扬。在给予对方一个眼神的时候，也要睁大眼睛，眉毛轻轻上扬，让对方感受到你对他很感兴趣，对他说的话或者做的事很感兴趣。这在一定程度上弥补了眼神的单调，让别人更加容易对你产生好感，继而记住你。

笑容的功效令你意想不到

在生活中，很多时候，我们接触的人都是陌生人，因为陌生，所以戒备心理很强。在你无法确定对方对你是友善的之前，总是小心谨慎，这种谨慎表现出来就是冷漠。当你冷漠地面对你身边的陌生人时，你得到的同样是冷漠。

相反，你只要微微一笑，那么彼此之间的感觉立刻会发生变化。你的微笑传达出了你的友善，别人会觉得你积极地想要打破这种冷漠，会认为你内心很阳光，见到对方很开心。这样，别人也会给你微笑，并因此而刻意留意你。这样，你在无形之中已经俘获了对方的心。笑容的功效让你意想不到。

这年春节，佳倩跟所有的外地人一样，着急往家里赶。可是，原先买好的车票在检票的时候被拒绝了，原来她买了假票。看着周围的人匆匆地奔向了列车，佳倩的心里甭提有多难受了。

她坐在候车室的椅子上，有些不知所措。就在这个时候，她一转头的瞬间，发现坐在旁边的一个中年男人正在不停地打量自己，二人眼神相撞，中年男人有些不好意思。尽管佳倩心里非常的郁闷，但是她还是露出了一个甜甜的微笑，点了点头。

得到了佳倩的这个甜蜜的微笑，中年男人的心开始松弛了下来，他转过身来说：“看你神情有些不对，遇到什么事了？”

佳倩依然微笑着说：“没事，谢谢你的关心。”

中年男人用疑惑的眼神看着佳倩说：“真的没事？你别误会，我不是坏人，我就是看你神情有些恍惚，猜你可能遇到什么麻烦事情了。如果你信得过我的话，不妨说出来，看我能不能帮助你。”

佳倩迟疑了几秒钟，然后说：“我买了回家的车票，竟然是假票，看来今年回家的愿望又不能实现了。哎！”说着，重重地叹了口气。

中年男人听了，关切地问道：“碰到这种事情也确实够倒霉的，白花了钱不说，而且还耽误了时间。”

佳倩摇着头笑了笑说：“这事还就让我摊上了，没辙。”

就这样，你一言我一语地聊了起来。尽管那天佳倩心情不好，但是和这位男士聊过之后，她的心情好了很多。后来，他们成为了好朋友。

在回想起第一次相遇时，中年男人笑着说：“当时，我不敢和你说话，正是你的那一个微笑，让我觉得你很友善，见到我很开心。事实上，那一天我也不开心，正想找个人说话呢。你的微笑深深地吸引了我。”

故事中的佳倩，在自己买了假票不能回家的情况下，尽管心情难受，但面对一个陌生人，她依然给予了一个甜甜的微笑，就因为这样，她打消了陌生男人的芥蒂心理，从而让彼此之间顺畅地沟通起来，最终两人成了朋友。试想，当时她面对他人的打量，不予理睬或者只是冷漠地看一眼，那么，这一段友谊便不会开始。

由此可见，微笑的力量是不可估量的，尤其是与陌生人的交往中，只要你放弃冷漠，学会微笑，你的朋友便会越来越多。

当然，在微笑的过程中，以下几点是需要我们注意的。

1. 真心微笑，避免生硬做作

如果你是个与人为善的人，在日常生活中已经习惯了对人微笑，那么，你的微笑就是自然的、真心的。而如果为了达到某种目的假意微笑，那么，你不要天真地以为你的微笑也会收到效果，因为对方不是傻子，他能发觉你的笑容是假装出来的，此时，他还会真心接纳你吗？

2. 注意目光的辅助作用

你传达的笑容是有对象的，因此，你也不要以为，只要你微笑，对方就能感受到。因为人的表情可以伪装，但人的眼神不可以，你连看都不看对方一眼，怎么能让人感受到你的真诚？因此，微笑时，千万要记住与对方的眼神碰撞，才能让人接受你的友善。

3. 微笑的时候，要不断地点点头

点头是表明你正在倾听对方、肯定对方的表现，在微笑时配以点头的动作，就是一种真诚友善的传达。

4. 面对陌生人，笑也有度

生活中，面对熟人，我们可能会肆无忌惮地笑，这是一种放松自己、给他人带来快乐的方式，而面对陌生人，我们则不能笑的尺度过大，否则，会让别人觉得你不懂礼貌，不尊重他。因为是初次见面，彼此之间的微笑传达的是友善，笑的尺度过大，会显然很不合适。

小小手势能够加强表达的效果

人与人之间的交流除了口头言语外，肢体动作一样可以传情达意。甚至有些时候，肢体语言传递的情感和信息，是口头无言无法企及的。比如，拥抱给人温暖，拍拍肩膀给人安慰等。之所以如此，是因为肢体语言在一定程度上迅速地跨越了心灵的鸿沟。

尤其是与陌生人之间进行沟通和交流时，双方因为不熟悉，所以戒备心理很强，你在举手投足间往往都能给别人传递不同的信息。事实上，别人也正是从你的肢体语言上判断你是友善的，还是敌对的。尤其是一些手势，把人们内心的爱恨情仇表达得淋漓尽致。

小王和小李都是名牌大学的高材生，刚刚大学毕业之后，应聘到公司来做技术顾问。

尽管他们是同一个时间来的公司，可是三个月之后，小王跟公司的员工打成了一片，混得特别熟，而小李却仍然是孤家寡人一个。同事们很少跟小李主动交谈，而小王身边总有三三两两的人，他们有什么活动也会主动叫上小王，这让小李羡慕不已。

原来，小王在和同事们聊天的时候，两只手是交叉相握的，在发表自己的想法和意见的时候，打开双手手心朝上。相比之下，小李在跟同事们说话的时候，总是背着两只手，在倾听别人说话的时候，还时不时地将两只胳膊抱在胸前，容不下任何人的一副模样。

当小李把自己内心的烦恼告诉小王的时候，小王笑着说："大家之所以不喜欢你，是因为你在和大家交谈的时候，弄错了一些肢体语言，让大家误会了你。"

小李一脸的无辜。小王接着说："比如你和别人交谈的时候，老是背着手。你知道这个动作代表啥意思吗？"

小李摇了摇头。

小王说："你想想，摆这个动作的人会是什么人呢？一般只有领导或者是长辈才会在晚辈面前摆这个动作，而你和大家都是同事，你这样背着手，无意是把自己抬高了位置。"

小李很无辜地说："不会吧，我没有这个意思啊。"

小王说："你没有这个意思，但是别人却不这么认为。还有你老把两只胳膊抱在胸前，你明白吗，这意味着拒绝、挑衅和不服气。你这样没弄明白肢体语言的意义就乱摆谱，难怪大家不喜欢你。"

故事中的小王在与人接触的时候，注意用手势传达友善和包容，尽管他言语上并没有说什么，但是别人感觉到了这份真诚，因此和他交好。相反，小李由于不注意这些细节，结果因为自己的一些错误手势，把别人拒之于千里之外。由此可见，在人际交往当中，手势起着意想不到的效果和作用，完全可以弥补口头语言的不足，甚至可以代替口头语言传情达意。那么，在人际交往当中，如何用手势来表达自己，以达到无声胜有声呢？

1. 双掌摊开，表达你的诚实可靠

我们发现，那些准备向他人敞开心扉的人，都有个标志性动作，那就是双手摊开，这一举止往往是无意识的，它往往是伴随着一个人的内心真实想法而无意识地做出的。因此，如果我们能认识到这一动作的含义，那么，在与人交往的过程中，就要有意识地将自己的手摊开，以表示自己的真诚，否则，藏起你的手，则表明你是在撒谎。

2. 十指尖相触呈尖塔状表达自信

我们发现，那些在交谈时落落大方的人，喜欢摆这种姿态，这是一种自信的表现，更是一种心理暗示：我很优秀。很明显，人们都喜欢与自信的人交往，因此，在与人相处当中，要想让自己更加自信，或者是想要赢得别人的信任时，不妨将十指尖相触呈尖塔状。

3. 竖起大拇指来表达赞美和欣赏

通常，我们由衷地欣赏和佩服一个人的时候，往往会开口赞美对方，同时还会竖起大拇指。因此，竖起大拇指表达的意思是“你真棒！”“你真了不起。”在与人交谈的时候，时不时地竖起大拇指来表达你的钦佩之情，通常会让对方惊喜不已。你的一个竖起大拇指的动作往往要比口头的赞美更加有效果。

4. 双手十指不要轻易互相去交叉

有些人觉得在说话的时候两只手没处可放，于是不经意间相互交叉了起来。殊不知，双手交叉是在身体前构筑了一道防御线，事实上表达的是想要隐藏自己的意思，别人会觉得你说的话是假的，因而对你产生怀疑。可见，在与人交谈的时候，双手十指不要轻易互相交叉，以免被别人误解。

双腿的姿势体现你的权威感

如果你足够仔细，你会发现生活中的很多人，在你和他们相处的时候，往往会不知不觉地顺从对方，事实上，这是因为他们有很强的气场，能很好地控制别人的心理。除了语言表达之外，肢体语言在一定程度上也能增强气场。尤其是双腿，能展现你的不可逾越的权威，暗示对方顺从你，这种影响往往在人际交往中能让你占尽先机。

权威感意味着别人将要向你看齐，受你的支配，被你主导；意味着你的价值观和决定被别人所接受，别人会被你驾驭和驱使，这在人际交往当中有很重要的作用。是否能获得权威感直接决定着人际关系的成败，尤其在与陌生人之间更为重要。

小王是某化肥厂的销售员，平时工作非常细心认真，因此业绩一直很不错。

最近，经理让他和一个特别难缠的客户商谈合作事宜。小王花了整整三天的时间，将这个客户的资料搜集得更加完善，同时向拜访过这位客户的其他几位销售员请教，尽可能多地了解了客户。

这天一大早，他早早地来到了客户的办公室门口。不一会儿，一个40岁左右的中年男人迈着八字步走了过来，小王见了，认定他就是那个难缠的客户，于是恭敬地问道："早上好！"客户望了小王一眼，转身进了办公室并关上了门。

小王赶紧敲门，好大一会儿，门打开了，客户不耐烦地说："有什么事情啊？"

小王说："我是化肥厂的业务员，想和您商谈一下合作的事宜。"

客户说："我们没什么可合作的，我也没时间。"

小王说："我就需要5分钟的时间，5分钟之后我立即走人。您看行吗？"

客户犹豫了一下，把小王让进了办公室。

客户转身坐到了办公椅上，小王熟练地做了介绍，很快，客户对合作有了兴趣。但是，平日谈判能力很强的小王却不知不觉地被客户的强大气场给牢牢控制住了。眼看着公司的利益就要受到严重损害，小王借着上厕所的时间缓了口气，当他回想面谈的细节时，突然发现了问题所在。原来，是客户在不知不觉中将腿骑跨在椅子的扶手上了。

于是，他走上前去，弯着腰故意跟客户握手，客户很快站了起来。当他们再次入座的时候，之前的姿势完全没有了。于是，小王开始不断地增加谈判的筹码，渐渐地控制了客户的心理，占据了谈判的主动权。结果，自然是小王如愿以偿了。

故事中的客户在和小王说话中，不知不觉把腿骑跨在椅子的扶手上，这是一种强势的心态，他这样坐着，会让前来商谈的业务员感觉到地位上的不平等，从而压力倍增。业务员要是不做相应的措施，而是一味地毕恭毕敬，最后肯定会吃大亏。由此可见，腿的姿势不同，在别人的面前展现的心理也是完全不一样的。那么，如何通过腿的姿势来体现你的权威感呢？

1. 站立时两腿呈“八字”

有的人站立的时候两脚并拢，而有的人站立的时候两脚分开。两脚并拢表现出你很精神，也循规蹈矩，没什么魄力。相反，如果你两脚分开而立，则让人感觉到你有胆量，敢作敢为，能控制局势。而且，在与人相处的过程中，两腿分开，呈现“八字”，会让别人感觉到你很自信，很强势，能在短时间内体现出你的权威感来。

2. 入座后两腿交叉相翘

往往很多男人入座之后，总是喜欢跷“二郎”腿。事实上，这并不是习惯，而是男人为了在气势上占先机，而故意摆的姿势。跷二郎腿展现出自信和高傲，以及对他人的不屑一顾等，因而很好地展现了权威感，暗示别人顺从你。因此，要想展现你的权威感，不妨在入座的时候大方地跷个“二郎”腿。

3. 骑跨在椅子扶手上

很多人与人交流的时候，非常热情，但是坐下之后，慢慢地，会将腿骑跨在椅子的扶手上，无形之中展现了自己的权威感，对对方形成了控制之势。事实上，把腿骑在椅子的扶手上，只是想借着椅子增加自己的支配和控制的欲望，同时还可以借椅子背来保护自己，可以说是能攻能守。因而，要想在别人面前展现你的权威，不妨在入座的时候将腿骑跨在椅子的扶手上。

手臂的动作表现主导与自信

在人与人交往当中，适当的肢体语言能辅助语言的表达，因为人的语言或许会有假，但是身体是不会说谎的。所以，在人际交往中，身体语言能传达真实的内心情感。尤其是手臂的一些动作让表达更加明确，更加自信，甚至比语言表达得更准确。所以，一定要多注意手势的表达，让你的表达因为有了手臂的动作而更加完美，从而给别人留下更好的印象，更加喜欢你，欣赏你。

王亮和张凯都是某大学电子系大二的学生。他们对国学非常感兴趣，所以经常抽时间去听课。国学教授是个50岁出头的学者，他非常喜欢别的院系的学生前来听课，并且在课间经常辅导他们。

这天，王亮和张凯又去听课了。当老师谈到足球的发展的时候，提出了这样一个问题：既然足球最早发源于中国，那么为什么中国的足球却这么惨淡呢。几分钟之后，老师叫起了王亮来回答。王亮非常深刻地谈了自己的想法和看法。在表达的时候，他总是伸开胳膊，伸开双手，显得非常开放。尽管他的一些观点有些不合适，但是得到了老师的表扬。

几分钟之后，老师又叫起了张凯。张凯的回答更加精彩，可是老师并没有表扬他。下课之后，老师找到了张凯，对他说："你对我讲的内容有质疑吗？"张凯感到莫名其妙，说道："没有啊，老师，我很喜欢你讲的课。"老师接着问："那么，你是对我本人有看法了？"张凯更是丈二和尚摸不着头脑，说："没有的事情啊。老师，你为什么这么说呢？"

老师不解地说："那是为什么呢？你总是在我上课的时候把胳膊交叉，抱在胸前。我很疑惑，因为你这样不是一次两次了，而是很多次了。如果你对我的课有质疑，你可以提出来，我们一起探讨学习。如果你对我这个人有意见，也可以提出来，我一定及时改正。"

张凯不好意思地说："没有啊。不好意思啊，我一定接受您的批评。"

老师点点头说："本来我不想找你谈，但是在课堂上，你的回答非常精彩。你很有天赋，而且也很好学，所以我才来找你，希望能和你沟通好，这样对你今后的学习大有帮助。"

张凯说："谢谢你，老师，我一定不辜负你的厚望。"

张凯在听课的时候，手臂的动作表达不正确，将双臂抱在一起，结果引起了老师的误会，因为这个动作表达的是挑衅和对抗。相反，王亮总是伸开胳膊，伸开双手，赢得了老师的欣赏和表扬，因为他的动作表现了包容和开放。可见，手臂的不同动作表达的意思完全不一样。要想让别人喜欢你，就要让你手臂的动作更加表现你的主导和自信。那么，究竟如何才能做到这一点呢？

1. 伸开双臂来表达你的自信和开放

通常情况下，一个人在表达自己的时候，往往会伸开双臂，双手手心向上，这样让别人相信他很真诚地接受别人的批评，也能够包容别人的不同意见和观点；当然，也在一定程度上表达了自信和开放。因此，在表达的时候，不妨伸开双臂，伸开双手，把你的自信和开放展现在别人面前，这样能赢得别人的欣赏和喜欢。

2. 双手相扣放在身前表示坦诚认真

当一个人态度认真，很坦诚地倾听别人的意见时，往往双手相扣放在身体的前面。因此，在倾听的时候不妨把你的双手相扣放在身体前，这样，可以让别人看到你的坦诚和认真，从而才能展现你的自信和主导，才能赢得别人的欣赏和认可，在双方交往的过程中占尽先机。

3. 右手握拳举高表达做事情的决心

在影视作品中，我们常常看到很多人为了表达自己强烈的做事情的决心，往往把右臂高举，右拳紧握。可见，当一个人高举手臂、紧握右拳的时候，往往表达出强烈的愿望。因此，在与人相处的时候，不妨用这种方式表达你的决心，让你的强烈自信影响每一个人，从而给别人留下好印象。

4. 右臂高举摇动表达问好和打招呼

很多影视明星和粉丝见面的时候，总是举起手臂向别人打招呼。可见，举起右臂，不断摇动有向别人打招呼和问好的意思。事实上，这在一定程度上也表现出了自信和主导。因此，我们在与人相处的时候，要利用好高举右臂这个动作，把你的问好之意传达出去，从而赢得别人的好感。

适时点头让对方更有意愿多说

通常情况下，点头表示的是同意。在倾听别人的时候，点头自然是给予对方肯定和认可，是向别人传达这样一个意思：你说得很对，我很同意你的说法，我很欣赏你，请继续。这在无形之中告诉表达之人，你所说的话是有价值的，这样可以激发对方的表达欲，同时也鼓励了对方的信心，让他继续呈现一个完美的表达。

每个人的内心都渴望得到别人的认可和肯定，因为这样才能证明自己是有价值的，自己并不孤独。在与人沟通的时候，尤其在倾听时，要时不时地点点头，及时地和对方进行互动，把你的鼓励和肯定传送给对方，从而赢得对方的好感，为彼此的交往奠定基础。

王瑜和刘淇是大学同班同学，两人关系非常要好。可是在校期间，王瑜得到了学校的重用，当上了学生会的主席，而刘淇也很努力，但是最终却被学校领导拒之门外。按理说，两人性格都很开朗，刘淇社交的能力更强。可是为什么王瑜更加受欢迎呢？归根结底，是刘淇不懂得倾听。

有一次，王瑜和刘淇一起去找系主任办事，刚好事情也不是很急，系主任和他们聊了起来。当谈到了家庭和孩子的时候，系主任滔滔不绝地说起了自己的妻子和儿子。

在这个过程中，刘淇一会儿看着天花板，一会儿看着天外边的云彩，很显然，他对系主任的家庭琐事不感兴趣。相反，王瑜时不时地和系主任进行目光交流，有时候点头微笑，和系主任有了一个很好的交流。

几分钟之后，系主任表达结束了，但是明显还没有尽兴。他说：“你们说，我是不是一个好父亲啊？”王瑜笑着点点头说：“当然是了，为了孩子，三天没顾得上吃上饱饭了，能不是好父亲吗！”刘淇则表现得莫名其妙，他说：“啊？”

系主任脸上的笑容慢慢地僵住了。这时候，多亏了王瑜提问道：“主任，你的孩子今年考上重点了吗？”系主任笑着说：“考上了，考了个全

年级第一呢。”

……

不久后，学校在各院系选拔学生会主席，刚好系主任负责本系代表的选派，在一大堆名单中，系主任挑出了王瑜的名字，报给了学校。最后，王瑜当上了学校学生会的主席。而刘淇则被压在了一大堆名单当中，从此销声匿迹了。

故事里的刘淇因为不懂得倾听，结果给系主任留下了不好的印象。相反，王瑜则通过认真的倾听和不断的点头，从而激发了系主任的表达欲望和热情，给系主任留下了好印象，最终当上了学生会主席。由此可见，在倾听他人讲话的时候，要不断地点头，给予别人认可和肯定，让对方觉得你喜欢听他说话，进而更愿意多说。事实上，这样更能赢得他人的好感。

那么，究竟如何点头才能让对方更愿意表达呢？其中要注意哪些问题和细节呢？

1. 点头时要跟对方进行目光交流

一般情况下，彼此之间进行交流的时候，目光要互相接触，这样才能让彼此断定，对方是否在真心和自己交谈。因此，在点头表达认可的时候，也要和对方进行目光的碰触，告诉对方，你在很认真地听他讲话。当然，要注意一点，目光碰触并不是让你盯着对方看；否则，别人会觉得你在质疑，而不愿意多说话。

2. 在别人表达完整后再点头肯定

当别人表达的时候，要适当地点头认可，在这个过程中，一定要把握时间。一般情况下，当对方的表达完整时，或者是表达了主观的态度和情感时，要及时地点头给予认可。在别人表达当中，千万不要随便点头，以免给别人留下不受尊重的感觉。同时，如果对方没有表达情感和态度，一般不宜点头。

3. 点头的频率要把握得恰到好处

通常，我们在点头表达肯定的时候，频率是一下，或者是两下，最多三下。这根据对方表达情感的程度以及倾听者的认可程度不同而不尽相同。表达者的情感越激烈，越渴望得到认可和肯定，点头的频率要多一些，相反则少一些。同样，认可的程度大，点头的频率也要多，相反，要少一些。切忌不停地点头。

4. 点头的同时适当说些认同的话

在用点头来表达对他人的认可和肯定的时候，要适当地说一些认同的话，以辅助点头来表达对他人的认可和肯定。比如："还真是这样的。""真不错！"等。这样，让你的认可更加为对方所喜欢；反过来，对方也会更加喜欢你。当然，这些认同的话不宜太长，否则就把对方的谈话权剥夺了。

第7章

展现魅力，轻松赢得好感的策略

在人际交往中，在心理上赢得对方的心，赢得对方的好感是广结人脉的前提。如果你想拥有广泛的人脉关系，那么就要学会迅速地博得别人的青睐和好感，这就为进一步的接触和交往埋下了伏笔。想赢得别人的好感，是有一定的技巧和策略可以遵循的，比如：多说一些感兴趣的话，适度顺应对方，留下美好的第一印象等。只要掌握了这些基本的策略和技巧，相信你的人际关系会扩张很多。

首因效应：巧妙留下完美第一印象

在人际交往当中，当别人给你留下的第一印象良好时，在接下来的接触中你会觉得他什么都好；如果别人给你留下的第一印象不好，你会觉得时时看他不顺眼，这就是心理学上所说的首因效应。那么，要想在人际接触中被人接纳和肯定，就要给别人留下完美的第一印象。

大学毕业之后，明溪也像别的大学毕业生一样，带着简历四处寻找工作，可是都没有合适的岗位。在朋友的建议之下，她在网上试着寻找机会。无意中，她看到一个非常大的企业在招聘秘书，于是满怀信心地投了一份简历。

第二天一大早，明溪接到了该企业人力资源部的面试电话，这让她着实兴奋不已。按照和对方约定的面试时间，明溪早早就赶到了。面试在一个小会议室里举行，参见面试的一共有10个应聘者，公司的大小领导10余人坐在一边倾听。

面试开始后，对方给每个面试者5分钟的时间，让他们做一个竞聘演讲。明溪心里暗暗窃喜，因为她在学校时担任学生会的主席，演讲对于她来说是轻车熟路。因此，当轮到她的时候，她自信满满地走了上去。

5分钟的时间，她简单地介绍了自己的概况，然后又谈了自己对秘书这个职位的理解和认识，最后说自己如果能赢得这个职位，将如何把做个工作做好等。等她昂首挺胸地走下去的时候，在场的领导频频点头。

再看看别的面试者，要么就是紧张得语无伦次，要么就是气若游丝，如蚊子叫。看到这些，明溪相信自己一定会赢得这个职位。果然不出她所料，面试后的第三天，她接到了上班的通知。

工作之后，明溪果然尽职尽责，将公司的事务打理得有条不紊，深得总经理的青睐。可是上班刚刚两个月，她的秘书生涯就结束了，原来她被董事长调到总部去做行政总监了。

在那次面试的时候，董事长也在，明溪的出色表现给董事长留下了极其深刻的印象，董事长觉得以明溪的才华和能力做一个秘书实在是屈才了。所以，当总部的行政总监离开的时候，董事长第一个想到的就是明溪。

就这样，没有多少工作经历的明溪就这么当上了知名企业的行政总监，而且她在这个岗位上做得有声有色。这一切完全得益于她在面试时的出色表现，给董事长留下了美好的第一印象。

故事中的明溪因为在就职竞聘中的出色表现，给董事长留下了非常美好的第一印象，因此被董事长破格提拔为行政总监。可见，第一印象往往能影响一个人的生存和发展，尤其是在职场或者人际交往当中，更是如此。

那么，如何才能给别人留下美好的第一印象呢？

1. 注意穿着打扮，塑造美好的气质

对于很多人来说，良好的气质是给别人留下美好的第一印象的前提，因为引起别人关注的首先是视觉。所以，要注意穿着打扮，将自己的气质塑造出来。

2. 不要矫揉造作，表达大方而自信

很多人总是很谦虚，需要他表现的时候，扭扭捏捏，让人觉得矫揉造作，这样的人往往难登大雅之堂，给别人留下极不好的印象。相反，大方自信的人往往更能赢得别人的喜欢和欣赏。可见，在表达自己的时候不妨大方一些，自信一些，让别人因为你的大方和自信而对你充满好感。

3. 懂些社交礼仪，更显知书达理

在社交的时候，要懂一些基本的社交礼仪，让别人看到你知书达理的一面。不可否认，人比较喜欢欣赏外形好的人，但是懂礼貌更能赢得别人的青睐，赢得别人的好感。因此，每个人都一定要懂礼貌，在别人的面前表现你懂礼貌、知书达理的一面，就可以让别人印象深刻。

4. 用创新思维展优势，吸引注意力

每个人都有好奇心，当一个新鲜的事物出现在眼前的时候，往往有很大的兴趣，进而留下很深的印象。当然，创新思维要独特一些，而且在别人的接受当中，如你对问题独到的见解，或者是崭新的一种理念。当你去面试时，面试的人太多，你悄悄地给老总写了个纸条，让秘书传达，别人没有这样干过，你这样做往往会让老总对你刮目相看。

适度顺应对方，获得他人的好感

每个人的想法和观念不同，在交流和沟通的时候难免会出现摩擦和冲突。如果你直接说对方的观点是错误的，你的观点是正确的，那么势必会给对方的心理造成伤害。即便你所说的、所想的是正确的，别人也不会对你有好印象。

争吵中永远没有赢家。即使你真的把对方说服了，别人也不会心服口服，你得到的不是信任，而是敌对。如果你适度地顺从对方，先表达你的肯定，赢得他人的好感，然后再提出建议，这样对方的心理上就能接受，继而将你当作他的真心朋友。

姬童大学毕业之后留在了北京，她想在北京做出自己的一番事业来。但是几年过去了，她也就每月挣着几千块钱的收入勉强度日。随着年龄的增长，父母希望她能回到老家来，一来找个稳定的工作，二来解决婚姻问题。

可是对于姬童来说，这些似乎是太过遥远的事情她从来没有认真考虑过。因此，在继续留在北京还是回到老家的问题上，姬童和父母发生了严重的分歧，每次沟通免不了争吵。时间久了，姬童往家里打电话的频率也降低了很多。

这天，爸爸主动拨通了姬童的电话，说："姬童，爸爸知道你不甘愿就这么平凡，你想做出属于自己的事业。爸爸也年轻过，完全理解你的心情。年轻人有梦想，有闯劲，是该做一番轰轰烈烈的大事情。这一点爸爸非常认同你，而且很支持你。"

爸爸的一番话，完全出乎了姬童的意料，她内心的防备渐渐地放松了下来。

爸爸接着说："但是，孩子，人不能永远生活在梦想中啊，留在北京你是可以获得更多的成功机会。可是北京的房价那么高，咱们买不起，而且你岁数也不小了，婚姻大事总不能一直拖下去吧。"

姬童说："爸，婚事的问题你们就不要为我担心了。"

爸爸说："现在老家这边的政策也很不错，你回来之后稳稳当当地找个工作，再成个家，我们一家人天天在一起，不好吗？"

姬童第一次陷入了沉思。一直以来她都觉得爸爸妈妈没有办法理解她，可是今天爸爸的一番话却触动了她的心，她开始怀疑自己的决定是否真的正确。

没过多久，姬童离开了北京，回到了爸爸妈妈的身边。

故事中的父亲在说服女儿的时候，没有一口否认女儿的想法和决定不对，而是站在了女儿的角度上，对她的所作所为给予了认可和肯定，然后再提出建议，最终说服了女儿。由此可见，在说服别人的时候，不要直接否定，而是要给予其认可并表示理解，之后再提出建议，维护对方的自尊。那么，如何才能做到先认可对方，再提出建议维护他人的自尊呢?

1. 站在对方的立场上理解他人

一般情况下，你之所以觉得对方的想法和观点是不对的，是因为你站在自己的立场上想问题。那么，要想扭转对方的想法，就要站在对方的角度上去理解他人。如果你一味地肯定别人，却说不出个所以然来，别人会觉得你在敷衍他。因此，要站在对方的立场上去理解他，这样别人会觉得你能真实地明白他的感受，从而信任你。

2. 在理解中包含赞许和恭维

在对他人表示理解的时候，不妨适当地添加一些赞许和恭维的话，这样给别人一种你很欣赏他的感觉。对方会因此而感到高兴，对你的防备自然降到了最低。你的赞美和恭维是对对方的肯定，即使最终被你说服，顺从于你，他也会满心欢喜。

3. 口气缓和表示给予的是建议

不管是否定别人还是说服别人，说话的口气一定要柔和一些。一般情况下，说话口气的强弱可以表达心理对抗的强弱。柔和的声音可降低对方的敌对情绪，让别人感觉你是在和他商量，是在提建议，而不是在说要求。没有人喜欢被别人呼来唤去，你的商量让别人受到了应有的尊重，从而信任你并顺从于你。

4. 表明建议后穿插征询的提问

一般情况下，当人在听到意见和建议的时候，往往会处于一个模糊状态，不反对，也没立即想要接受。这时候，如果你适当地加一些征询式的提问，比如“行吗？”“好不好？”“怎么样？”等，则能引导对方向你靠拢。除此之外，这样的询问更让你觉得受到了应有的尊重，对方给你的是商量，而不是在提要求。

积极的态度，令他人乐于与你交往

有时候，面对一个陌生的环境，有些人选择了完全的沉默，要么等着他人来打破这个僵局，要么宁可忍受着这种尴尬也不说一句话。要是对方也是个冷漠不爱说话的人，这个相逢便变成了煎熬。

先开口说话的人在这个时候占尽了优势，人与人之间的交往有先入为主的思想，先开口说话的人往往会以主人自居。既然是主人了，那么冷落客人总归不好，所以，这个时候，先开口说话的人控制着谈话的主题和交谈的深度。

小高在某大学法律系就读，明年就要毕业了，所以他最近一直都在忙着准备论文。暑假到了，他带着很多法律学的书籍准备回家继续钻研。

在火车上，周围全是陌生人，刚坐到一起大家都不说话，气氛非常尴尬。小高见坐在对面的老先生非常和蔼，于是主动打招呼：“您是去哪里啊？”

老先生回答说：“我去西藏，那里有一个司法程序有些麻烦，需要我的帮助。”

小高一听，非常高兴，于是接着问：“这么说来，您是律师了？”

老先生笑了笑说：“也可以这么说吧，我是政法学院的博士生导师，专门研究国内的法律程序。”

小高惊讶地说：“那真是太好了，我是某大学法律系的学生。”

老先生也很高兴，能在火车上遇上学习法律的学生，实在是件不容易的事情。

小高和老先生探讨了很多法律问题，这些问题是小高在学校里永远也学不来的，这给他论文的写作提供了新的思路和素材。

一路上，老先生和小高侃侃而谈，聊得非常投机。小高放弃了回家准备论文的打算，陪同老先生一同到了西藏，亲历了很多棘手法律程序的处理，令小高受益匪浅。

小高本科毕业之后，报考了老先生所在的政法学院，博硕连读。在老先生的帮助和教诲之下，小高在短短的两年之内，学完了要五六年才能学完的课程。并在老先生的推荐下，当上了政府的法律顾问。

在那样一个陌生的环境中，小高依然没有忘记主动和别人交流，结果他得到了贵人的帮助，成就了自己的事业。如果小高当时觉得自己是学法律的，从而自命清高，看不上旁边的人，自然就不会和老先生说话，那么就没有了后来的发展。所以，主动和别人交谈，往往会获得意想不到的收获，你生命中的贵人可能随时就在你的身边。你的一个沉默或许就会和对方擦肩而过，从而造成终身的遗憾，影响自己的事业和前程的发展。

那么，究竟要用怎么样的积极态度来赢得别人的喜爱呢？

1. 主动跟别人打招呼和说话

由于彼此之间不熟悉，所以为了保护自己，人都不喜欢主动打招呼。正所谓“谁主动，谁被动”，但是，由于先入为主的心理理念，当你主动跟别人打招呼和说话了之后，你就能主导这次谈话，在心理上你占据了“主人”的位置，就能把谈话按着自己想要的方向去引导。事实上，掌握了交谈的主动权就是掌握了交往的主动权。

2. 主动敞开心扉说出小秘密

往往人们之间不熟悉，所以彼此之间都有很强的心里戒备。这时候，要想取得别人的信任，就要主动敞开心扉说出小秘密，让别人觉得你在他面前是透明的。这样，对方感觉到了绝对的安全，也会把心向你敞开。当然，在这个过程中要注意，不要把内心深处的大秘密透露出来，以免给自己带来不必要的麻烦。

3. 主动向他人伸出援助之手

任何人都会需要别人的帮助，同样，在与陌生人相处的时候，如果对方遇到了麻烦，要积极主动地伸出援助之手，让他人感受到你的热情，感受到你的善良，并因此喜欢和你交往。当然，积极表达乐于助人也不能随心所欲，要征求对方的同意之后才行，如果别人不同意，那么最好不要强行帮忙，以免引来对方的误会和厌恶。

4. 主动和他人分享你的好处

很多时候，当你和身边的人由于彼此陌生而保持沉默，如果这时候你把随身携带的瓜子和水果跟他人分享，那么很快你们之间不会再陌生了。这是因为，你在提出和别人分享你的好处的时候，把你的友好和善良传达了出来，别人接受了你的邀请，自然不会再对你保持警惕和戒备了。

让对方多说话，善于聆听迅速赢得人心

倾听是理解的前提，学会倾听别人的人，才能被别人接纳，才能掌握住交往的主动权。你给别人的尊重必然换回别人对你的肯定。在生活中，有些人总是喜欢表达，总是在别人面前说个不停，但是在他们表达的时候，让别人觉得他们心里急躁，不成熟。这样，尽管他们掌握着说话权，可是却失去了交往的主动权。

如果这时候，你保持安静一些，认真地去倾听别人，这样不但让别人受到了尊重，而且在倾听的过程中，搜集到了更多的与对方有关的信息。这样，在和对方交往中便会占据更大的主动。

一次，张婷去拜访一个客户。据说这个客户非常难缠，很多销售员都在他面前灰溜溜地被赶出来了。所以，张婷这次去也没有抱太大的希望。当她敲开了这位客户的办公室大门之后，客户对她非常热情，又是端茶倒水，又是嘘寒问暖，这反倒让张婷有些不习惯。但毕竟客户是真心地关心她，因此张婷内心还是非常感动的。

坐定之后，还没等张婷介绍产品呢，客户就开始说了，说自己的家庭生活，妻子多么贤惠，孩子多么懂事。说到高兴处，客户眉飞色舞，手舞足蹈。而张婷只是静静地听着，偶尔点点头微笑一下，表示认可和肯定。

一个小时过去了，两个小时过去了，客户说完了家庭，说事业，说这些年自己如何一步步地走来，经历了多少的艰难和困苦，如何将公司一步

步地做起来。说到难过处，客户黯然泪下，张婷适当地说了几句安慰话。

整整三个多小时，客户一直都在不停地说，张婷只是静静地听着，偶尔问几个简单的问题。最后，客户说不动了，该倾诉的都倾诉了，转过头来问张婷："你这次来的目的是什么啊？"

张婷将产品的介绍放到了桌子上，客户看了，二话没说，就下了订单。

从这个故事中我们可以了解到，客户需要的只是你的认真聆听，而不需要你说多少。事实上生活在这个世界上的人，谁没有故事呢？遭遇了太多生活的磨难，总希望能够说出来，有人分担；获得了成功的喜悦，总希望有人来分享。任何人都有想要表达的欲望，只要你满足了对方的这种心理，别人就觉得你善解人意。在交往当中，无疑你赢得了对方的心，占据了主动。那么，如何才能做一个好的倾听者呢？

1. 要把说话权利让给别人

在生活中，别人貌似在和你交流，其实是想满足自己的表达欲望，只是希望你能充当一个倾听者。这时候你一定要保持沉默，即使你不想听对方的那些陈芝麻烂谷子的事情，也要假装在倾听，这样对于别人来说就是莫大的尊重。因此，要想掌握交往的主动权，就要把说话权让给对方，让对方的表达欲得到最大限度的满足，从而对你有好感。

2. 用点头来表达肯定对方

交流的双方都希望对方能倾听自己，肯定自己。即使在对方表达的同时，也希望能获得你的认可和肯定。尽管对于你来说，可能并不赞同他的一些想法和看法；但是对于他来说，因为你没有反驳和辩解而认定你是支持和肯定他的，因此而将你认为是自己人。要想获得他人的好感，就要通过不断的点头来肯定对方的说法。

3. 眼睛要认真注视着对方

人与人之间的交流是从心开始的，而眼睛又是心灵的窗户，所以交流的双方基本上是用眼神的。在倾听别人说话的时候，一定要用眼睛注视着对方，这样会让对方觉得你在认真地倾听，从而感受到你内心的那份真诚。当然还要注意，当对方高兴的时候，一定要用眼神将快乐表现出来，当别人哀伤的时候，要把悲伤表现出来，这样会让别人觉得你是在陪着他快乐和哀伤。

4. 时常重复得到对方确认

人与人之间的交流是个互动的过程，同样别人在倾诉的时候，也希望你能够参与进来。所以，在倾听别人说话的同时，要时不时地重复对方的话，并获得他人的肯定，这样不但能表达你在认真倾听，而且还可以借着这个机会把自己没有听明白的话弄明白，以免对方突然问你的意见，你回答不上来，或者回答错误，让对方心情大受影响。

多说一些对方感兴趣的话题

在生活中，我们不得不承认，当有人表现出和你相同的爱好时，你会关注他，比如对方和你操同样的口音，对方和你去办同一件事情。即使是不认识的陌路人，你也会和对方聊上两句。一般情况下，有了相同的爱好，才觉得有了安全感。你明白只有对方才能体会你的快乐和痛苦，因此，你也会很自然地向对方靠近，分享那份快乐。

因此，当你想要和别人结交的时候，不妨从对方的爱好和兴趣入手，继而迅速获得对方的好感。因为有相同的爱好，对方也会注意你，也会靠近你。你和他是同一类人，这是双方产生的心理共鸣。

王月大学毕业后，找到了一份不错的工作。可是由于自己初来乍到，生活也不宽裕，所以选择和了别人合租。

刚搬进新家不久，王月发现隔壁的李爽是个不善言辞的人。对方爱看电视，而且总是看韩剧，喜欢着装打扮。而对于王月来说，她更喜欢看国内的都市剧，更喜欢朴素淡雅一些。两人没有共同的兴趣爱好，所以尽管住在一个屋檐下，但是却很少交流。

时间久了，王月感觉非常难受。她试图和对方交朋友，可是接触了几次之后，因为话不投机而不得不放弃。但是她真的想和对方像朋友一样交流。

一次，王月打开电视刚好是韩剧，她找遥控板想换台，可是找来找去就是找不着，不得不看韩剧，几分钟之后，觉得还挺有意思。那晚，她没有再换台，一直在看韩剧。第二天，李爽主动找她说话："昨晚，我听你也在看韩剧《大长今》，我都感动得哭了。"

王月笑了笑说："是啊，情节挺感人的。"那天，李爽还表示出了对王月的关心。王月渐渐明白了，要想获得李爽这个朋友，就要向她的爱好靠近，这样双方有了共同的话题，才能交流感情。

从那以后，王月也每天看韩剧，而且有时候叫李爽一起看。她也慢慢地喜欢上了打扮自己，两人共同交流心得。

就这样，王月和李爽成了形影不离的好朋友，后来成了好姐妹。在这个陌生的城市里，王月再也不是孤单一人了。

其实，最后王月和李爽之所以成为了好朋友，是因为她通过从李爽的兴趣入手，拉近了彼此之间的距离，获得了对方的好感。如果王月不是主动从李爽的兴趣爱好着手，那么她可能没有办法让李爽接纳自己。所以，想要和某人结交的时候，要先了解对方喜欢什么，厌恶什么，然后从对方的兴趣爱好入手，跨越两人之间交流的鸿沟。那么，如何做到这一点呢？

1. 细心观察，发现对方的兴趣爱好

每个人都有自己的喜欢和爱好，有的人喜欢看书，有的人喜欢踢球。不管是谁，只要你细心观察，一定能发现他的兴趣爱好。因此，要想获得对方的好感，打开交际的大门，就要捕捉到对方的兴趣所在，这是靠近对方的前提和条件。

2. 花点心思，多了解掌握相关知识

当你了解了对方的兴趣爱好之后，就要花点心思，去了解和掌握相关的知识。因为别人喜欢它，对它的了解和掌握一定很多。如果你不掌握相关的知识和信息，在别人和你进行交谈的时候，就会露出马脚，引起对方的不悦。所以，要细心一些，尽可能多掌握一些对方兴趣所在的信息，为赢得好感做准备。

3. 将对方的兴趣爱好表现成自己的

在了解和掌握了别人的兴趣爱好之后，要想办法培养自己对这种爱好的兴趣。比如，对方爱踢球，那么要想获得对方好感，就要培养对踢球的极大兴趣，这样，别人才会觉得你是真的喜欢，否则就会被别人看穿。因为喜欢与否不是嘴上说的，而是会从表情和言谈举止中表现出来的。

4. 要表现卓越再谦虚地和对方交流

如果你想要结交一个人，那么不但要了解对方的兴趣爱好，学习对方的兴趣爱好，关键还是要在这方面有卓越的表现，让别人打心眼里喜欢你。这样你才能有机会获得对方的好感，引得交往的主动权。否则，别人不欣赏你，不愿意和你交往，那么你的付出只能是枉费心机了。

巧妙自嘲让对方感到你容易亲近

很多情况下，没有人愿意在别人面前承认自己的缺点和不足，甚至当别人提及自己的缺点和不足的时候，往往力争辩解，努力洗刷自己身上的“污点”。但是，如果你能在别人面前毫无掩饰地披露自己的缺点，将缺点和不足当作优点一样感到自豪，则更能获得别人的认可，获得知心朋友。

人都比较好面子，在别人面前承认自己的不足会觉得很丢人。但是当你披露自己的缺点，自嘲的时候，别人会觉得你比较坦诚，更容易接近，从而更加喜欢你。因此，会自嘲的人永远都有知心朋友围绕在身边。

没见过美丽的人，总是对她充满了遐想，觉得叫这名字的人应该是个绝色美女。而实际上，美丽相貌平平，一点也不漂亮，相反她的身材胖得几乎走了形。人说胖人脾气好，这倒是真的，美丽脾气好得出奇。

和别的女孩子不一样，美丽并不忌讳别人说她胖，反而引以为豪。为此，她有很多的知心朋友。而他们中间的很多人，就是因为在讥诮美丽的过程中和她成为了好朋友的。不例外，阿梅就是这样成为美丽的知己朋友的。

那时候，美丽刚刚来公司不久，和同事们还不是很熟悉。一次，她去上厕所的时候，刚要进门，忽然听到厕所里有几个女同事在窃窃私语，其中就有阿梅。当时，阿梅对另外几个女同事说："我的妈呀，你看看新来的那个叫美丽的女孩，那么胖，我真为她担心，你说她在我们面前会不会自卑啊？"另外几个女生哈哈大笑起来。

这时候，美丽推门走了进去。

阿梅一伙没有想到美丽会在门外，她的出现着实让她们尴尬。美丽并没有生气，而是笑着说："你这人心眼怎么这么实在呢，老爱说实话，你看看他们都藏着掖着不说，我就喜欢说实话的人。"

阿梅以为美丽说的是反话，涨红了脸，站在当地不知所措。

美丽拍了拍几位女孩的肩膀说："我就是胖啊，这是事实啊，没什么可隐瞒的，再说了，胖还有胖的优势呢。坐公交车一个人坐两个人的座位，吃饭一个人吃两个人的饭量。这可是占了大大的便宜啊。"

几个女孩见美丽真的没有生气，心里的石头终于落地了。阿梅接着说："你真的这么想啊？"

美丽拉着阿梅的手说："是啊，我天生就胖，减肥又减不下去，所以不为难自个了，享受肥胖者的优越吧。"说完，昂起头，自信地走了出去。

从那以后，阿梅和美丽成了无话不谈的朋友。

故事中的美丽很胖，当她听到别人在讨论她的时候，不但没有生气，反而狠狠地自嘲了一番，炫耀了自己肥胖的种种优势，进而让别人觉得她很随和，很容易接近，故而欣赏她，喜欢她。可见，懂得自嘲，不但能缓解社交的气氛，还会获得真诚的知己。那么，要如何学会自嘲呢？

1. 不要害怕暴露不足而失面子

很多人总是尽量在别人面前表现得完美，表现自己的优势。如果不小心露出了缺点和不足，他会感觉很没面子。事实上，你越担心，别人会越笑话你。这时候，索性将你的缺点和不足一五一十地说出来，别人便不好意思再笑话你，相反，会因为你的坦诚而喜欢你，因为说不定你的缺点和不足正是他的缺点和不足。当你说出来之后，你没有了担忧，别人也没有了压力。因此，不妨将你的缺点说出来，好好地自嘲一番。

2. 将缺点当作优势炫耀

当一个人把自己的缺点当作优点之后，就不会再去掩饰，而是在别人面前炫耀。因此，如果你个子不够高，你就说“可以省下二尺布料”，或者说“浓缩的都是精华”。这样一来，你个子矮的劣势便成了优势。

3. 成熟接受自我的心态是关键

成熟的心态对于自嘲来说至关重要。你的心态成熟，才能接受一个并不完美的自己，才会认可自己的不足和缺点。这样，你就不会刻意地表现完美一些，因为你本身并不完美，当别人提及你的不足和缺点的时候也不会感到不好意思。更重要的是，你能把自己的缺点和不足非常自豪地表现给大家。要做到这一点，对于很多人来说，实在不是一件容易的事。但是，会自嘲的人才会更有魅力，才会获得更多的知心朋友。

善于听从意见但不失主见

在生活中，很多人遇到事情后，往往表现得很慌乱，不知道该怎么办。他们会听从很多人的建议，没有主见，往往让别人替自己做了主。但是别人毕竟不是当事人，意见自然不够全面，这样就会把很多事情处理得一塌糊涂。事实上，当你没有主见，把决定权交给别人的时候，你也就失去了别人的尊重。

淳子和明晰是朋友介绍认识的，两个人第一次见面，对彼此就有了好感。在接触和交往了三个月之后，就在他们准备结婚的时候，却出了问题，原来，明晰对婚姻有些恐惧，当她把这个想法告诉了好朋友琪琪的时候，琪琪对她说："淳子的条件怎么样？"

明晰说："条件有些不好，没有楼房，也没有正式的工作。"

琪琪说："那你就得好好想想了。没有楼房，你们以后要在平房生活，生活的质量就会降低好几个档次；没有正式的工作，以后的生活就会很不稳定，这样，婚姻便没有了保障。你这样草率地结婚，会很危险的。"

明晰若有所思，她说："但是他对我真的很好，也很爱我。"

琪琪笑了笑说："得了吧，没有物质保障，婚姻便没有安全。这是真理，毕竟我们生活在现实的社会里。你不能只靠着感觉就嫁给他吧。感觉这东西最不靠谱了。"

那一晚，明晰想了很多，她的耳边总是回想着琪琪说过的话。从那之后，她对淳子冷淡了很多，也不再打电话给他了，也不和他约会了。当淳子问她怎么了的时候，她总是说自己还没有想好呢。这天晚上，两个人发生了争吵，最终分手了。

分手后，淳子再也没有给明晰打过电话。失去了淳子之后，明晰才感觉自己做错了决定，她想和淳子和好，可是此时淳子的心受了严重的伤害。后来，明晰经过不断的努力，重新挽回了淳子的心，这一次她毫不犹豫地嫁给了淳子。她知道，她这辈子要找的是真正爱她的男人，而不是房子，不是工作。

故事中的明晰在婚姻面前很矛盾，在六神无主的时候，她听从了朋友的劝说，对自己的爱情和婚姻产生了怀疑，继而做出了和淳子分手的决定。可见，没有主见，把自己事情的决定权留给别人是多么愚蠢的一件事情。往往这样的人受人歧视，会被人看不起。那么，如何才能让自己善于听从意见，但是又不失主见呢？

1. 要明白，别人提的只是意见

很多时候，人在面对疑惑和迷茫的时候，往往会征求朋友的意见和建议。但是朋友毕竟不是你，提意见的时候天南海北，什么都可以说，因为他只是旁观者，对事情的认识没有你清楚，因此提的意见也有很大的片面性。一定要认清楚这一点，千万不要把别人的意见当作你处理问题的原则。否则，受苦的是你自己，不是你的朋友。

2. 不要把希望寄托在别人身上

有的人在不知所措的时候，总是喜欢把希望寄托在别人的身上，希望别人给自己出一个好主意。可是，你别忘了，这是你自己的事情，疼痛冷暖只有自己知道，别人永远都不可能替你解决问题。归根到底，自己的问题需要自己来解决。当你明白了这一点的时候，或许你就知道该怎么办了。

3. 要考虑清楚“自己”的想法

别人在提意见的时候，说的都是他的想法和看法。但是对方也是人，不可能把事情都看透，他只是以他现有的认识能力和感知水平，给你提出他的想法。每个人经历的生活不一样，对事物的看法也不一样，因此，别人的建议也未必就是对的。所以，在遇到迷惑的时候，事实上只有你自己清楚到底怎么办。抛开所有人的建议和意见，问清楚自己，你的想法究竟是什么。当你表现得有主见的时候，也就是征服别人的时候。

4. 拿定主意做自己意见的主人

如果你总是在别人的意见中不断地游离，很容易迷失自己的想法和意见。这样，当你听从了朋友的意见，做了决定之后，很快就会后悔。因为别人根据经验所提供的建议和意见，或许并不适合你。因此，拿定主意，该怎么办就怎么办，遵从自己，做自己意见的主人，赢得别人的欣赏。

第8章

心理效应，赢取对方信任的策略

在生活中，不管面对什么事情，要想圆满地解决，就必须讲究策略。古人说，有勇有谋，这里所说的策略就是古人所说的谋。很多时候，假如不讲策略，一味地蛮干，最后非但无法顺利达成目标，甚至还有可能两败俱伤。反之，假如讲究策略，就能够潜入对方的内心，不知不觉地让对方信任你。这样一来，就能够不动一兵一卒地赢取胜利。由此可见，策略攻心是很重要的。

鸟笼效应：用给予的方式令对方就范

1907年，心理学家詹姆斯和好友物理学家卡尔森一起从哈佛大学退休了。

退休以后，他们俩经常在一起消遣时光。有一天，他们居然打起赌来了。詹姆斯信心满满地说："我有个办法，要不了多久就一定能够让你养上一只鸟。"听完詹姆斯的话，卡尔森哈哈大笑起来，他肯定地说："我从来就没有想过要养一只鸟，所以我是绝对不会养鸟的，你输定了。"

几天之后就是卡尔森的生日了，因此，詹姆斯送了一只精致漂亮的鸟笼给卡尔森作为生日礼物。卡尔森知道詹姆斯还在记着上次打赌的事情，因此笑着说："就算你给我一只鸟笼，我也不会养鸟。不过，这只鸟笼挺漂亮，而且很别致，所以我可以把它当成是一件工艺品，挂在客厅里以供欣赏之用。你还是放弃吧，因为你和我打的赌必输无疑。”

此后，卡尔森真的把詹姆斯送他的鸟笼当成工艺品挂在了客厅里，不过，他却没有意识到麻烦来了。自从把鸟笼挂在家中之后，只要家里来客人，就很容易看见挂在书桌旁边的那只空空荡荡的鸟笼，而且，大多数客人都会忍不住问卡尔森：“教授，你的鸟笼怎么空了啊？养的鸟飞走了吗？”为此，卡尔森只好一次次不厌其烦地向客人解释：“其实，事情不是你想的那样，我从来就没有养过鸟，这只鸟笼只是一个朋友送的工艺品罢了。”但是，每当卡尔森这样回答客人的时候，客人就会表现出非常困惑的神情，而且还有些人会用不信任的，甚至是怀疑的目光看着卡尔森。渐渐地，卡尔森厌烦极了，再也不想为此事浪费唇舌向客人解释了。为了堵住客人的嘴巴，万般无奈之下，卡尔森教授不得不买了一只鸟放进了詹姆斯送给他的鸟笼中。就这样，“鸟笼效应”诞生了。

约翰的太太朱莉是一位数学老师，思维严谨，形式古板。朱莉特别爱干净，总是把家里收拾得干干净净、一尘不染。不过，朱莉缺少情趣，很少在家里摆放鲜花等物品。因此，约翰几次抗议家里缺少色彩和温暖，但是朱莉却总是我行我素。一天，约翰买回来一幅漂亮的油画，画的内容是一个花瓶，花瓶里装满五颜六色的鲜花，非常绚烂。又过了几天，约翰买回了一个和画上的花瓶很像的大花瓶摆放在画的旁边。一天，两天，三天……约翰耐心地等待着，终于，一个多星期之后，约翰欣喜地发现朱莉买回来一束漂亮的鲜花插在花瓶里。自此，鲜花成了约翰家的常客，客厅里不但洋溢着花香，而且散发出生活的活力和气息。

在第一个事例中，詹姆斯教授通过送一个空鸟笼给卡尔森教授，成功地让卡尔森教授养起了鸟，由此诞生了“鸟笼效应”。“鸟笼效应”为人们揭示可一个很有意思的规律，是一个非常著名的心理现象。在偶然得到一件原本不需要的物品时，为了这个物品看上去更加完整、完美，人们会情不自禁地继续添加更多自己原本不需要的，但是却与这个物品非常匹配的东西。在第二个事例中，约翰正是因为深谙“鸟笼效应”的强大功效，在多次劝说无果的情况下，通过买油画先让朱莉学会欣赏装满鲜花的花瓶，然后再买一个空花瓶回家，从而成功地让朱莉主动地买了一束鲜花放在了花瓶中。这样一来，约翰不仅成功地避免了因为鲜花和太太闹不愉快，而且顺利地达成了目的，让太太主动地去买鲜花插在花瓶中，可谓一举两得。

关于“鸟笼效应”，经济学家解释说，人们之所以愿意去买一只鸟，而不选择继续解释为什么会拥有一只鸟笼，是因为买一只鸟比解释为什么拥有一只空鸟笼更加简便。其实，就算没有人问这件事情，或者根本无须加以解释，“鸟笼效应”也会在无形之中给人们造成一种心理上的压力，使人们主动去买一只与笼子相配套的鸟。在生活中，这种现象是非常常见的。假如能够很好地运用“鸟笼效应”，并且使之发挥强大的功效，我们就能够和平地解决很多问题。诸如约翰，假如他强硬地要求朱莉必须买一些鲜花放在家里，那么，就很有可能与朱莉发生争执。然而，运用“鸟笼效应”却能有效地避免争执。因为，每个人都不喜欢被人强硬地要求去做什么事情。但是“鸟笼效应”的前提则与要求恰恰相反，它的前提是给予，通过给予的方式让对方就范。这样一来，对方非但不会产生排斥和抗拒的心理，还会心甘情愿地按照你没有说出口的“要求”去做，岂能不皆大欢喜呢？

边际效益：在他人最需要帮助的时候出现

丽华和张强是自由恋爱的。当初，丽华和张强刚刚认识的时候，张强几乎身无分文，连生活都成问题。不过，张强一表人才，而且为人踏实，所以丽华的父母非常支持他们在一起，因此在经济上给了张强一些援助。

结婚刚刚两个多月，张强所在的公司有一个投资的项目，因为张强人品好，深得老板信任，为了挽留人才，所以老板允许张强投资15%的股份，这样一来，以后每个月除了工资收入之外，还有分红。因此，张强赶紧告诉丽华这个消息。其实，钱并不多，只要两万元就足够了。不过，他们俩却既喜又忧。因为张强没有积蓄，而且丽华把婚前的工资都交给妈妈了，所以，他们俩婚后简直是一穷二白。再加上丽华怀孕辞职了，所以经济上更是捉襟见肘。琢磨了大半个晚上，丽华终于想出了一个好主意。丽华和张强结婚的时候，没有要双方父母的一分钱。因此，婆婆曾经特意和丽华说过，以后要是想投资做生意什么的，没有多还有少呢，他们一定会多多少少帮一些的。为此，丽华让张强和公公婆婆借一些，然后丽华再和父母借一些。其实，丽华知道自己的父母手中有几万块养老钱，但是毕竟她和张强刚刚结婚两个月，不可能需要用钱全都和自己的父母借，因此，丽华叮嘱张强，能借多少借多少，即使借五千来，自己也好和父母开口。谁知道，张强打电话回家和父母说了这件事情以后，父母却说手里没有钱，为此，张强的哥哥还打电话来把张强数落了一顿。其实，作为刚刚大学毕业、刚刚成家的小夫妻，张强和丽华是非常难的。看到张强一分钱也没借来，丽华哭了一个晚上。丽华说："咱们是借又不是要，就算家里没有，帮咱们借几千也行啊。我怎么向我的父母开口呢？"第二天，丽华的妈妈看到丽华红肿的眼睛，赶紧问丽华怎么了，丽华把事情的原委告诉了妈妈，妈妈马上去银行取了两万块钱给他们。因为这次投资，他们在一年之中分了几万块钱的分红，日子渐渐好过了。事后，张强一直很感激丈母娘，对老丈人和丈母娘更好了。

一年多之后，张强和丽华开着新买的车回老家看望公公婆婆，婆婆问他们是否还有投资的机会，说家里可以给他们借钱，但是丽华却摇了摇头。对他们来说，最困难的时候已经过去了，即使需要钱，也不会再开口向公婆借了。

也许，张强的父母的确是有难言之隐，而且，子女也没有理由强求父母一定要帮助自己。不过，在这件事情中却反映出一个现实生活中非常常见的现象，即边际效益。所谓边际效益，其实是经济学中的一个概念。总体而言，边际效益的意思是指在一个市场中，经济实体为追求最大的利润，往往会多次进行扩大生产，因此，每一次投资所产生的效益都会与上一次投资产生的效益之间有一个差，边际效益指的是这个差。例如，一个人肚子非常饿，因此去买馒头吃。他吃了一个又一个，直到吃第六个馒头肚子才饱。那么，相比之下，因为这个人在吃第一个馒头的时候最饿、最需要食物充饥，所以第一个馒头的边际效益最大，在这种情况下，即使让他多花一些钱，他也会毫不犹豫地买馒头；和第一个馒头比起来，因为已经吃了一个馒头，不那么饿了，所以第二个的边际效益就递减了……以此类推，因为几乎已经吃饱了，所以第六个馒头的边际效益是最小的。在这种情况下，假如馒头卖得很贵，你很有可能会选择不买馒头。在这个过程中，每支出一个馒头的价钱产生的效益，就是你感觉花钱买来的价值，从第一个向最后一个递减！这就是边际效益。对于丽华和张强而言，在最初投资的时候，是他们这个小家庭最困难、最需要帮助的时候，所以，谁帮助了他们，他们一定会牢牢地记住，努力回报。但是，经过第一次投资，他们的经济情况有所好转，生活也由刚刚组建家庭的慌乱踏入了正轨，所以他们不再那么急迫地需要帮助了。在此过程中，别人的帮助对他们的作用是逐渐递减的。甚至到了一年以后回家的时候，婆婆主动要帮他们借钱，他们也婉言谢绝了。

由此可见，在生活和工作中，假如你想帮助一个人，就应该在他最需要的时候出现。这样一来，你的付出能够为对方创造最大的价值，也必然使对方更加记住你的帮助。反之，假如你在对方最需要帮助的时候没有出现，那么，一旦对方渡过难关，即使你付出同样的代价帮助对方，对方的反应却没有那么强烈了，因为此时他并不是迫切需要你的帮助，而且你的帮助并不会像他最需要的时候那样为他创造最大的价值。很多时候，一旦错过了对方最需要帮助的时间，即使你付出更多的代价帮助对方，对方也未必像最需要的时候那样感动。由此可见，要在他人最需要帮助的时候出现。

透露点秘密让你赢得知心朋友

下班了，同事们几乎都走了，办公室里只剩下雅娟和于慧。雅娟拿起电话开始给老公打电话：“你下班了吗？什么时候回家？啊……但是……我都准备好了，买了好多你爱吃的菜……好吧……那就这样吧！”挂上电话，雅娟情不自禁地流下了眼泪。她的心里像办公室一样空空的，没着没落。雅娟和老公结婚八年了，今天是他们结婚八周年的纪念日。但是，老公不仅忘记了这个重要的日子，而且一个人出去应酬去了，连晚饭都不回家吃。从七年之痒开始之后，雅娟已经记不清楚有多少夜晚是自己独自一个人度过的了。

这时，于慧走了过来，把手搭在雅娟的肩膀上，问她：“怎么了？”雅娟默默地摇了摇头，平日里，她把工作和生活分得很清楚，虽然已经在公司工作六年了，但是雅娟从来没有向同事说过自己的私事，甚至，公司里没有任何一个同事知道雅娟的家住在哪里。雅娟勉强地牵动嘴角，对于慧笑了笑，说：“大家都下班了，你怎么还不回家呢？”其实，于慧已经看到雅娟刚才流泪了，为了避免雅娟难堪，于慧是故意等到雅娟把眼泪擦干之后才过来想安慰于慧的。想到这里，于慧皱了皱眉头，说：“回家？我老公每天都有忙不完的应酬，不是陪客户吃饭，就是陪客户桑拿。如果家里只有我自己一个人，那还能算是家吗？其实，我倒是觉得待在办公室里心里更加清静一些呢！”

听到于慧这么说，雅娟不由得放松了戒备心理，她暗暗想到：“原来，男人都一样啊！于慧看上去那么开心，其实也有烦心事，也有难言之隐。”为了排解雅娟的郁闷情绪，于慧便主动请雅娟共进晚餐。在韩国烤肉城里，两个女人相对而坐，似乎还没有完全敞开心扉。于慧要了一瓶红酒，和雅娟小酌起来。看似不经意地，于慧说：“其实，男人都是很粗心的。每天忙不完的应酬还倒情有可原，我老公不仅忘记了我的生日，甚至连我们的结婚纪念日也一起忘记了。”听到这里，雅娟惊愕地抬起头来，脱口而出："男人怎么都这样呢？！今天就是我和我老公结婚八周年的纪念日，我大清早就起来准备了很多他喜欢吃的东西，但是他却连家都不回……"一瓶红酒见底的时候，雅娟已经没有那么郁闷了，而且，她还和于慧成了很好的朋友。以后，不管有什么事情，她们都互相安慰和鼓励。显而易见，她们已经是知心朋友了。

在生活中，人人都有难言之隐，只不过有人说了，有人没说而已。其实，雅娟还是把工作和生活分得很清楚的，即使生活中有很多苦闷，在六年的时间里，她也从来没有向办公室的同事们诉过苦。不过，人还是需要发泄自己的情绪的，不然，就会郁郁寡欢、闷闷不乐。于慧显然是一个老大姐的角色，她很理解雅娟心里的苦楚，也愿意倾听雅娟的倾诉。显然，雅娟刚开始的时候还是有排斥心理的，不过，于慧首先向雅娟吐露了自己的小秘密，即自己也有同样的苦恼。这样一来，雅娟就敞开了心扉，尽情地向于慧诉说了自己生活中的不如意之处。说完之后，雅娟无疑轻松了很多，在于慧的安慰下，她也想开了。因为这次心与心的交流，她们成了知心朋友，这无疑对她们排解情绪是有利的。

古人云，"交浅而言深，既为君子所忌，亦为小人所薄。"无疑，在生活中，每个人都有属于自己的小秘密，无论对谁而言，秘密都是非常重要的。因此，假如一个人想和另外一个人建立亲密的关系，不妨首先敞开心扉和对方分享自己的秘密。这往往是最直接、最有效的办法。不过，不管什么事情，都是有利有弊的。如果你确实迫切需要结交一个知心朋友，验证对方对你是否忠诚、是否真心，那么，你不妨和他分享一些自己的小秘密。如此一来，他就会认为你因为信任他才把自己的秘密告诉他，并且还会觉得你是把他当自己人的。接下来，你要认真地观察对方的反应，假如他对你没有真心，他就会把你的隐私肆无忌惮地传扬出去，或者没有任何回应，把你的隐私永远地封存起来。反之，假如他对你的确是真心的，他就会因此而对你感激涕零，更加忠心耿耿。这样一来，自然也就达到了结交知心朋友的目的。需要注意的是，为了避免四处传扬你的秘密，对你造成恶劣的影响，所以，当你为了结交知心朋友而与人分享自己的小秘密时，最好先分享一些不会对自己造成负面影响的、无关紧要的秘密。

反射法则：你想要人怎样对你，就怎样对人

于忠梅是一个80后单亲妈妈，独自抚养五岁的儿子阔阔。最近，于忠梅特别困惑，甚至还专门去看了心理医生。原来，阔阔以前特别听话，特别乖巧，但是最近却变得越来越叛逆，妈妈说东，他就朝西，妈妈说吃饭，他却偏偏要睡觉。

就像昨天在公园发生的一件事情。前几天，阔阔和幼儿园的小朋友浩浩打架了，两个小家伙都记仇，所以他们整整两天谁也不理谁。不过，阔阔最近忘记了这件事情。妈妈把他从幼儿园接出来之后，他就吵着要去公园玩。距离公园很远的时候，阔阔就兴奋地喊道："浩浩，浩浩！"原来，他看见浩浩在公园里玩呢，便兴奋地一边往公园跑，一边喊。谁知道，阔阔到了公园之后，浩浩却一扭头不理阔阔，嘴巴里还说着："你还打我呢，我不跟你玩！"经过浩浩一提醒，阔阔也想起来，说："那你还吐我口水呢！是你先吐我口水，我才打你的！"

听到这里，浩浩不吱声了，不过，他还是不和阔阔玩。于忠梅想让阔阔去别的地方玩，但是阔阔却固执地挡着浩浩的小汽车的路，怎么也不让开。于忠梅一生气，就直接把阔阔拉回了家，还对着阔阔大喊大叫地说："人家不跟你玩，你就找别人玩呗，为什么非要挡着别人的路，你是癞皮狗吗？"谁知道，阔阔居然也冲着于忠梅喊了起来："我才不是癞皮狗呢！又不是我的错，为什么他不跟我玩！"于忠梅气得扬手对着阔阔的屁股打了两巴掌，阔阔居然用头去撞于忠梅。就这样，母子俩两败俱伤，整整一个晚上谁也不理谁。到了第二天早晨，看着孩子哭得又红又肿的眼睛，于忠梅不禁又气又急，她不知道她们母子之间到底是怎么了。最终，送孩子上幼儿园之后，于忠梅选择了看心理医生。

听了于忠梅的叙述，医生俨然已经知道了问题的症结所在。他问于忠梅："你和你丈夫离婚多久了？"于忠梅说："一年多了。"医生接着问："那么，离婚之后，你发现自己的情绪有什么变化吗？"于忠梅沉思片刻，告诉医生："我是因为老公出轨才选择离婚的。所以离婚之后，我的心情特别不好，动不动就爱发脾气，也总是对着阔阔大喊大叫，经常训斥他。有的时候，我一想到前夫出轨的事情就心理不平衡，再加上一个人带孩子很累，所以还会打孩子的屁股。"医生语重心长地对于忠梅说："孩子的成长过程不可逆转，你就是他的一面镜子，你怎么对他，他就会怎么对你。"听了医生的话，于忠梅陷入了沉思……

显而易见，阔阔之所以由一个懂事的、听话的、乖巧的孩子变成了一个对着妈妈大喊大叫的、还用头顶撞妈妈的叛逆的孩子，就是因为受妈妈的影响。的确，我们可以体谅一个80后单亲妈妈的辛苦，而且还是在老公出轨的情况下离婚的，因此心理上难免会有些不平衡。不过，正如心理医生所说的，孩子的成长过程是不可逆转的，而家长则是孩子的一面镜子，如果不能起到很好的言传身教的作用，就会给孩子带来负面的影响。事实证明，正是因为于忠梅的心情越来越差，经常对着孩子大喊大叫，还会打孩子，所以导致孩子也冲着妈妈大喊大叫，而且还用头撞妈妈。如果长此以往，孩子必将越来越叛逆，越来越难以管教。因此，每一个做家长的都要反思自己，是否给孩子树立了一个好榜样，孩子的习惯是否与家长的影响有关系？试想，一个只有五岁的孩子都要求平等与尊重，否则就会叛逆，和家长对着干，那么，更何况是成人呢？毫无疑问，成人更需要彼此之间互相尊重，平等对待。

在生活中，人们常说，如果你想让别人怎样对待你，你就要怎样对待别人。其实，这个道理不仅适用于家长与孩子之间，也同样适用于成人社会。从某种意义上来说，这句话实际上是要求我们尊重别人，平等地对待别人。众所周知，尊重与平等是人与人之间交往的前提，假如没有这个前提，人与人之间就无法平等友好地相处下去。假如你不尊重别人，就没有权利要求别人尊重你；假如你不平等地对待别人，别人也会不平等地对待你；假如你对待别人不够真诚，别人也必将欺骗你。总而言之，你要想让别人怎样对待你，你就要怎样对待别人。

同理心：与对方达成共识的秘密

最近，单蕾和老公闹别扭了。其实，细想起来，并没有什么大不了的，但单蕾已经和老公冷战一个星期了。

事情的起因很简单，单蕾带孩子在公园玩的时候，孩子不小心了摔破了脑袋，缝了好几针，流了很多血。其实，单蕾并不是没有看好孩子，只是孩子实在太淘气了，爬上爬下，上蹿下跳的，根本不愿意老老实实地待着。看到孩子流血了，单蕾的眼泪当时就流下来了，她非常心疼孩子。在邻居的帮助下，她赶紧打车带着孩子去医院，清理了伤口。幸运的是，医生说孩子还比较小，愈合能力强，如果恢复得好，基本不会留下明显的疤痕。这样，单蕾才松了一口气。直到处理完伤口，安抚好孩子，单蕾才有时间打电话给老公。老公刚刚接通电话，单蕾就哭得泣不成声，其实，作为一个初为人母的80后妈妈，单蕾自己也吓坏了。想不到的是，老公一听说孩子的头磕破了，而且还缝针，劈头盖脸地就数落了单蕾一顿，说：“你是怎么带孩子的？你这么大个人了，怎么连个两岁的孩子都看不好？他爬高你为什么不看着他？你说你，我没有要求你去上班吧，你什么都不用干，也不用辛辛苦苦地挣钱，你所有的工作就是在家里专心致志地给我带好这个孩子，你为什么连这点事情都做不好呢？”听到老公这么说，单蕾突然爆发了，她怒气冲天地对老公嚷道：“是的，我不挣钱，我不上班，但是你知道带一个孩子有多么累吗？我不仅要带孩子，还要做家务，还要做饭给你们吃，我每天从睁开眼睛开始到闭上眼睛，没有一分钟是闲着的！”说完，单蕾就生气地挂上了电话。其实，她知道老公肯定会责怪自己，但是她没有想到老公居然一点儿都不认可她为这个家、为孩子所付出的，听到她哭成那样了，非但没有安慰她，反而以她不上班、不挣钱为由责怪她没有看好孩子。其实，看一个孩子是多么费心劳神，远远比上班累多了。从这通电话开始，她就再也没有搭理过她的老公。

第二天一大早，老公和孩子还没起床呢，单蕾就收拾简单的行李去进行了一趟为期一周的短途旅行。虽然很惦记孩子，但是她始终没有打电话问过老公这一个星期他们是怎么度过的。在旅行的最后一天，老公发短信向单蕾道歉："对不起，老婆，我错了。在你不在家的这段日子里，我请假全职在家带宝宝，我现在已经知道你有多么辛苦了，我也知道你为这个家付出多少了。"看到这条信息，单蕾的眼泪夺眶而出。即使再辛苦，她也愿意承担，她只是希望老公能够认可自己、体谅自己。单蕾赶紧赶回家，继续任劳任怨地照顾老公和孩子，而老公也有了很大的改变，他总是在工作之余尽量多帮助单蕾分担一些家务。

其实，单蕾之所以生气，并不是因为老公责怪自己没有看好孩子，而是因为老公在言谈之间流露出不认可单蕾为家庭、孩子所付出的一切努力。不管是哪个家长，都非常爱自己的孩子，没有任何一个家长愿意自己的孩子受到伤害。因此，单蕾的老公最正确的做法是于第一时间安慰单蕾，表示对她的体谅。其实，孩子受伤了，妈妈是最心疼的，而且，作为一个初为人母的80后妈妈，必然没有很丰富的经验，因此，在面对这类突发事件的时候，也受到了很大的伤害。所以，老公的理解和体谅能够尽快地安抚单蕾，使她从惊吓之中恢复过来，而且更加用心地照顾宝宝。这样一来，就不会有单蕾把孩子丢给老公一个人照顾而自己离家出走进行短途旅游的事情了。

其实，这就是我们平时所说的同理心。所谓同理心，就是指站在对方立场设身处地思考的一种方式。同理心也叫换位思考、移情、共情、神入，即透过自己对自己的认识，来更好地认识他人。在生活中，如果能够处处以同理心待人，就能够使人与人之间的交往更加和谐融洽。在人际交往的过程中，拥有同理心的人能够站在他人的立场上，深入体会他人的想法和情绪，理解他人的感受，设身处地地为他人着想，站在他人的角度思考和处理问题。对待一件已然发生的事情，有同理心的人能够换位思考，把自己当成是别人，想象自己是出于怎样的心理才会导致做出这种举动，从而触发了整件事情。在此过程中，因为自己已经接纳了这种心理，因此也就在不知不自觉之中接纳了别人的这种心理，所以更容易谅解别人的行为和处理事情的方式。古人云，“己所不欲,勿施于人”，说的其实也是这个道理。在处理事情的过程中，只要能够反复地思考，认真从其他角度去看待问题，即使自己的看法与别人不一致，也能够很好地理解和体谅别人。由此可见，要想与别人达成共识，就要培养自己的同理心。

对比效应：利用对比触动对方的心

约翰和玛丽是夫妻，他们已经结婚十年了，共同孕育了四个孩子，大的八岁，小的只有一岁。约翰是一个普通的农民，一家六口都靠着他和玛丽种地为生。他们的房子很小，只有三间，一间是客厅，另外一间是约翰和玛丽的卧室，还有一间是孩子们的卧室。此外，他们还搭了一个简易的厨房和厕所。除此之外，他们还有一个棚子，里面住着奶牛和鸡。

突然有一天，约翰的父母不约而至，说他们的房子被飓风刮倒了，所以只好来和儿子一起住。原本就很拥挤的家里突然又住进了两个人，简直挤得下不了脚。每天，听着老人的咳嗽声、孩子的哭泣声，玛丽简直头疼欲裂。这样的日子，她不知道自己还能忍受多久。虽然玛丽多次和约翰提出来是否问问他的父母有没有别的住处，但是约翰总是张不开口，因为他的父母只有他这么一个儿子，根本没有别的去处。就这样，终于有一天，玛丽忍无可忍了，她去找村子里最有智慧的长者倾诉自己的苦楚。听完玛丽的叙述之后，长者说：“我给你出个主意吧，不过，你一定要按照我说的去做。”玛丽听了之后连连点头，说：“只要能够结束这种生活，你让我怎么做都可以。”智者平静地说：“回家之后，你把奶牛牵到你们的客厅中，晚上也让它在那里。”这下子，更热闹了，除了老人的咳嗽声、孩子的哭泣声之外，还有奶牛的哞哞声。不过，智者之所以这么说肯定是有道理的，所以，玛丽又忍耐了几天。一个星期之后，玛丽彻底受不了了，于是，她又去找智者。谁知，智者平静地说：“回家之后，你把鸡笼子和鸡一起也搬到客厅里，记住，晚上也放在那里。”这次，玛丽坚持了三天。但是，她实在受不了了，家里充斥着老人的咳嗽声、孩子的哭泣声、奶牛的哞哞声和公鸡的打鸣声，简直没有一分一秒是安宁的。第四天晚上，玛丽连夜跑去找智者。智者似乎正在等着玛丽，一见到玛丽，智者就平静地说：“回家去，把奶牛和鸡笼子一起搬回窝棚里。”就这样，玛丽按照智者的建议把奶牛和鸡笼子一起搬回了窝棚里。

那天晚上玛丽睡了一个从未有过的安稳觉，在睡梦中，她甚至香甜地笑了。从此以后，玛丽再也没有抱怨过约翰父母的到来使他们的小房子更加拥挤了。迄今为止，他们仍然幸福地在一起生活着。

玛丽的转变为什么这么大呢？只是因为智者利用对比触动了玛丽的心。在约翰的父母没有到来之前，他们一直是一家六口人一起生活，因此约翰的父母到来以后，玛丽总是不由自主地把眼下乱糟糟的八口人一起生活的情景和之前六口人一起生活的情景作比较。但是，自从智者让玛丽把奶牛和鸡笼子搬进客厅之后，他们的生活无疑更乱了，简直称得上是混乱，人畜共处一室的情景可想而知。艰难地忍受了十几天之后，玛丽的神经甚至快要崩溃了，因为奶牛和公鸡一发出声音，孩子就醒了开始哭闹起来。因此，当智者让玛丽把奶牛和鸡笼子搬回窝棚中的时候，屋子里瞬间恢复了平静，甚至和之前的六口之家的生活一样美好，这完全是因为玛丽曾经失去了这种生活，而是与奶牛和鸡共处一室。事情发展到现在，对比物已经发生了变化。当然，谁都知道即使是八口人生活在一起，也比与奶牛和鸡共处一室强多了。这样一来，玛丽自然就不会再抱怨了，相反，她甚至还会觉得幸福和满足。这就是对比效应。

对比效应也叫“感觉对比”，具体指的是因为背景不同，所以即使是同一刺激，产生的感觉也会存在差异。例如，假如我们把同一种颜色分别放在较暗的背景上和较亮的背景上，很容易就能发现，在阴暗背景的衬托下，这种颜色看起来比较明亮，相反，在较亮背景的衬托下，这种颜色看起来就会显得暗些。同样的道理，因为两种事物在大脑皮层中产生相互诱导作用，在对比中加深了印象，而单独出现在大脑皮层中的事物没有诱导作用，显得平淡而不易记忆，因此，两种不同的事物同时或相继呈现的效果，往往比它们各自单独呈现的效果更好。在生活中，假如我们掌握了这个效应，并且加以利用，就能够使人增强对某些事情的印象，或者减弱对某些事情的印象，从而触动对方的心灵，顺利地实现预期的目的。

登门槛效应：问问题要步步深入

1966年，美国心理学家曾经做过一个实验：派人随机访问一组家庭主妇，要求她们把一个小招牌挂在自家的窗户上。结果，这些家庭主妇愉快地答应了。过了一段时间，再次访问这组家庭主妇，要求她们把一个不仅大而且不太美观的招牌放在院子里，结果，有一半以上的家庭主妇同意了。同时，派人随机访问另一组家庭主妇，直接提出将不仅大而且不太美观的招牌放在庭院里，结果，只有不到五分之一的家庭主妇表示同意。

同类实验：实验者让助手分别到两个居民区劝人在房前竖一块写有“小心驾驶”的大标语牌。在第一个居民区，先请求各居民在一份赞成安全行驶的请愿书上签字，大多数居民都照办了。过了几个星期，再要求他们在房前竖立“小心驾驶”的大标语牌，结果55%的居民同意了。在第二个小区，助手直接向人们提出竖立“小心驾驶”的大标语牌，结果只有17%的居民同意，而绝大多数人都表示坚决反对。

在生活中，这种现象非常常见。有一天，下着大雨，一个被雨淋得湿漉漉的乞丐敲开了史密斯太太的家门。打开门之手，史密斯太太发现是个乞丐，就想把门关上。但是，乞丐及时表明了自己的心意：“太太，我不是想要饭，只是想进去避避雨。”

仅仅是避避雨这么简单的要求，史密斯太太很难拒绝，不然，就显得她太冷漠无情了。因此，她让乞丐进了家门，而且还主动给乞丐搬了一把椅子坐。不久，乞丐非常有礼貌地请求史密斯太太说：“尊敬的太太，我的衣服太湿了，特别冷，能否请您给我烧点炭火把衣服烤干。”

史密斯太太想，既然已经让他进了家门，怎么还好意思拒绝这么简单的要求呢？假如眼睁睁地看着他在这里冻得瑟瑟发抖，人家会说我铁石心肠的，这样一来，我之前所做的善举会变得毫无意义。因此，史密斯太太满足了乞丐的要求。

乞丐依偎着温暖的炭火，不一会儿就把衣服烤干了。这时，只见他从身上摸出两块石头，再次非常有礼貌地说：“尊敬的太太，我能借你的锅用一下吗？我太饿了，想煮点‘石头汤’喝。”只是借用一下锅而已，满足这个要求只需要举手之劳，所以史密斯太太越来越无法拒绝乞丐的要求。况且，史密斯太太第一次听说还可以煮“石头汤”喝，她非常好奇。

水烧开后，乞丐再次提出了一个很简单的请求，即请史密斯太太给他一点点盐，这个要求同样让史密斯太太难以拒绝。汤煮好了，乞丐尝了尝，看上去比较满意，但是又有些美中不足，因此，乞丐请求史密斯太太给他一点点胡椒粉，这样就能让汤更加美味。直至最后，乞丐请求斯密斯太太找点儿“微不足道”的肉末加到汤里。就这样，一锅美味的肉汤好了。

在上述的两组事例中，聪明人一眼就能看出事情的关键所在。前一组实验之所以有超过半数的家庭主妇同意实验者的要求，主要是因为在此之前实验者已经对她们提出了一个小小的要求；同样的道理，后一组实验中之所以只有不到五分之一的家庭主妇同意实验者的要求，就是因为在此之前没有对她们提出一个小小的要求。总体而言，正是因为人们在潜意识里总是希望自己做事情的时候能够首尾一致，而不要虎头蛇尾，所以前一组的家庭主妇的同意率才远远高于后一组的家庭主妇的同意率。第二组实验也是同样的道理。在第一个居民区，接受要求的居民高达55%。很多情况下，人们拒绝违反意愿的或者是难以做到的请求是非常正常的。不过，假如他一时之间找不到合适的理由拒绝别人的请求，就会于无形之中增加同意这种要求的倾向，说服自己表示同意。而当他真正参与这项活动之后，就会产生一种崇高的感觉，自认为是关心社会福利的人。在此种情况下，他会清醒地意识到一件事情，即假如他拒绝后来的更大要求，就会在认知上表现出极大的不协调。因此，为了恢复协调的内部压力，他就会说服自己做出更多的努力，或者继续干下去，久而久之，就会使态度变成持久的。其实，这就是“登门槛效应”。而在后一个事例中，那个乞丐无疑是非常聪明的，他从一个小小的让人无法拒绝的“避雨”的请求开始，到最后给自己煮了一锅美味的肉汤，这几乎可以说是“登门槛效应”的典型事例。

所谓“登门槛效应”，也叫“得寸进尺效应”，是美国社会心理学家弗里德曼与弗雷瑟于1966年在他们所做的“无压力的屈从——登门槛技术”的现场实验中提出来的。通俗地说，“登门槛效应”就是得寸进尺地提出要求。具体是指，如果一个人接受了他人的一个不足挂齿的要求，为了给他人留下首尾一致的印象或者避免认知上的不协调，那么，这个人就有可能逐渐地接受更大的要求。这种现象特别像登门槛时要一级台阶一级台阶地拾级而上，只有这样，才能够更轻松更顺利地登上高处。心理学家研究发现，因为难度比较大的要求费时费力而且很难成功，所以人们通常都不愿意接受它们。但是，假如能够换一种方式，先从小的、微不足道的要求开始，人们就会比较乐意接受。在“登门槛效应”的影响下，人们在轻松地实现了比较小的要求以后，就会逐步地说服自己接受比较大的要求。在生活中，每当我们对别人提出自己的要求时，假如要求的难度太大，对方难以接受，那么，就可以先把这个大的要求细分为若干个小的要求，然后从实现小的要求开始，一步一步地实现大的要求。这个方法适用于生活和工作中解决问题的时候，能够帮助我们步步深入地彻底解决问题。

第9章

震慑人心，提升自身气场的策略

我们总是说是金子不管放到哪里都会发亮。所以，很多时候，我们在人际交往当中，总是被动地等待着被人发现，却不懂得及时地表现自己，提升自身的气场，进而对他人实现驾驭，因而失去了很多的机遇。事实上，我们大可不必做那沉默的金子，应在适当的时候表现自己，把自身的气场营造强大，把命运把握在自己的手里。那么，在交际当中，究竟如何表现才能营造强大的气场，赢得别人的关注和欣赏呢？如果你感觉到疑惑，那么这一章给出的建议和意见或许能帮助到你。

提升自信才能让你的气场更强

在生活中，我们不得不承认，有一些人他们不管走到哪里，都能迅速成为人群中的领袖，他的意见和想法很快就被大家所接受。事实上，他们之所以被人敬仰和追随，并不是修养有多高，威信有多好，也不是他们说的话多么能服人心，而是因为他们非常自信，继而使得他们的气场非常强，总能在第一时间内迅速占据别人的心。

段海是王兵最要好的朋友，王兵25岁生日时，段海特意从外地赶了回来，为王兵庆祝生日。当天，王兵请了很多非常要好的朋友，前来参加生日宴会。

王兵只是想叫朋友们一起来玩，但是没想好具体的游玩计划，本来想着大家来了一起商量，可是等大家聚到一起的时候，谁也没了主意。这时候，段海站了出来，大声说：“既然大家现在没有计划，那么我有个提议，你们听听，是否能行？”

大家随声附和说：“说，你说。”

段海说：“咱们先去酒店开个生日派对，之后去爬山怎么样？”

“好啊！”有人说道。

“行，这个提议好。”有人附和着说。

但是，究竟去哪个酒店开派对又没了主意。有的人说去农家庄园，感受大自然的气息，有的人说去市里面高档的酒店吧，你一言我一语地争个没完。

这时候，段海又站了出来说：“我知道一个既能吃好又能玩好的地方，而且那里也非常适合开派对，环境也非常好。你们跟我走吧，我一定让大家玩开心。”

于是大家跟着段海，来到了一个叫作“黄金海岸”的高级会所。这一次，他没有再征求大伙的意见，而是悄悄地和王兵商量了一下，在进行什么样的娱乐节目以及时间的把握上做了决定，由于段海领袖式的强大气场，就连当事人王兵在心里也默认了，在决策上听他的安排。

当天的派对开得相当成功，大家玩得非常开心，王兵也在被大家送来的蛋糕和祝福中笑得合不拢嘴。大家从黄金海岸出来，意犹未尽，于是按照段海之前的提议准备去郊区爬山。

段海说：“咱们包个大巴，大家一块儿坐车去，到了之后分成两组，进行爬山比赛。当然比赛的目的不是看谁先到山顶，而是看哪一组没有落队的人。”

这一路的行程，都是段海在一一安排和打理。事实上，大家在心里已经默认了段海的领导和安排，有什么疑问也在向他询问，有什么想法也会向他反映。

故事中的段海，在大家没有主意的时候站出来，以自己强大的气场充当了团队的领袖。由此可见，要想让提高别人对你的欣赏能力，就要提升

自己的自信，营造自己强大的气场，进而对他人进行心理控制，让他们无怨无悔地追随你，顺从你。那么，如何增强自己的气场，成为领袖式的人物呢？

1. 说话时要理直气壮

在和别人的接触当中，要对自己有绝对的信心，相信自己所说的就是真理，在这样的心理暗示之下，你说话时会理直气壮，这样自然而然会形成强大的气场，对他人形成震慑。如果你对自己没有足够的自信，说话的时候势必会底气不足，这样就给对方传达了负面的信息。因此，在与人交往的时候，要坚信自己是正确的，这样才能绝对地自信，才能理直气壮，从而营造强大的气场。

2. 语言表达简洁干练

在与人交谈的时候，语言表达一定要简洁干练，用简单的语句将你的意思、你的情感表达得清楚明了。别人根本没有思考的空间，你所说的话、你的情感和意见会迅速占领别人的心，这样才能给别人带来震慑的效果。平日里说话要尽量简洁干练，给人雷厉风行的感觉，把你的自信表现出来，你的气场自然会强大起来。

3. 语气肯定不容置疑

在表达的时候，语气要肯定，给别人不容置疑的感觉。这样，让别人感觉到你很自信，对方就会开始怀疑自己，而不是反驳你。如果你说话没有力度，软绵绵的，别人就会觉得你并不是不能否定的，继而用他的气场来控制你。在和别人交往的时候，说话一定要语气肯定，斩钉截铁，用绝对的自信来营造强大的气场。事实上，也只有这样，才能让对方顺着你的想法，才能震慑他人。

4. 说话时要有逻辑性

如果你说的话逻辑性很强，无可辩驳，那么即使别人想要不顺从你都难，因为你的话进入了对方的心，你的自信营造了强大的气场。相反，如果你所说的话前后矛盾，逻辑性很差，别人很容易找到辩驳的理由，自然不会听你的号召，你也就成不了别人的领袖。因此，要想营造强大的气场，就要在说话的时候有很强的逻辑性，用客观存在的逻辑关系征服别人的心。

有追求有目的，做起事来才有气场

不管在生活还是工作中，如果你有了自己清晰的目标，就有了方向，那么做起事情来就不会迟疑，会尽全力把事情做好，你的气场也会跟着慢慢地强大起来；相反，如果你总是在迷茫，总是不知道自己该做什么，做起事情来畏首畏尾，自然就没有办法把事情做好，慢慢地你就会对自己失去信心。可见，有追求的目标，做起事情来才有更有气场。

大学毕业之后，雨虹一心想着早点工作，早点赚钱，贴补家里的开支。可是当她工作了两个年头之后，她慢慢地发现，她的学历有点低了，很多工作她根本没有办法入手。于是，她决定要考研究生了。

从那以后，在工作之余雨虹总是抽时间去复习，尽管两年不摸书本了，可是她底子扎实，所以并不是难事情。她在众多的高校中，权衡利弊之后，选择了西北师范大学，她觉得这所学校的外语系应该能给她带来想要的东西。

经过整整一年的准备，她参加了这年的研究生考试，可是由于之前她对研究生考试了解得不够透彻，再加上两年多了没有参加考试，有些生疏，她的成绩比录取线远远低了30分。当她得知这个成绩后，并没有太大的失望和遗憾。

于是，她再次投入了复习之中，不但学习了新的课程知识，而且还把从高中到大学所要考到的知识点一个不落地复习了一遍。当然，这占去了她大部分的业余时间。这一年，她几乎很少和朋友们聚会，即使跟男朋友的约会也少了很多。她的目标只有一个，那就是一定要考上今年的研究生。

可是，事与愿违。在第二年的研究生考试中，她再次名落孙山。她的成绩只比录取线低了5分。想想这一年付出的努力，她有些灰心和失望了。但很快，她就从这种阴影中走了出来，因为她看到了30分跟5分之间的差距，她的努力并没有白费。

第三年，她投入了更大的精力去学习，去努力。平日里她完成公司安排的工作任务之后，就抓紧时间学习。就连吃饭、上厕所，她也在学习。整整一年的时间，她都在全力以赴地学习。

功夫不负有心人，她的付出终于有了回报。在第三年的研究生考试中，她终于如愿以偿，拿到了西北师范大学的入学通知书。那一刻，她露出了得意的微笑，也再次感受到了那份成功的喜悦和兴奋。

故事中的雨虹在工作之后，感觉到了自己的学历低，工作中有困难，进而有了想要考研究生的想法，也正是因为她有了这个目标，所以在遭受了接二连三的失败后，并没有放弃，而是从中认识到了自己的现状，把握好了自己，从而鼓起了更大的勇气去努力付出，最终如愿以偿。可见，有了目标，就有了坚持下去的理由，面对挫折和失败的时候就不会随便放弃，就会有勇气去面对困难，挑战自己。那么，究竟该如何确定自己清晰的目标，并坚持下去呢？

1. 琢磨清楚，你究竟想要什么

很多时候，人在生活中并不知道自己想要什么。总是觉得别人有了，自己也一定得有，可是别人之所以有，是因为对方确实需要，那么，你跟着别人盲目地追求，却不知道自己是否需要。当你得到之后才发现自己并不需要的时候，你才会感觉痛苦。所以，我们不能没有目标，也不能盲目地追求，一定要想清楚自己要什么。只有你清楚自己想要什么的时候，才能全力以赴地努力，你的气场才会跟着强大。

2. 目标要通过努力得到

如果你想要的东西通过努力得不到，那么你也只能是空幻想。当你明白了自己的愿望无法实现的时候，自然没有信心再去努力了。所以，在你想清楚自己的目标的时候，一定要明确，这些目标是你通过努力能够得到的。

3. 看清自己需要如何付出

有了目标之后，要看清楚，你如何去通过努力实现它，得到它。如果你不去思考这个问题，整天抱着一个目标生活，那么你一样不会感觉到快乐，甚至还会因为怀疑自己的能力而感到痛苦。当你真正地考虑如何实现目标的时候，就会看清楚自己的实力，就会知道究竟有多少路需要你走。只有这样，你才能全力以赴，你的气场才能足够强大。

4. 对失败和挫折有清晰的认识

一个人不可能随随便便地成功。即使你为了实现你的目标付出了艰辛的努力，也不一定能成功。这一点，你一定要认识清楚。这样，你才会越挫越勇，你的气场才能随之增强。所以，在这个过程中，遭遇挫折和失败是再正常不过的事情。遭遇了挫折之后，不要自怨自艾，及时地发现自己的不足，投入更大的精力去努力。

勇敢表达观点，让他人刮目相看

在很多时候，人与人之间的互相了解和认识，是从言语的沟通和认识进行的。勇敢地表达自己，才能让别人了解你，认识你。事实上，你也能借着这个机会及时表现，给别人留下好印象，继而赢得他人对你的欣赏和倾心。如果你只是沉默不语，或者人云亦云，只能让别人模糊对你的印象，自然不会对你有好印象。

南方的一个著名的广告公司在招聘企业策划的文案，要求非常苛刻，应聘者必须有硕士以上的学历，而且要有两年以上的工作经验。对于本科毕业的刘盈来说，她根本不符合条件，但是她已经失业好几个月了，再不工作的话，连衣食住行都成了问题。

无奈之下，她只好抱着一大堆应聘材料和证书前去应聘。不巧的是，面试那天早上，她起晚了，等她赶到公司的时候，面试已经结束。刘盈说了一大堆好话，负责面试的人还是把她给打发走了。

她不甘心就这么放弃，回到家后，她四处查找资料，最后找到了这家公司老总的电话。她很客气地打了过去，说明了事情的经过，老总让她第二天去找人事主管。

第二天，人事主管亲自对她进行了面试之后，遗憾地告诉她："对不起，你不符合我们的要求，我们要求的不仅仅是要有硕士学历，还要有两年的工作经验。"

刘盈有些气馁，但是并没有因此而感觉到绝望。她说："文凭只能说明一个人的受教育的程度，并不能说明一个人处理问题的能力。规定是人定的，我相信贵公司要的是能为公司创造财富的人，而不是硕士文凭。"

人事主管想了想，说："你稍等一下。"随后走进了总经理的办公室，几分钟之后，他出来对刘盈说："恭喜你啊，小姐，你被录用了。"

刘盈惊奇说地说："真的吗？我真的被录用了吗？"

人事主管点了点头说："你刚才的一番话让我很震撼，说服了我。我把它转述给了经理，同样也说服了经理。我们非常看好你，所以破格录用你。"

故事中的刘盈在被别人拒绝之后，并没有放弃，而是勇敢地表达了自己的观点，营造了自身强大的气场，从而赢得了人事主管的刮目相看，最终获得了对方的认可，为她做了推荐，破格录用了她。由此可见，在适当的时候勇敢地表达自己的观点，赢得他人的好感，在一定程度上能弥补别的方面的缺失。那么，究竟该如何勇敢地表达观点，赢得他人的青睐呢？

1. 要加强语言表达能力

一个语言表达能力弱的人，很难将自己想说的话表达清楚。你的情感、你的意愿表达不出来，别人就没法了解你，自然对你没有深的印象了。因此，要想勇敢地表达观点，首先要把语言表达清楚才行，这是前提。因此，在勇敢地表达自己的时候，要增强语言表达能力，这样才能把握住机会。

2. 要加强逻辑思维能力

一个逻辑思维强的人，说出的话才能被别人信服。否则即使你说得天花乱坠，征服不了别人的心，那么你说的话就是废话，没有任何的意义，更别说让人刮目相看了。在勇敢表达观点的同时，还需要你加强逻辑思维能力，把话说得滴水不漏，赢得别人的欣赏。可见，要想勇敢地表达自己，让他人为你倾心，就要不断加强自己的逻辑思维能力。

3. 把话说到对方心坎上

如果你说的话不是对方渴望听到的，一般情况下很难给对方留下印象，也不会对别人起到任何的作用，因为不能说服对方。在勇敢表达自己观点的同时，也要考虑清楚，你的表达是不是别人想听的，你表达出来，别人能否接受；否则，你的卓越表现反而会引起别人的反感。勇敢表达自己的同时，一定将话说到对方的心坎上。

4. 别害怕，勇敢地站出来

很多时候，我们的想法很独特，很新颖，但总是害怕说错，担心不被别人接受，因而总是沉默不语，不敢表达。事实上，你的不勇敢给你带来了很大的不利。因而，在表达自己观点的时候，不要去考虑那么多，勇敢地站出来。即使你的表达不被人喜欢，对你也不会有多大的影响。如果被别人接纳，赢得他人的欣赏和接纳也就是水到渠成的事情。

遇事不慌，泰然处之显强大气场

很多时候，人与人谈话的内容并不能代表对方的意志，尤其是人际交往当中，双方谈话的态度和口气会形成相应的气场，如果你的气场能压过对方的气场，那么在交往中你就起着主导的作用，对方只能顺从你。但是，如果你的气场不强烈，势必会被别人牵着鼻子走。

尽管有些时候，对方表现出强烈的主导权，但是并不代表他就能主导你们之间的关系，适当的时候，表现得稳健一些，往往会让对方不自信。这就要在遇到事情之后，不要慌乱，泰然处之，表现得淡然一些。这时候，你的气场自然就会强大起来。

战国时期的蔺相如，带着和氏璧去和秦王交换十五个城池，秦王把和氏璧捧在手里，压根不提交换的事情。

蔺相如知道，秦王并不是真心想要用城池交换和氏璧，于是撒了个谎，对秦王说和氏璧有瑕疵，秦王信以为真，把和氏璧还到了蔺相如的手里。

蔺相如拿着和氏璧站到了柱子边上对秦王说："大王想要用十五个城池交换和氏璧，可是我把和氏璧交到了大王的手里，大王却始终没有提及城池。于是我断定大王并不是想真心交换。"

秦王一听急了，站了起来说："你说你这个人啊，着什么急呢，我这不是正在查看吗？"

蔺相如往后退了一步说："大王不要轻举妄动，否则我的脑袋和这块和氏璧一起开花。"

秦王无奈地说："你不要着急，咱们有话好好说。"

蔺相如哈哈大笑："晚了，我不和你交换了，你不讲信用。"

秦王无奈，只好让蔺相如回去了。就这样，秦王的诡计没有得逞，蔺相如成功地将和氏璧带回了赵国。

蔺相如做了个假设，如果你逼我，我就把这个宝贝摔碎，我也死在这里，这就给秦王造成了一种压力。事实上，如果秦王来硬的，蔺相如也未必敢把和氏璧撞碎。遇到突发事情之后，蔺相如并没有惊慌失措，而是不慌不忙，泰然处之，从而让自己的气场无限放大。由此可见，在人际交往当中，遇到事情千万不要惊慌失措，你越沉稳，越能解决问题，气场才会越大。那么，如何才能做到遇事不慌，泰然处之呢？

1. 从容镇定，不要慌乱

在应酬交际的时候，谁也不会料到会发生突发情况，因此谁的心里都没有准备。这时候，双方的内心之中势必会很恐慌。人在这种状态下说话和做事是不理性的，也不成熟，一句话说不合适就会给对方造成伤害，给双方的关系蒙上阴影。因此，当发生突发事件之后，要从容镇定一些，不要慌乱。只有内心稳定，才会理性思考，才会知道该怎么办，这时候你的气场自然就强大了。

2. 迅速寻找方法去解决

出现突发情况之后，除了保持冷静之外，还要尽快地想办法解决突发情况带来的伤害。在这种情况下，知道了怎么办，内心的恐慌便会减少很多，同时，你能迅速地找到解决的方法也能让对方感觉到一份安定。所以，不要慌乱，更不要脑子里一片空白，要迅速冷静下来，解决问题才是关键。只要你解决了问题，在两人之间的交往上便占据了绝对的主导。

3. 不要抱怨和指责

一般情况下，在出现意想不到的突发事件之后，人的反应往往是追究责任，在责任不明确的情况下，往往会互相指责，互相抱怨。这种指责和抱怨往往比突发情况带来的伤害更严重，因为它伤害了彼此之间的感情，给两人的接触和交往蒙上了阴影。因此，不论发生什么事情，永远不要抱怨别人，主动承担责任往往显出你的大气。

4. 无论如何要彼此信任

两个人之间最忌讳互相猜疑，尤其是遭遇突如其来的变故时。猜疑将会使自己对对方失去信任，没有了信任，双方的关系也就到了最危险的时候。没有人喜欢和一个不信任自己的人交往。因此，当突发情况来临的时候，不管造成的伤害多么大，只要彼此信任，就能解决问题。同样，你的信任会换来别人内心深处的欣赏和喜欢。

5. 有问题不妨一起商量

很多人在出现了问题的时候，往往习惯自己来解决。事实上，这时候你不和对方商量对策，无疑让别人觉得你并不信任他。事实上，既然双方在交往，在接触，那么说明是拴在一根绳子上的蚂蚱，互相是有关系的。既然如此，出现了问题之后，不妨一起商量对策，说不定别人的主意能更好地解决问题呢？

言语虽少，但出口就能击中要害

在生活中，你仔细观察就会发现，有的人说话言简意赅，句句说到点子上，能击中问题的要害，很快营造了强大的气场，控制了别人的思想。而有的人尽管表达了很多，但是让人听着云里雾里，根本没有涉及核心问题，从而被人轻视和不重视。事实上，不是他们的态度上有差异，而是因为他们表达的能力不一样。

王大姐是一个热心肠的人，平时遇着邻居之间有矛盾就喜欢主动去化解纠纷，村里面因为她的存在而增添了不少和气，人们都说王大姐化解纠纷有妙招，据说法庭的调解员还曾向她讨教过高招。

有一次，邻居李大爷家的两个儿子因为分财产而闹得邻里不安，大家都束手无策，这时候王大姐出来了，她首先不是去劝说，而是认真倾听各方的说辞，之后找准两兄弟争吵的核心问题：财产分配不均。

找准焦点问题后，王大姐开始说了：老大，你的兄弟身体经常有病，而且平时对父母也很孝顺，对你也很尊重，你可以适当让一步。

老大不服气地说："我的负担很重，我让一步，谁来让我？"

王大姐说："是兄弟情分重要，还是财产重要？"

老大低头沉默了。

说完了老大之后，王大姐对老二说："你大哥已经成家了，负担又很重，平时对你也很照顾，你也要体谅你大哥。"

老二很委屈地说："我的身体又不好，财产少了怎么生活？"

王大姐说："财产再多也会有用完的一天，但是兄弟情分是用不完的，况且你的财产用完了之后你大哥也会照顾你的。"

老二也不再说什么了。

最后兄弟二人和和气气地把财产分配好了。

王大姐抓住两兄弟的争论焦点后，迅速各个击破，几句话的工夫就平息了一场争吵。

案例中，王大姐之所以能够成为化解纠纷的“名人”，其中最重要的一点就是：她能够找到问题的核心，出口就能击中要害，通过简洁而不简单的语言把矛盾化为乌有。如果王大姐当时也跟着双方啰啰唆唆地争论，那么不仅化解不了矛盾，而且还会火上浇油。因此，要想增强你的气场，就不要说多余的废话，要学会言简意赅，一出口就能击中要害，从内心深处去震撼他人。那么怎样才能做到一出口就能击中要害呢？

1. 迅速找准中心

任何问题都有中心和重点，找到了这个中心和重点之后，说话的时候才能有的放矢，才能知道什么话该说，什么话不该说。所以，迅速找准谈论的中心是言简意赅的前提和基础。否则，眉毛胡子一把抓，只能惹人厌烦。如何才能找到中心呢？可以通过从表入里的分析法、因果推断法等，比如案例中，王大姐通过兄弟二人的争吵内容，从果索因，得出二人争吵的焦点是财产分配不均。

2. 快速组织语言

快速组织好语言，可以让你发言的时候有条不紊，别人一听就能明白你说话的逻辑结构，否则说话吞吞吐吐的，会让听众大皱眉头。因此，快速组织语言是关键。如何才能快速组织语言呢？在宏观上，可以通过时间先后顺序、前因后果法等逻辑顺序给自己说话的大体内容排序；在微观上，可以通过提主干法，迅速组织好每一句话的主干，然后适当地添枝加叶即可。

3. 细心挑选要点

要想使说话不啰唆，其实只需捡重点说就行，其他次要的内容，要么不提，要么一言以蔽之，只有这样才能保证你的发言在最短的时间之内收到最好的效果；否则，即使你滔滔不绝地谈论半天，听众都还是不知你发言的目的。案例中的王大姐找到兄弟情分比财产更重要这个要点，迅速地说服了老大。所以细心挑选好要点是一项重要的工作。

4. 加强持久练习

世上无难事，只怕有心人。任何有能力的人都不是天生的，而是付出

了辛苦的努力之后争取回来的。因此，要想让自己的表达能击中问题的要害，就要平日里多练习。具体来说，可以通过辩论赛、讨论会以及多参加演讲的方式来练习。

适度地高调让你与众不同

很多人喜欢做默默无闻的“金子”，等待着让自己发出光来，被别人发现和认可。事实上，这个世界上的“千里马”很多，懂得欣赏的“伯乐”却很少。要想被别人重视和认可，就要适当地高调一些，大胆地表现自己，对自己进行夸奖，往自己的脸上贴金子，让自己与众不同，这样才能让自己的气场更强。

大学毕业之后，赵辉拿着简历四处奔波找工作。他是学中文专业的，在市场上对应的岗位相对来说较小，因而，奔波了整整一个月之后，没有任何的进展。就在他心灰意冷之际，无意之中发现了一个国有企业在招聘秘书。

他为此而暗自窃喜，但是很快，他发现对方要求的是硕士学历，而他只是本科毕业。他并没有放弃，而是主动给对方打了电话，在电话中，赵辉被拒绝了。

这天，他带着自己的简历来到了招聘企业。前来应聘的人不是很多，但都是硕士学历，赵辉也谎称自己是硕士学历，因而获得了与面试官面谈的机会。

当面试官得知他只有本科学历时，明显感到不悦，赵辉急忙做了解释，并对面试官说：“我的学历低一些，但是我相信贵企业需要的是人才，而不是学历。”面试官略加思考之后，给了他面试的机会。

赵辉抓住机会，将自己详细地介绍了一番，在介绍当中，他除了说自己的基本信息之外，大多数的话都是在夸奖自己。他说：“我的写作能力很强，在高中的时候，就在当地的期刊上发表过小说，上大学的时候，在著名的半月刊《十月》上发表了中篇小说，引起了不小的轰动。”

“除此之外，我处理人际关系的能力也很强，在大学期间，长期担任校学生会主席，协助校领导完成学生的管理工作，并多次得到了校领导的肯定和同学们的认可。”

赵辉接着说：“我在学习上也很努力，成绩一直是全年级第一，多次拿了国家奖学金。”说着赵辉又将成绩单和奖学金的证书放到了面试官的面前。

整个面试都是赵辉在不断地夸奖自己，面试官频频点头。面试结束之后的第三天，赵辉接到了国有企业的电话通知，让他去报到。就这样，赵辉在不利的条件之下，发挥了自己的优势，获得了国有企业秘书这个职位。

故事中的赵辉在介绍自己的时候，不断地进行自夸，让面试官了解了他的实际能力，最终在众多的面试者当中脱颖而出。试想，如果当时他比较低调，不对自己进行夸奖，那么他给面试官留下的印象便会很淡，最终很有可能与职位无缘。由此可见，在适当的时候，要学会高调，学会自夸，往自己的脸上贴金，以增强别人对你的认可和欣赏。那么，如何才能做到适度的高调，让自己与众不同呢？

1. 要自信一些，敢于对自己进行夸奖

如果你一再地谦虚，等着别人来发现你，那么你注定会失去很多机会，因为被人发现是需要一定的时间的。所以，抓住机会，及时的自我推荐显得尤为重要。对自己进行夸奖的时候，要有勇气，自信一些，因为你在为自己争取机会。如果你连站起来夸奖自己的勇气都没有，即使你能力再强，别人也不知道。再说了，没有真本事，敢炫耀自己吗？

2. 要坦诚一些，自夸的话一定要属实

在向别人推荐自己时，自我夸奖是很有必要的。但是在夸奖的过程中，你所说的一定要属实，如果你说假话来欺骗和糊弄别人，对方一定能感觉得出来，因为人在说谎的时候，表情和动作会出卖自己。试想，如果对方发现你在说谎，对你的印象能好吗？所以，要想别人对你有更好的印象，更加欣赏你，那么不妨坦诚一些。

3. 态度谦虚些，自夸时不要飞扬跋扈

有些人在夸奖自己的时候，一个劲儿地炫耀自己多么伟大，多么有本事，恃才傲物之情油然而生，这样说话的态度便会发生很大的变化，言语间流露出骄傲自满，甚至是飞扬跋扈的情绪。别忘了，你是为了给别人留下好印象，是为了让别人更加欣赏你，态度不谦虚，别人怎么可能欣赏你呢？

4. 用语准确些，切忌表达得天马行空

即使是对自己的实际情况的自夸，说话时，用语也要准确，切忌让自己的表达天马行空，诚然你是为了给别人留下好印象，是为了让别人更加欣赏你，但是你夸大了你所取得成就，则让别人感觉到不真实，对你产生怀疑。尽管你没有说谎，但是别人对你产生不信任的情绪，跟你说谎是一样的效果。

展现你的才华与能力，更吸引对方

在生活中，很多时候，我们都谦虚内敛，在关键时刻不敢表现自己的才华，从而错过了大好的机会。等与贵人擦肩而过之后，又会一个劲儿地责怪自己。做人谦虚一点，这本没有什么错，但是过度的谦虚往往会让别人认为你无能。对于一个没有能力的人，大家自然不会喜欢你，欣赏你。

所以，在关键时刻，不但不要假惺惺地谦虚礼让，更要主动地展现才华，吸引别人发现你，认可你，这对你的人际交往来说有很大的帮助。事实上，人总是喜欢结交自己欣赏和佩服的人，如果你庸庸碌碌，又怎么可能引起别人的注意呢？相反，如果你主动地推销了自己，成功的概率往往会提高很多。

战国时期，秦军包围了赵国的都城邯郸。赵国国内一片慌乱。赵王急忙派平原君去楚国搬救兵。平原君把自己的门客召集起来，想要挑选20个文武兼备的人才。他挑了又挑，选了又选，选了19个，最后一个怎么也选不出来。

这时候，一个叫毛遂的人站了出来，说：“我知道先生现在还缺一个得力的助手，希望先生能带着毛遂一起去。”

平原君望了望毛遂，说：“你到我门下几年了？”

毛遂回答说：“到现在为止，足足有三年多了。”

平原君笑了笑说：“我听说有本事有能力的人，就好像放在布袋子里的锥子，锋芒会露出来的。但是你来到我这里之后，整整三年了，也没有听着你的同僚夸过你，同时也没有得到过我的表扬，我想主要还是先生没什么本事吧。这次前往楚国，是要有真本事的。所以，你还是不要去了。”

毛遂镇静地说：“我之所以没有显露出才华，是因为我今天才请求你把我装在布袋子里。要是我早在布袋子里的话，我的锋芒早就露出来了，甚至会穿破布袋子，整个露出来。我一直默默无闻，只是因为我缺少一个机会，今天有这个机会，希望先生能让我陪同你一起去。”

平原君想了想，同意了毛遂的请求，让他和另外19个人一起随着自己前往楚国。

到了楚国之后，平原君一行说得口干舌燥，结果楚王就是不表态，关键时刻，毛遂站了出来，以三寸不烂之舌，说得楚王和楚国的谋士们个个点头称是。

很快，楚国联合别的国家一起来围攻秦军，秦军只好撤退了。

毛遂在关键时刻，勇敢地站出来，为自己争取了机会。如果这时候他要是谦虚一下，或者是自卑一下，这个机会很快就会被别人抢走了。那么，故事或许是另外一个结果。事实上，在你的周围能力和你相当，甚至超过你的人大有人在。如果你抓住了机会，及时地展现了才华和能力，赢得了别人的喜欢，或许就为自己赢得了一个机会。

展现你的才华，更容易吸引对方，当别人对你产生浓厚兴趣的时候，你的气场也会得到最大程度的呈现。可以这么说，你的起伏成落，往往就在一瞬间，这时候，你如果唯唯诺诺，不敢表现，那么你在交往中便会处于绝对的劣势，被别人牵着鼻子走。

当然，要想展现自己，那也得有才华和能力才行。如果你没有多大的本事，没有多大的能耐，却一个劲儿地卖弄，无异于小丑一般，让人取笑。除此之外，展现才华和能力时还要看场合和时机。在最适合的时间和地点，适当地展现自己，才能更好地引起别人的注意，吸引别人的兴趣。

在生活中这样的例子非常多。说起赵本山的小品《不差钱》，想必大家都不陌生。当赵本上扮演的爷爷为自己的孙女推荐贵人的时候，餐厅的服务员小沈阳却发现了这是个机会，于是死死地抓住不放，愣是获得了贵人的青睐。尽管这是一个主题是花钱吃饭的小品，但是侧面也展现了这样一个问题：老天对谁都是公平的，不管你现在是服务员，还是某个大领导的小外孙，只要你有才能，敢于抓住机会，让贵人多了解你的本事和才华，只要获得了他们的青睐，事业有成就变得简单多了。

所以，不要有什么顾虑，要大胆地展现自己的才华，千万不可听长辈们所说的要谦虚，要礼让。当然并不是说不要谦虚，而是说在关键时刻，一定要敢于展现你的才华和能力，从而让别人打心眼里喜欢你，欣赏你。事实上，这时候你已经在彼此之间的交往中占据了绝对的主动。

第10章

把握心理，让事情更加顺利的策略

在生活中，我们无法说服别人，很多时候是因为对方知道实际的情况，所以才会对抗而不肯妥协。这时候，如果要想让对方认可你，就要学会适度虚张声势，装腔作势，这时，即使对方坚持对抗，也是信心不坚，心理堡垒随时都有瞬间崩塌的可能。当你用“语言”迷惑住对方之后，你便在双方的交往之中占据了绝对的主动。那么，究竟要如何巧妙地表现呢？在这一章，我们将为你做进一步的讲解。

巧装糊涂，让对方对你解除戒心

每一个人都有不少的缺点和毛病，在和别人接触的时候，我们会尽量地掩饰这些不足，呈现一个完美的自己给对方，因此，我们总是小心翼翼地与他人保持着距离。我们是这样的，别人也是这样的。因此，为了能迅速和他人拉近心理距离，要适当地把你的缺点和不足暴露给对方，让他人感受到你也是有缺点的，从而打消因为自己的缺点被人发现而受人嘲笑的担忧，这样，对方的戒备心就会松懈。

在新的工作环境里上班的第一天，黄满感觉到非常不习惯，不仅仅是因为新的环境不适应，更主要的是和新的同事不熟悉。尽管随着时间的推移，她终究会和他们打成一片，但是黄满可不想把主动权交给时间。

于是，这天中午，她利用午休的时间，和同事环美聊起了天。由于刚刚认识，环美对她抱有很强的戒备心。双方聊了聊天气，聊了聊拥堵的路况，就没了话题。而且环美表现得非常矜持，没有多发表意见。

这时候，黄满说："我这人方向感特别不好，今天早上来的时候走错了地方，我还一个劲儿地敲门呢，结果走到了隔壁楼，幸亏一位大姐的热心帮助，我才找到了这边来。你说我是不是太笨了点啊？"

环美笑着说："这不算什么，我有一次直接坐反了车，还一直纳闷呢，怎么还不到站？直到车到了终点，我问了乘务员才知道原来自己坐反车了，当时好丢人啊。"

……

就这样，黄满和美环之间的话慢慢多了起来，环美也不再表现得那么矜持了，而是畅所欲言，再加上两人年龄相近，聊的话越来越多。黄满嗓门很大，环美也不再装淑女了，没心没肺地开怀大笑起来。她们很快成为了无话不谈的朋友。

黄满再也不觉得难受了，她在这个新环境里有了朋友，再也不孤独了。

故事中的黄满和环美由于刚认识，所以彼此之间都很有戒心，后来在暴露了彼此的不少缺点之后，双方的心理距离迅速拉近了。由此可见，暴露缺点，让他人感觉到你的真实，进而跟真实的自己进行比较，觉得安全后，彼此的心理距离会迅速拉近。那么，向对方暴露自己的缺点时，要注意什么呢？

1. 要暴露大众的缺点

暴露自己的缺点，是为了让别人感受到你的真实，感受到你也是个有毛病的人。这个"毛病"要有大众的特点，是大多数人会有的毛病。比如粗心马虎，就像故事中的黄满一样，因为粗心而走错了地方。由于是大多数人都很容易犯的毛病，对方身上一定也有，这样能迅速引起情感的共鸣，有利于迅速拉近心理距离。

2. 能力的不足忌讳说

对于一些能力上的欠缺，在不熟悉的人面前最好别说，以免给别人留下你能力差的坏印象。在“近朱者赤近墨者黑”的观念影响下，一般人都不愿意跟一个没有能力的人接触和交往，这样你的坦诚不但换不来友善，还会拉远彼此之间的心理距离。因此，在暴露缺点的时候，能力上的不足是个禁区。

3. 人性的缺点忌讳说

在暴露缺点的时候，对于人性的一些缺点，比如自私自利、损人利己等，最好别说。尽管你是为了让别人更加了解你，但是别人知道了你的这些缺点后，为了自身的利益，会选择远离你。你暴露的缺点，让别人对你的人品有了成见，这无益于你和别人拉近心理距离，反而拉远了距离。

4. 暴露些优点式缺点

在暴露自己的缺点时，不妨多说一些优点式的缺点，比如你比较“傻一点”，总是吃亏，你比较“老实”一些等，表面上是在说自己的缺点，实际上是在说自己的优点。别人知道了你的这些缺点，自然会对你有个整体的判断。当他人感觉到和你在一起是安全的，自然也会说出他的缺点，会消除戒备心，和你拉近心理距离。

5. 暴露缺点忌埋怨人

很多人在向别人暴露自己缺点的时候，不是在说自己的毛病，而是在抱怨别人。这样会让别人感觉到你不会良好地处理人际关系，而是在怨天尤人。和你接近，如果出了问题，你也会抱怨他。因此，别人会对你有成见和看法。实际上，你的坦诚并没有换来别人的亲近，相反，导致别人的心理戒备加强，和你拉远了关系。

聪明的人往往看起来最迷糊

有一个5岁大的孩子，当别人同时拿出5毛钱和1块钱让他去拿时，孩子都会选择5毛钱。于是，大人们就觉得孩子傻，竟然不知道1块钱比5毛钱的面额大。

有一个外地来的人听说了这个小孩，他不相信真有这么傻的孩子。于是他找到了孩子，同样拿出5毛钱和1块钱让孩子选择，结果孩子真的选择了5毛钱。

外地人觉得不可思议，他问孩子："难道你真的不知道1块钱比5毛钱能买更多的东西吗？"

孩子小声说："我当然知道了，但是如果我选择了1块钱，以后就没有人跟我玩这个游戏了。"

事实上小孩并不傻，可以说是聪明绝顶，但是他宁愿像个傻子一样去选择5毛钱，因为他选择了5毛钱，就会有人不断地来测试他，所以他就能不断地得到5毛钱。如果他选择了1块钱，那他得到的也仅仅是1块钱。他把自己装成傻子，傻子当得越久，他就拿得越多。这就是孩子的"傻子哲学"。

在聪明人面前装糊涂，让自己永远处于"傻者、弱者"的角色上，让别人忽略自己，从而更好地保护自己，也方便以后处世的方便，这才是真正的大智若愚。

在聪明人面前装糊涂可以避免不必要的尴尬，在愚蠢人面前装糊涂会得到认可和肯定，在上级面前装糊涂会避免打压，在同事面前装糊涂可以避免受到排挤，而在下级面前装糊涂可以得到下级的爱戴和拥护。但有一点必须要记住，在需要你发挥才能的时候，一定要竭尽全力地把事情做得尽善尽美。

所以，在生活中要学会低调一些，不要锋芒太露。不错，才华显露能在一定程度上证明你的能力，但是也容易引起别人的嫉妒心理，给自己带来不必要的麻烦和压力。很多才华横溢的人，往往一辈子无所成就，是因为他们没有在明争暗斗中隐藏自己的实力，把自己置于靶子的中心，完全被斗争的内耗所累。

当然，并不是说有才也要完全装着，这个时代已经不是"是金子就会发光"的时代，适当展现自己的才华也是很有必要的，至少让"伯乐"有机会相中你这匹“千里马”。但是，一定要切记，显露才华要适可而止，该表现的时候表现，不能表现的时候千万别表现。

为人处世要谦虚，不要一味地恃才逞能。很多事情，对于你来说非常容易，但是对于别人来说未必简单，切不可“知之为知之，不知为不知”。在这种情况下，就算你知道了，也要假装不知道，给别人个机会，让别人也能表现一下，即使别人没有你做得好，也要给予肯定。事事都想自己表现，你的虚荣心得到满足了，但是别人的自卑感却更加强烈了。

李华是一家软件公司的编程人员，他思维开放，口才好，而且非常聪明，不管是老板还是同事都非常欣赏他。

一有重要的事情，老板总是让他去做，他也从来不谦让，他觉得自己能力出众，应该得到重用。

李华不但一个人独自垄断了老板下派的所有任务，还经常去抢下派给别人的工作，他总是说：“这个活儿太难了，还是我来做吧，你做我不放心。”一次两次，大家都觉得没什么，可是时间久了，引起了同事们的强烈不满。

渐渐地，同事们再也不愿意和他说话了。但是，李华觉得自己并没有做错，谁让他们没本事呢?

没过多久，部门主管辞职了，公司高层决定采用民主投票的方式，让员工选择自己的领导。李华觉得这个主管的职位非他莫属，因为在全公司的同事当中，他的学历最高，能力最强，甚至起着顶梁柱的作用。

但是，最后的投票却让李华大失所望，除了自己给自己投的一票外，其余的同事没有一个给他投票的。

新上任的主管把李华肩上的重任给完全地卸了下来，总是让他去做一些鸡毛蒜皮的小事。

至此，李华总算明白了过来。一个人能力再强，不会处理人际关系，终究自绝后路。但是，为时已晚，李华不得不委屈地离开了公司。

李华非常有才，但是他不懂得顾及别人的感受，一味地恃才逞能，他的内心得到了极大的满足，但是别人的内心却遭受了严重的羞辱和摧残。

他的过于强势，让同事们感觉到自卑和没用，只有把他打压下去，别人才能和睦相处。

所以即使你才华横溢，也要适当地收敛一些，不要到处张扬炫耀，要给别人一个展示才华的机会。每个人都希望有个自己的舞台，不要轻易剥夺别人的这个权利。你剥夺了别人的权利，别人自然拼了命地排斥你。

揣着聪明装糊涂才是真正的聪明，事实上也只有这样，才能在错综复杂的人际关系中存活下去。所以，如果你是才能出众之人，要学会有意无意地卖点“傻”。学会隐藏自己的光芒才是最重要的，这样才使人觉得亲近，更容易让人接受，更是让自己生存下去的重要方法。

强势点，让对方听从于你

在生活中，我们都会遇到很多生活的困扰，尤其是在现在竞争日益激烈的社会环境中，竞争的压力压得我们喘不过气来。很多人都在面对竞争对手的时候不知所措，有时候往往一时的求胜心理，反而使得自己方寸大乱，这种时候，在对方面前适时装得强势一些，显示自己的威力，进而让对方产生心理畏惧，最终达到扰乱对方阵脚的目的。

适时装得强势一些，显示出自己的威力，暗示自己我非常棒，在这种积极的心理暗示之下，则会更有信心，表现更加出色。同时，给对方压力，暗示对方你是个很有实力的人，比他强，从而使得对方产生心理畏惧，在不知不觉中听从于你。

大学毕业后，小王来到了一家外贸公司工作，在这里，他算不上最好的，但是却是最努力的一个。凭借着他的努力，工作干得非常出色，常常得到领导的表扬和同事的认可。连续几年获得了最佳员工的光荣称号。

这次公司内部人事改革，原来负责欧美市场的副经理辞职了。公司董事会决定在员工中提拔新的副经理，小王作为业务尖子，作为优先考虑的对象。

就在员工竞选大会上，谁都以为这个岗位非小王莫属。可是就在关键时刻，一个20岁刚出头的年轻人走上了台。他叫何剑，是公司去年刚刚招聘进来的业务员。何剑外语能力很强，过了专业八级，平时业务做得非常棒，几乎跟小王不相上下。实话说，公司上下也只有他能跟小王一决雌雄。

在公司设置的各项比赛中，小王和何剑表现得都非常出色。在最后一道题目中，董事会觉得一定要分出输赢，于是设置了一个非常特别的项目。那就是让小王和何剑当面与美国人鲍威尔——公司的海外总监谈一桩30万美元的生意。

这种面对面的谈判有一定的难度，小王和何剑谁也没有必胜的把握。在比赛前，他们都在积极准备着。小王明白，何剑的外语口语绝对要比他优秀，但是何剑刚来公司才一年多，很多业务还不是很熟悉，他要想取胜只能从专业上做文章。

抽签的结果，小王先与鲍威尔谈判。上场后，小王积极向专业化靠拢，在和鲍威尔的谈话中，尽管他的口语不是太好，但是他的业务能力的展现却非常出色，尤其是专业领域的谈判，进行得非常顺利。谈判结束后，鲍威尔竖起了大拇指。

这时候，台下的何剑渐渐坐不住了。小王所说的很多专业名词他根本就不会。虽然他的口语好，但是专业领域的业务接触的很少。等到他上台的时候，本来信心十足的他，却显得非常狼狈。在与鲍威尔的交谈中，不但专业领域的东西不会，就连他平常拿手的口语交流，也说得结结巴巴。还没等谈判开始，就被鲍威尔赶下了台。

在实例中，我们可以看出，在面对竞争对手时，小王适时地显示出自己的威力，让他的对手何剑方寸大乱，从而轻松地赢得了最终的竞选。在面对对手的进攻时，适时地向对方展示自己的威力，以此来让对手产生畏惧心理，最终扰乱对方的阵脚，达到自己胜利的目的。

竞争要想获胜，无非是自己足够强大，或者是对手足够弱小。在相差无几的对手之间，其实就是心理的较量。适时地显示自己的威力，让自己变得更加自信，发挥更加出色，从而震慑对手，让对方心生畏惧，而产生消极的影响，最终达到不战自败的结果。

在实践中，我们面对强大的对手时，该如何让自己适时地发威呢？

1. 将优势发挥到极致

任何人都有自己的优势，也有自己的劣势，因此，在面对竞争对手的时候，要将自己的优势发挥出来，以此来掩盖自己的劣势。既然是优势，那么自然有自己独到的东西。那么，就要在关键时刻将自己的优势发挥出来，而且发挥到极致。就像故事中的小王一样，把自己在专业领域的优势发挥了出来，而且发挥到了极致，这样一来不但弥补了口语交流上的劣势，还给对手造成了一定的心理压力。

2. 向对手的弱项进攻

要想让对手产生畏惧，就要找到对手的软肋，然后进行攻击。这样，即使你表现得不是很优秀，只要比对手表现得好，就会给对手一定的压力。所以，在竞争前，一定要对对手有个清晰的了解，不但要了解对手的弱项，还要了解对手的强项，以免反被对手所制。

弱势点，让对方主动帮助你

显示自己的软弱，是一种生存的智慧。在自然界进化的过程中，越善于显示自己软弱的生命体，就越能有效保护自己，适应环境的变化。显示自己的软弱，是一种处世艺术，它让我们可以得到那些“逞强”的人得不到的东西——同情。

“恻隐之心，人皆有之。”同情弱者是人性天生的弱点。因此要想获得别人的帮助，就要唤醒对方的恻隐之心，调动对方的怜悯之情，使对方在感情上与你靠近，产生共鸣。向对方展示自己的软弱，以此来博得对方的同情，让对方主动地帮助你。

有一天，林肯正在办公，突然传来敲门声，进而进来一位老妇人。见了林肯，老妇人两眼一热，哭了起来。

林肯走上前去，安慰说：“您先别哭，有什么冤屈给我说，我帮助你。”

老妇人停止了哭泣，缓缓地说：“我是一位孤寡老人，我的丈夫在独立战争中为国捐躯了，现在主要靠抚恤金维持生活。可是前不久，抚恤金出纳员私底下勒索我，要我交手续费，这笔手续费非常昂贵，是抚恤金的一半。”说着，老妇人又哭了起来。

林肯听后十分气愤，他说：“放心吧，我替你打官司，一定要将那个可恶的出纳员绳之以法。”

老妇人忐忑不安地问：“我没有钱出律师费。”

林肯说：“我不收你的律师费，免费为你打这场官司。”

由于出纳员是口头勒索的，没有留下任何凭据，因而指责原告无中生有，形势对林肯极为不利。这时候，林肯两眼饱含泪水，回顾了英国殖民者对当地民众的压迫，爱国人士如何抛头颅洒热血，如何忍饥挨饿地在冰雪中战斗，为了美国的独立血染疆场。

最后他说：“现如今，一切都成为了历史，英雄早已长眠地下，可是他们衰老而又可怜的夫人在这里要求申诉，她之前也是一位美丽的少女，也曾经与丈夫有过幸福的生活。可是现在她已经一无所有了，变得贫穷无靠。然而，即使如此，白白享受着幸福的某些人还要勒索她那一点微不足道的抚恤金，我们能熟视无睹吗？”

法庭里充满哭泣声，法官的眼圈也在发红，被告的良心也被唤醒，承认了曾经勒索的事实。最后，法庭通过了保护烈士遗孀不受勒索的判决。

故事中的林肯，就是利用老妇人的悲惨，博得了法官的同情，从而通过了保护烈士遗孀不受勒索的判决。由此可见，在想要得到对方帮助的时候，要显示自己的软弱，从而唤起对方的恻隐之心，调动对方的怜悯之心，从而暗示需要对方的帮助。人心都是肉长的，只要你将自己说得足够软弱，对方是会动心的。再装得弱势点，向对方显示软弱，让对方帮助你的时候有哪些方面需要注意呢？

1. 将自己的遭遇说得可怜一些

人都有恻隐之心，当你把自己的遭遇说得足够可怜，足够软弱的时候，对方内心深处会萌发出一种原始冲动，想要帮助你。同时对方也明白，你选择他作为倾诉对象，自然希望他能够帮助你。因此，这种帮助会上升到一种责任。这样一来，获得对方帮助的概率会大大增大。

2. 关键时刻，不妨掉几滴眼泪

如果你的示弱没有打动对方，那么不妨在关键时刻，掉几滴眼泪。一般人面对别人流眼泪，都会心软，而且害怕别人说他欺负弱者，害怕承受舆论的谴责，因此只要你一流眼泪，对方就会着急，就会想方设法让你停止。因此这时候，是对方压力最大的时候。只要你的眼泪不停止，那么对方只能向你妥协。

3. 适当地恭维对方

在向别人示弱，来博取对方的同情心的时候，也要适当地恭维对方，用你的软弱和对方的成就和成绩形成鲜明的对比。这样一来，无形之中就把你的软弱的责任归咎到对方的身上。对方背负了这种责任，那么就有义务来帮助你，让你脱离“苦海”。因此，适当地恭维别人是获得别人帮助的助推剂。

装出身份品位，让对方想去接近你

在生活中，很多人“嫌穷爱富”，结果惹来了一片骂声。事实上，这是人性使然，不必大惊小怪。对方的身份高品位高，与之交往，同样会产生优越感。“蓬荜生辉”说的就是这个道理。同时，如果与你交往者身份和品位高，意味着对你有潜在的帮助。因此，在人际交往当中，我们都喜欢和高身份、高品位的人结交。

基于人的这种普遍心理，与人相处的时候，不妨穿一套高贵的衣服，去高档的地方吃顿饭，抽盒上档次的烟等，让别人感觉到你很有身份，很有品位，继而选择积极地接近你，与你相交。这样，在彼此相处的过程中，你就会完全主导对方。

有一个做煤炭生意的老板，经过好几年的打拼，终于开了自己的煤炭卖场。可毕竟是小打小闹，店面上只有他一个人在经营。煤炭老板时刻想着如何将自己的生意扩大，但是他的卖场非常简陋，一些大的企业根本不愿意和他合作。一时之间，让他非常苦恼。

一次偶然的机会，煤炭老板在网上和国内著名煤炭企业华内的董事长取得了联系，两人经过一番交谈，取得了彼此的信任，于是对方派人来考察煤炭老板这边的投资环境。

煤炭老板积极活动起来，他四处筹钱，在市里最高档的酒店里订了包间，然后租借了一套名贵的西服，把自己装扮得像个阔老板，随后又租借了一辆豪华轿车。

等对方的代表来的时候，他用轿车将其接到了酒店，盛情款待，喝的是一瓶几千块的洋酒，席间，煤炭老板拿出一万块当作小费给了服务员，对方一看，煤炭老板把上万块钱当小费给，资金自然没得说。

对方走后，煤炭老板迅速将跑车和名贵西服归还，这一顿饭花掉了他四处筹借来的五万块。但是，对方回去之后，很快就将投资合作的资金汇了过来。煤炭老板利用这些资金迅速筹建了自己的公司，在短短的半年之内，完全达到了对方预想的规模。

煤炭老板只是用名西服、名跑车、一万块钱的小费装得有身份，有品位，无形之中告诉对方自己很有钱，而这些装扮出来的派头确实也蒙蔽了对方的眼睛。一般人都会想，这么有钱的派头，怎么会没钱呢？煤炭老板就是装成了阔佬，成功地让对方对自己产生了好感，从而达成了合作。可见，在人际交往当中，适当地“装腔作势”，能在一定程度上掌控别人。

那么，究竟如何才能装出高身份呢？

1. 在形象上下足功夫

在人际交往的过程中，第一时间看到的是对方的穿着打扮，也就是形象。你的衣服、鞋子、手表、领带、使用的香水，以及背包的档次等都是对方对你进行判断的依据。如果你有身份、有品位就不可能穿过时了的西服，不会用劣质的手表。因此，不妨在形象上下点功夫，千万不要心疼钱而让别人轻视你。

2. 心态要好要沉得住气

很多人在生活里只是个小市民、小角色，突然扮演起大款，难免心里发慌，担心自己露馅后被人笑话，因而不敢和对方进行目光交流，也不敢大声说话。往往这些心理因素，会让对方产生怀疑。因此，这时候一定要沉得住气，告诉自己“你就是大款”，从气势上镇得住对方，这样才能对对方有吸引力。

3. 举手投足间要显大气

往往有身份、有地位的人由于功成名就，自信心非常高，因此举手投足之间显得非常大气，比如走路昂首挺胸、花钱无所谓等，这完全是由因为对方比较自信、有身份有地位这些事实所决定的。当你装出高身份，高品位的时候，在举手投足之间也要学会大气，千万不要被自己的“小家子气”所出卖。不要让对方看到你“虚张声势”，否则你会很被动。

4. 适当耍大牌很有必要

往往有身份、有品位的人生活也比较讲究，比如：吃饭要到最高档的酒店，点最昂贵的菜，喝昂贵的酒等。这就是我们通常所说的耍大牌。在人际交往的时候，如果你想要结交的人很重要，那么不妨适当地耍耍大牌、从气场上镇住对方，让对方对你产生错误的判断，从而积极主动地接近你。在这个过程中你会完全占据主动权。

学会适度炒作，让自己受人瞩目

人际关系的正常交往，是因为有了同等的身份和地位，彼此被对方尊重的前提之下。如果别人看不起你，或者轻视你，那么双方之间的关系就会发生微妙的变化，彼此之间也会产生心理隔阂。当你发现你身边的人开始不重视你，不尊重你的时候，不妨多个心思，学会适度地炒作自己，引起对方的重视，让对方尊重你。

对于现年28岁的甄斌来说，目前最重要的事情不是落实工作，而是尽快结婚。可是他生性比较腼腆，又不喜欢和女孩子打交道，所以，至今依然是单身。这可急坏了他的爸爸妈妈，于是二位老人四处托人介绍。

好不容易在亲戚的帮助下，打听到一个各方面都与甄斌相匹配的女孩子。而且双方都见过照片，基本上还都满意。于是这天，在亲戚的积极安排之下，甄斌和他的父母与女孩以及对方的父母见面了。

期间，女孩的父母打听了甄斌的收入，了解了他的家庭。由于甄斌的家在农村，爸爸妈妈都是地地道道的农民，再加上甄斌大学毕业之后一直在外面发展自己的事业，按照当地人的话说没有正当稳定的工作，而女孩家在城市，家境相对来说比较富裕。

当了解了这些信息之后，女孩的父母言语间透漏出对甄斌的轻视和嘲笑。这让坐在一边的甄斌非常难受，几次他都想找个借口离开，但是父母亲戚都在，他不能让他们下不了台。他只好硬着头皮坐在那里听着别人的轻视和看不起。

父母和亲戚在一个劲儿地恭维着女孩和她的父母，可是对方享受着被恭维的喜悦，口头上却说着不咸不淡的话。最后，对方的父母提出，让甄斌说一说这些年的经历。甄斌大概说了几句，话刚说完，电话突然响了起来，甄斌一接电话，故意装腔作势地说："我是特约评论员甄斌，请问你是哪位？"

女孩的父母听了，说话的语气立即变了，由之前的不屑一顾变成了点头哈腰，他们握着甄斌的手不住地说："小伙子，你真了不起，真了不起啊，是中央的人啊。"言语中透露着欣赏和惊喜。很显然，甄斌的话对他们起了一定的震慑作用。

……

故事中的甄斌因为种种原因，被别人看不起。后来，他巧妙地通过接电话炒作了自己，让自己受人瞩目，最终赢得了应有的尊重。由此可见，当别人看不起你、轻视你的时候，要记得适当地炒作自己，让自己成为焦点，从而赢得其他人的重视，赢得别人的尊重。那么，如何炒作自己，让别人对你不敢轻视呢？

1. 显露自己曾经的辉煌

一个人的能力如何，往往能从他曾经和现在所取得的辉煌成就上表现出来。人都比较尊敬那些有本事的人，而看不起那些没本事的人，这是人性。所以，当你和对方交谈的时候，感觉对方轻视你的时候，不妨适当地提及一下你曾经和现在取得的辉煌，让他对你产生敬意。

2. 透露自己的社会地位

对于社会地位高的人，人都不敢轻视，相反而是恭维。因为对方的社会地位高，意味着比他有更高的能力，更强的本事。所以，在言谈中，适当地透露自己的社会地位，给对方造成心理上的压力。这样，当别人的社会地位比你的低的时候，气场便会比你弱，便不敢轻视你。

3. 提及自己的收入水平

当今的社会，一个人的收入水平的高低，往往决定一个人价值的大小。如果你的收入高，就意味着你的价值高，别人也会尊敬你；如果你的收入低，别人就会瞧不起你。因此，在谈话的时候，不妨把自己的收入说得高一些，让别人觉得你的社会价值比他的大，比他有本事，那么他便不敢轻视你

4. 及时显露自己的才华

有才华的人往往令人羡慕和钦佩，尤其是一些别人无法企及的才华，更能让对方钦佩得五体投地。因为别人在这方面永远无法与你相比，所以

你在气场上已经牢牢地占据了上风。这时候，他人没有嘲笑你的理由，更多的是赞美和钦佩。事实上，这是对你最大的尊重。

5. 说与你有关系的本事人

在很多时候，人考虑的都是自己的利益。当对方觉得你没有什么利用价值的时候，便会轻视你。与人交谈的时候，不妨提及你与一些有关系的本事人。因为他们有本事，可能会对对方有利用的价值，而对方又无法认识他们，这时候你的价值就凸显了出来。

假装说错话，探出对方真实心意

在和别人的交谈之中，如果你猜不透对方的心思，不知道对方的意图时，往往是你最被动的时候。如果这时候，不去探知对方所思所想，眉毛胡子一把抓，那么，在言语上势必要输上一筹。这时候，你不妨假装说错话，探出对方的真实意图，在投石问路之后，再顺水推舟，让事情按着你所预想的方向发展。

梅青羽毛球打得非常好。为了让她在这个领域有更好的发展，老师介绍她认识了市羽毛球队的教练王筝。

在和王教练的谈话中，梅青心里有些忐忑不安，她明白能否获得王教练的认可对她来说非常重要。但是她不知道对方究竟想要了解她什么？因此，她不敢多说话，担心自己说不到点子上，给王教练留下不好的印象。

聊了几分钟之后，梅青说："王教练，我认为要想做个合格的运动员，没有打球的天赋是不行的，您觉得对吗？"

王教练笑着说："也不一定。我觉得作为一个优秀的羽毛球运动员首先要勤奋，绝对不能有半点懒散，还有就是绝对不能有自满的情绪。你的说法有些片面了。"

梅青接着问："也对。那您觉得打球技术上没有要求吗？"

望着小心翼翼的梅青，王教练笑了笑，以此来让她放松心情，消除紧张的情绪。他喝了口水，回答了梅青提出的幼稚得不能再幼稚的问题。他说："当然有了，包括反应速度要快，身体要灵活等。这是打好球的前提。但是我们更注重对有潜力孩子的培养。"

王教练的一番话让梅青吃了一颗定心丸，尽管这时候，王教练还对她没有表现出浓厚的兴趣，但是她已经知道，如何在他面前展示自己。于是，在接下来的谈话中，她有意把自己向王教练所希望的那样介绍。

她告诉王教练，她非常能吃苦，而且参加了好多次羽毛球业余大赛，捧回了很多奖杯。更为重要的是，她从来不告诉任何人，因为她从来不想炫耀。除此之外，她告诉王教练，她曾经和体育队的某个队员打过球，对方也没有占到多少便宜。

……

那天，他们聊了一个多小时，从王教练的表情和眼神中，梅青知道，她已经成功地把自己塑造成王教练心目中的好苗子了。这样一来，离她进入市羽毛球队已经不远了。

果然，过了两天，王教练打来电话，让梅青去市羽毛球队参加入队前的训练。

故事中的梅青在对王教练的心思揣摩不定的时候，用投石问路的方法故意把话说错，从而明白了王教练内心的真实想法，接下来，顺水推舟，按着王教练的心理模式，赢得了他的欢心。由此可见，在和你不了解的人谈话的时候，要学会假装说错话的方式来投石问路，先尽可能多地去了解别人。当对对方有了大概的了解之后，再顺水推舟，顺着对方的意愿去调控。那么，如何做到这些呢？

1. 用错误的猜测去诱导对方说真话

通常情况下，如果你想要了解对方内心所思所想，而又不方便直接问，这时不妨故意错误地猜测，诱导对方把内心的真话说出来。由于与对方的内心所想不一样，难免会产生各种谣言，为了避免别人胡乱猜测，人往往会说出实话以证明自己。尽管对方内心不想说，但是也会在不经意间说出来。只要你洞悉了对方的心，那么无疑是掌握了绝对的主动。

2. 不妨让自己犯一些简单幼稚的错

人都有想当“老师”的愿望，都想证明自己比别人强。因而在洞悉对方内心的真实想法的时候，不妨犯一些简单和幼稚的错误。由于简单和幼稚，对方便有想要纠正的念头。在这个纠正当中，内心的所思所想便会显露出来。对方没说，你也没问，但是你却明白了他内心的真实想法。当然，这就要求你在说话时要机灵，听话时要聪明。

3. 故意误解对方，迫使他暴露心意

人都不希望别人误会自己，一旦发现，便要做解释，让别人更好地理解自己。基于这种心理，在洞悉别人的心思的时候，不妨故意误解他，让他为你作解释。为了更好地证明自己，对方往往会把真实的想法说出来。这样，你不费吹灰之力就得知了你想要了解的东西，探出了对方内心的真实想法，在接触和交往当中就会占据绝对的主动。

第11章

人情世事，礼尚往来稳固自身社会地位

俗话说：“礼尚往来。”处理人情世事，我们更需要以这句话作为准则，以此巩固自身的社会地位。心里需要有本人情账，学会积累关系资本；同时，向值得交往的人主动施惠；受他人滴水之恩，定当涌泉相报，等等，这都是人情世事中的礼尚往来。

心里有本人情账，学会积累关系资本

在好莱坞，流行着这样一句话：“一个人能否成功，不在于你知道什么，而是在于你认识谁。”足以见得，人脉是一个人通往财富、成功的门票。无论是生活还是工作，和谐的人际关系可以促进自己的进步，可以更好地促进自己的创新和发展。放一本人情账在心中，积累自己的人脉，你会收获更多。学会积累关系资本，这和我们每个人雷打不动地向银行小金库存钱是一样的道理，银行里的钱存得越久越多，所能得到的利息就越多。在生活中，若是与身边的人保持良好的关系，就是建立属于自己的人脉存折，只不过你的存款是存在了朋友、同事或客户的心里。当然，为了让自己跟他们的关系更加密切，你就要付出更多真诚的关怀和贴心的服务。你向人脉存折中存放的感情越多，你和他人之间的关系就越密切，感情也会越来越深厚，而这就是所谓的人情账。

在一次战斗中，鲍叔牙受了伤，管仲急忙为他包扎伤口。管仲看到流血的伤口，难过地说："你是为了我才受伤的啊!"鲍叔牙笑了笑，说："没关系！没关系！"

有人问鲍叔牙："对朋友，你可真是做到家了。这样做是为了什么呀？"鲍叔牙说："我不这样做，管仲也会这样做的。我总以为，他比我有本领，有胆量，总有一天，他会干出更大的事业。"

后来，他们在齐国做了官，都是很有才华的政治家。管仲在鲍叔牙的支持下成功地进行了改革，使齐国成为当时最强大的国家。不久，管仲的官职超过了鲍叔牙。这时，一些大臣议论纷纷，替鲍叔牙抱不平。

鲍叔牙知道自己如果继续做官，可能对管仲不利，于是就毅然决定向齐桓公辞官回乡。齐桓公挽留他，说："你是一位品德高尚的人呀！管仲就是您推荐给我的。现在为了他，你要辞官了。我要管仲，也需要你。请你留下吧。"管仲也劝鲍叔牙："你不要走。别人议论什么，我不在乎。"第二天，鲍叔牙还是悄悄地离去了。

管仲逢人就说："生我的是父母，而真心待我的是鲍叔牙！"

作为最亲密的朋友，鲍叔牙深知管仲的才能和为人，并一直对其真诚地举荐，丝毫不顾及自己的利益。最终，在他的强力举荐下，管仲获得了事业上的成功。他们两人之间的深厚友谊，其实源于彼此的坦诚相待、肝胆相照，以及鲍叔牙用心积累的人际关系。

赵王看重蔺相如，气坏了赵国的大将军廉颇。他想："我为赵国拼命打仗，功劳难道不如蔺相如吗？蔺相如光凭一张嘴，有什么了不起的本领，地位倒比我还高！我要是碰着蔺相如，要当面给他点儿难堪，看他能把我怎么样！"

廉颇的这些话传到了蔺相如耳朵里。蔺相如立刻吩咐他手下的人，叫他们以后碰着廉颇手下的人，千万要让着点儿，不要和他们争吵。他自己坐车出门，只要听说廉颇从前面来了，就叫马车夫把车子赶到小巷子里，等廉颇过去了再走。

蔺相如手下的人受不了这个气，蔺相如心平气和地问他们："廉将军跟秦王相比，哪一个厉害呢？"大伙儿说："那当然是秦王厉害。"蔺相如说："对呀！我见了秦王都不怕，难道还怕廉将军吗？要知道，秦国现在不敢来打赵国，就是因为国内文官武将一条心。我们两人好比是两只老虎，两只老虎要是打起架来，不免有一只要受伤，甚至死掉，这就给秦国造成了进攻赵国的好机会。你们想想，国家的事要紧，还是私人的面子要紧？"

有人把蔺相如的这番话传给廉颇听，廉颇感到十分惭愧。他脱掉一只袖子，露着肩膀，背了一根荆条，直奔蔺相如家。蔺相如连忙出来迎接廉颇。廉颇对着蔺相如跪了下来，双手捧着荆条，请蔺相如鞭打自己："我是个粗鲁人，见识少，气量窄。哪知道您竟这么容让我，我实在没脸来见您。请您责打我吧。"蔺相如把荆条扔在地上，急忙用双手扶起廉颇，给他穿好衣服，拉着他的手请他坐下，说："咱们两个人都是赵国的大臣。将军能体谅我，我已经万分感激了，怎么还来给我赔礼呢。"

两个人都激动得流了眼泪。蔺相如和廉颇从此成了很要好的朋友。这两个人一文一武，同心协力为国家办事，秦国因此更不敢欺侮赵国了。

蔺相如并没有因为廉颇对自己的无礼就想方设法地陷害于他，而是以自己宽广的胸怀赢得了廉颇的好感。这样，本来是相互对立的两个人就成了朋友，一文一武，同心协力为国家效力。在这个案例中，聪明的蔺相如不仅化解了廉颇对自己的嫉妒之心，同时也为自己积累了不可多得的人脉资源，因为廉颇不再是敌人或对手，而是朋友。

我们都深知人脉资源的重要性，为了使自己能够在人生的路途上走得更顺利，就需要对人脉进行投资，并不断地积累资本，这样的投资绝对是一本万利。毕竟我们的人生不可能一帆风顺，总会遇到各种困难和挫折，而这时候，正是我们需要朋友的时候。只有朋友才会给我们真诚的问候，只有朋友才会给予我们"雪中送炭"的关怀，只有朋友才会触摸到我们心底的最深处。

向值得交往的人主动施惠

玩转人情世故，更需要做一个善于施恩的人，尤其是向那些值得交往的人主动施惠，日后必然会为自己广布人脉。因为当你向他人多施恩情，对方定会对你心存感激，而假如对方正是落魄之际，那这样的感情才会更深。于是，“烧冷灶、拜冷庙”往往成为了深谙人情世故之人建立人脉关系的必经之路。俗话说 “山水轮流转，三十年河东，三十年河西。”一个做大事的人应该有长远的打算，不仅仅需要储蓄钱财，更要为自己储蓄人脉。当年的“冷庙”变成了热庙，对方自然会因为你当年的参拜而对你刮目相看，而且，他不会把你当作趋炎附势之辈。在生活中，若是想玩转人情世故，建立广阔的人脉关系，就需要学会施恩，联络一下感情，适时送一些礼物，即便是对于那些怀才不遇的人，虽然，此时他处于落魄之际，但等到一朝发达的时候，便是我们收获之时。

一个大雨的下午，一位老妇人走进了匹兹堡的一家百货公司，漫无目的地闲逛着。售货员看得出她并不想买东西，大家都自顾自地，有人忙碌着，有人闲聊着，没有一个人去搭理她。这时，一名年轻的店员注意到这位老妇人曾经出现在报纸上，于是他来不及仔细回忆她到底是谁，就快步向前，礼貌地和老妇人打招呼，询问：“您是否需要服务？”老妇人坦率地告诉年轻的店员，自己进来只是为了躲雨，并不打算买任何东西。年轻店员听了，微微一笑，说道：“即便如此，您仍然很受欢迎。”两人闲聊了起来，眼看天色越来越晚，可大雨丝毫没有停下来的意思，望着窗外的大雨，老妇人微微皱眉。年轻店员从柜台里拿出自己的雨伞，对老妇人说：“您先拿去用吧，我下班比较晚，那会儿说不定雨已经停了。”老妇人推辞，年轻店员却执意将雨伞递给老妇人。

过了几天，这位年轻的店员早已经忘记了这件事。有一天，他突然被公司老板叫到办公室，老板将一封信递给他。这封信正是那天到公司避雨、自己赠送雨伞的老妇人写的，她要求百货公司派这名年轻店员前往苏

格兰，代表该公司接下一所豪华别墅的装潢工作。当年轻人接下那笔巨额交易的工作后才知道，那位老妇人是美国钢铁大王卡耐基的母亲。

生活中一个不经意的援助，使得年轻的店员得到了丰厚的回报，其实，这也是建立人脉关系的方法。恩情，并不在乎大小，而在乎心诚，如果你本身就是一个善良的人，那么，恩情就会在你不知不觉的言行中弥漫出来。凡事多施以恩情，令他人心存感激，那么，你的人脉资源就会越来越丰厚。

这年夏天，胡雪岩在一家茶店里碰到了一位落魄的青年，在交谈中得知对方叫王有龄，是一位候补盐使，此时正打算北上投供加捐做官，可是，他贫困潦倒，没有亲人，如今只能泡在茶馆里打发时光。

胡雪岩了解到这样的情况后，心中有了主意，他看准这个王有龄绝不是等闲之辈，如果自己帮助他进京投供，定会赢得对方的感激。那么，他日后有了出息，肯定会帮助自己飞黄腾达。虽然，当时的胡雪岩只是一个小伙计，手里并没有多少钱，但是，他毫不犹豫地将刚收回来的五百两银子押在“王有龄”身上。接过胡雪岩递过来的银票，王有龄又惊又喜，感激涕零，将胡雪岩当成了自己的大恩人。有了银两，他第二天就起程去京城了。

后来证明，胡雪岩当初的判断是正确的，他得到了王有龄的帮助，成为了商场上呼风唤雨的人物。

胡雪岩的主动施恩为自己换回了丰厚的回报，实际上，这只不过是胡雪岩积累人脉的其中一二而已。其更为智慧的是，他大多选择那些落难中的人，对这样的人施恩，所激发的感激力量将会更巨大。比如，王有龄在得到胡雪岩的帮助后，将其作为自己的大恩人。后来，王有龄为官后，胡雪岩不再做钱庄的小伙计，而是自立门户，贩运粮食，官商联合，如鱼得水，事业也日渐发达，这就是积累人脉资源的丰厚回报。

在生活中，我们要深谙建立人脉关系的智慧，多烧冷灶，多拜冷庙，令他人对你心存感激。当然，广施恩情，并不是说需要我们做作地对他人施以恩情，而是内心怀着这样一份情感。对于那些值得我们交往的人，我们要真诚地施以恩情，并在他那里存下自己的人情存款，以备不时之需。

过量偿还规则：滴水之恩当涌泉相报

孔子曰："来而不往非礼也。"在这里，"非礼"二字完全是一种精神压力，逼你赶紧"往"，也就是偿还人情，这样的心理，与欠债还钱如出一辙。"滴水之恩，当以涌泉相报"，以夸张的口吻强调了"恩"、"报"之间的不可分离以及放下的关系，在这其中，除了隐含了"礼尚往来"以外，还延伸了"过量偿还"，也就是说，滴水之恩不仅要报，而且要用涌泉——无数倍滴水来回报。于是，在人情世故中，我们需要遵循"过量偿还"规则，在回报对方恩情的时候，尽可能"过量"。所有的"报"，也就是还人情，都面临价值数量和方式选择，以什么样的方式，还多少，怎么样去做才合情合理，对得住自己对得住别人。最后，这样的偿还方式就简化为：还人情应该大于所欠的人情。

有一阵子，举目无亲的胡雪岩去投奔上海的一个朋友，却被告知朋友去远方了，于是，他只好在一家叫"老同和"的小客栈住下来，没想到，一等就是十天，朋友还没回来，可盘缠已经用光了。囊中没银两，一筹莫展，胡雪岩只好闭门不出，但是，饭却不能不吃。每天，胡雪岩在"老同和"吃饭，开始是一盘白肉、一碗大血汤、一个素菜，到后来，就是一汤一素菜，再后来，大血汤变成了黄豆汤，最后，黄豆汤都喝不起了，只能买两个饼，一碗白开水就算一顿。没办法，他只好将自己的一件长袍拿去当了，等回到客栈后，却发现当票不见了，以后有钱也赎不回衣服了。

第二天，却有人将当掉的长袍子送到了胡雪岩的住处。原来，是客栈老板的女儿阿彩，她每天在前堂招呼客人，胡雪岩天天来吃饭，一来二去，也混了个脸熟。这天，胡雪岩结账的时候，不小心将当票丢了，正巧被阿彩看见了。出于对胡雪岩的同情，她悄悄地将长袍赎了回来。胡雪岩了解事情的经过后，便托人给阿彩带了一句话："谢谢阿彩，你给我垫的钱，以后，我一定会加利奉还的。"但后来由于种种原因，胡雪岩再也没见过阿彩。

在以后的二十年中，胡雪岩始终不忘阿彩的恩情。有一次，他到上海谈生意，闲暇的时候，他信步到夜市逛逛，心中一动，他踏进了"老同和"客栈，二十年过去，阿彩早已不是姑娘，而成了老板娘。而她正在为装修客栈的事情发愁，胡雪岩了解了情况，决定在这件事上好好帮她一把，于是，胡雪岩嘱咐朋友古应春带三千两银子给阿彩。

一份恩情记了二十年，在这二十年中总是想这件事，可不是时间不对，就是地点不对，最后，终于报了此份恩情。由此可见，感恩在胡雪岩心中已成为了一种信仰。或许，在大多数人看来，那就是一件小事，不过，胡雪岩却始终牢记在心，碰到了一个报答的机会，他就大报特报，将陈年小事的恩情回报得漂漂亮亮。

他出生在一个贫困的家庭，生活的窘境似乎给了他莫大的激励，他成绩十分优秀，然而，正当升学的时候，家里却是入不敷出。无奈，他只能一边打工一边读书，十分辛苦，街坊邻居了解他的情况后，纷纷出钱资助，并很快成立了资助小组，每人每月按时出钱，不够的部分由居委会补贴。

在街坊邻居的资助下，他顺利完成了学业。如今，他已经是电机工程的博士了，就职于一家金融公司。为了回报当初帮助过自己的人，他将工资的一部分寄给那些帮助过自己的人。几十年，每月按时寄，从来不停歇，他说："这是我的一份心意，受人恩惠，应涌泉相报，如果不这么做，我会良心不安。"

感恩，是一种生活态度，是一个内心独白，感恩不是简单的回报，而是一种责任。在这个世界上，除了亲人，谁也没有义务对你好，给予你恩惠，所以，对那些给自己帮助的人，包括我们的亲人，说声"谢谢"，并以自己的实际行动来诠释你的感恩。

一个人懂得感恩，才能结交更多的朋友。正所谓"投之以桃，报之以李”，实际上，人与人之间的关系是建立在互惠互利的基础之上的，受人恩惠，懂得回报，这是人之常情，更能体现一个人的品德。有的人受了他人恩惠，转身就忘记了，时间长了，就没有人会帮助他，即使遇到了困难与挫折，他所能依靠的只有他自己了。所以，在生活中，我们要懂得感恩，感恩他人的过程实际上也是一个建立人脉关系的过程。

偶欠人情也是拉近距离的方法

在生活中，我们总是提倡“人情账宜存不宜欠”，意思是在与他人的接触中，需要多多储蓄人情，而不宜透支人情，更不能欠人情。当然，这是人情世故的总原则，不过，若是偶尔欠一个小小的人情，倒不失为一个拉近彼此距离的方法。在生活中，我们经常见到这样处处“客气”的人，他们不愿意欠人情，总是在受到了他人帮助之后，就赶紧偿还人情，时间长了，即便与他人接触密切，但总给人一种不安的感觉。因为他就好像是一个永远不会欠钱的人，他永远会自给自足，这会令其身边的朋友感到不安，这样的人估计是难以帮助自己的。因此，不知不觉间，他们会渐渐远离这样一些看上去还不错的人。其实，对于“人情”这回事，就需要有欠有还，在礼尚往来的过程中，彼此之间的距离也拉近了。若是一直不愿意欠人情，那会给别人一种较为强势的感觉，从心理上说，他们不太愿意接受这样的朋友。因此，在人际交往中，偶尔欠人情，倒是可以成为拓展人脉关系的途径。

小周是一个比较客气的人，他几乎从来没向自己的朋友求助过，在他看来，自己必须掩饰得足够坚强，似乎这样子，就会给人一种很强的感觉。他几乎什么事情都自己能处理好，不需要朋友帮忙。

但前不久，他竟然发现了“欠人情”原来也是一件不错的事情。那天深夜，小周下了飞机，不幸遭遇小偷，除了手提电脑，其他的现金、银行卡、手机全部被盗。无奈之下，小周试着联系自己在这个陌生城市为数不多的朋友。三更半夜的，也没能联系到谁，这时他只好借了别人的手机拨了好久不曾联系的朋友，对方一听他的现状，马上打车过来接他，并将他接到了自己的宿舍，虽然条件一般，但这已经令小周感到温暖了。

暂时有了住处，但朋友尚未发工资，无法借钱给自己。小周无奈之下，只好厚着脸皮找了自己的小学同学，在他印象之中，这些年好像都没怎么联系，也不知道对方是否愿意帮助自己呢。在一番忐忑之中，他用朋友的手机拨通了电话，低声地说了自己的困难，一阵沉默之后，同学说话了："你需要多少钱？"小周想着是自己借钱，又客气了一番："你能借给我多少呢？"同学还是问："你告诉我，你需要多少，我会为你想办法的。"小周心一热："那你能借我1500吗？"同学回答说："行，不过，现在我不方便去银行，你若是不着急的话，我明天上午就给你转过来……"就这样，小周算是欠了小学同学的人情。

可没想到，就这样一来二去，小周为了还人情请同学吃饭，之后聊到了彼此几年发展的际遇，竟觉得两人感情深厚了起来。通过这一次的经历，小周觉得，偶尔欠人情还是一个增进彼此感情的不错途径。

欠了人情，才会顺应人情世故的规则，想着去偿还人情，在一欠一还的过程中，增进了彼此之间的感情。偿还了人情，之后再欠人情，礼尚往来，两人之间的关系就会越来越密切，感情也越来越深厚，心灵距离也会越来越近，从而巩固了自己的人脉资源关系。

当然，在这里我们只提倡"偶尔欠人情"，而不是提倡处处欠人情。对于人情账这本账簿来说，还是应该多储蓄，不宜透支，更不应该总是欠人情，否则人际交往之路只会变得越来越狭窄，最终处处受束缚。偶尔欠人情可以拉近彼此之间的距离，但总是欠人情会让彼此之间的距离越来越远，而且，我们需要记住，偶尔欠下的人情是需要偿还的，有欠有还，才能拉近彼此之间的距离，从而达到巩固人脉关系的目的。

不要总欠人情，否则处处受束缚

通常情况下，我们都会在银行开个户头，将一些闲散的资金储蓄起来，以备不时之需，储蓄得越多，财富就越富足。但是，如果我们没有一点儿存款，反而向银行贷款，结果越欠越多，如果总是不偿还，那总有一天银行也会找上门，追讨我们欠下的巨款。很多时候，人情也是可以储蓄的。与人联络感情，拓展人脉，就像我们向银行存款一样，存得越多，存得时间越久，我们所收获的总额就会越多。反之，如果我们总是欠人情，却不懂得偿还，那最后的下场与欠银行钱是一样的道理，就有可能会处处碰壁，甚至没有一个朋友愿意帮助自己。储蓄人情是为了拓宽自己的人生道路，以备自己遇到麻烦的时候，可以到朋友那里去支取，不过，仅仅依靠人情办事是有一定限度的，总是欠人情反而会令人尴尬。人往往会高估自己与别人的交情，你的“人情存款”就只有那么多，假如一味地要求别人付出，那就是透支人情，甚至是欠人情，这样会导致彼此之间的感情变得淡漠。别人若是了解你总是欠人情的习惯，就会对你避之不及，甚至断绝关系，同时，你在他眼里就成了不懂人情世故的人。

我们应该记住这样一句话：“人情账宜储蓄不宜透支。”如果我们想建立持久的人脉关系，就需要不断地增加人情储蓄。日常交际中，人与人之间本来就是互惠互利的关系，彼此之间是有所期待的。如果你不及时储蓄人情，而总是欠人情，那就会使原来的信赖枯竭了。有时候，我们能获得一些多年不曾联系的老朋友的帮助，那是因为过去积累的人情还在。相反，对于我们经常接触的朋友而言，若是不断地挪用人情，甚至欠下人情，那就会在无意之中透支了自己的人情账户。这样一来，别人都知道你只是习惯索取，而不懂得回报，那自然会对你远远避之。

小王在一家杂志社做编辑。由于杂志社的财源并不丰裕，稿费偏低，而小王又不愿意降低杂志的水准，只好运用人情向一些作家邀稿。这些作家与他私交不错，但多次之后，其中一位很坦白地告诉他说：“给你写

稿，是因为我们是朋友，你也知道我是自由撰稿人，凭稿费吃饭，你们杂志虽然品位不俗，但却是通过透支人情、欠人情而维持的，错不在你，却令我十分为难。”

或许，有人会觉得这位作家比较市侩，但他却道出了为人处世最简单的道理。在生活中，人与人之间总会有些“人情”，因此，许多人总是喜欢用“人情”做事，但“人情”总是有限的，不是无条件的，更不是可以任意支取的支票，它所讲究的是互惠互利，就好像在银行存款一样，你存得越多，你可以领取的才会越多。

交换朋友资源，双方都能得利

在生活中，当两个人交换一个苹果时，每个人只有一个苹果。但当两个人交换人脉资源的时候，彼此就可以拥有更加丰富、完善的人脉资源了。在日常交际中，我们每个人都有自己的朋友圈子，也可以称之为人脉关系网，这样的人脉资源是通过自己在社交中的沟通所获得的，只有我们自己才可以决定这个人脉关系网的发展空间，除此之外，没有任何人可以限制其发展，它发展空间的大小取决于我们的努力程度，既可以无限扩大，也可以无限缩小。虽然，每个人的朋友圈子不一样，但这个朋友圈子中的每一个节点，都可以为我们带来一条人脉的线，这就好像数学的乘方，并以这条线来建立自己的人脉关系网，这样所达到的速度是异常快的。通常我们采取的方式，就是通过朋友结识更多的朋友，然后将自己的朋友也介绍给对方，这样一来，这个圈子就会越来越大，我们根本不需要多做努力，就可以获得丰厚的人脉资源。

我们常常会遇到这样的情况，如果你认识一个人，但却不一定认识他的朋友，结果，偶然的一次聚会，你认识了朋友的朋友，那些来自五湖四海的本不相交的人。你参加了聚会，和没有参加聚会的附加值是不一样的。众所周知，在人脉关系网中，朋友的介绍就相当于信用担保，朋友要将你介绍给其他人时，就意味着朋友是为你做了担保。对于这样的情况，我们可以请自己的朋友多介绍一些他的朋友给自己认识，就好像我们做客户服务一样，如果我们的新客户是一个很熟悉的老客户介绍的，这位新客户一下子就会接受你或你的服务。朋友之间也是一样的道理，通过朋友融入其人脉圈子，然后认识更多的朋友，这样你会发现积累人脉资源的成本是最低的，我们不需要花更多的时间去做自我介绍，也不需要花更多的时间去请客吃饭。

老李有一家自己的公司，在商界打拼了许多年，也算得上交友广泛。不过，由于公司经营项目的限制，他所认识的都是一些和公司开发项目有关的人士。最近老李正在为打通科技方面的人脉而烦恼，因为公司新研发了一个项目，但有一环节却苦于没有人脉而不得不搁浅。

正当自己发愁的时候，老王给他打来电话，让他请广告界的一位老总来参加自己举办的宴会，原来老王公司要推出一个新的品牌，需要广告界的支持。在宴会中，老王也给他介绍了几位科技方面的人士，这样一来交换人脉资源，对双方的帮助都很大。

朋友之间互换人脉资源，可以有效地壮大自己的人脉资源。我们与别人交换人脉资源就像是做生意，也是一种平等的交换。我们与朋友之间之所以能够维持互动关系，那是因为各自有可以提供给对方的东西，而且这种交换是不同价值的交换，是可以通过交换来弥补各自的需要的，而且这对双方都是很有利的。

张颖，美国中经合集团董事总经理、中国区首席代表，他就是因为善于拓展人脉圈子而最终获得了成功。

1996年，张颖从旧金山大学毕业，进入斯坦福医学院旧金山医学中心工作，他在工作中很注意结交朋友，同一实验小组的同事Rey Banatao就和张颖成为了很好的朋友。张颖因此常到Rey家玩，也由此认识了Rey的父亲Dado Banatao——一个菲律宾裔的亿万身家的美国投资家。

后来，张颖前去美国中经合集团应聘投资经理，恰好中经合的创始人刘宇环跟Dado Banatao是“多年的老朋友，认识十几年了。”于是，双方在面试中谈起了各自与Dado Banatao的交情，由此也产生了熟悉和信任感，并在这一共同话题的导引下谈得十分投机。在2001年2月，张颖也就地顺利加入了中经合集团成为投资经理。当然，在与那些朋友交换人脉资源的同时，张颖也及时给朋友提供了一些帮助，将自己某些专业领域的朋友介绍给对方。

张颖本来只是同事Rey Banatao的朋友，后来又认识了同事的爸爸——一个菲律宾裔的亿万身家的美国投资家，他让朋友的父亲成为了自己的朋友。对于一个这么享誉的头衔，背后肯定有着丰富的人脉资源。张颖后来去美国中经合集团应聘投资经理，而中经合的创始人刘宇环跟Dado Banatao是多年的老朋友，这时候，善于笼络关系的他让朋友的朋友成为了自己的朋友，这样一来，自己的面试已经成功了一半，之后他成为了投资经理。

你有一个苹果，我也有一个苹果，如果彼此交换，还是各自有一个苹果。不过，如果你有一个好的思想，我也有一个好的思想，而彼此交流这些思想，那我们就各自有两种思想；如果你有一个非常好的人脉关系网，我也有一个非常好的人脉关系网，那互相交换，那我们各自就有两个人的人脉关系网。所以，要想拓展自己的人脉关系网，有效的途径就是多与别人交换人脉资源。

第12章

适时变通，棘手事件处理游刃有余

常言道：“穷则变，变则通。”在生活中，有的人一辈子都碌碌无为，有的人却能够左右逢源、游刃有余，这是为什么呢？原因就在于“变通”，善于变通的人，即便是遭遇棘手之事，他们也能从容不迫地处理。

遇事不乱，能伸能屈巧变通

在生活中，处世一定要“圆”，“圆”也就是能伸能屈巧变通，尤其是遇到棘手之事，不要慌乱，而要以圆融为主。一个人若是太规矩，太方正，有棱有角，一定会撞得头破血流。那些懂得变通的人，定是八面玲珑，这样一来，无论是做人做事都会事半功倍。当然，我们主张做人不应该太过于圆滑，而是保持方外有圆，圆中有方，外圆内方。只需要保持这样的规律，就会令自己成为一个灵敏通融的人，当我们在处理各种事情的时候，就会擅长灵活应变，能伸能屈，适时改变策略。在生活中，若是遇到了棘手之事，需记住：万事急不得。越着急，就越有可能办砸事情。而且，如果你只想用一种方法来解决棘手之事，那成功的概率是不大的。毕竟，棘手的事情所考验的是一个人的随机应变能力，如果你总是保持原有的方法，不着眼事情的变化，那极有可能会让事情朝着相反的方向发展。

王先生是一家公司的经理，下班后经常做一些投资活动。前不久，他以极低的价格购买了位于郊区的不毛之地，家人、朋友纷纷说他傻："这地连草都不长，你买来有什么用？还花了那么多钱。"王先生本来打算随着城市的规划而出售，没想，城市规划有变，那块地看来真的成了无用之地。当时，王先生可是拿出了大部分积蓄，如今可谓是血本无归了。事情变得十分棘手，但王先生并不慌乱，而是沉着冷静应付。

突然有一天，王先生灵机一动，他对当地政府部门说："我有一块地皮，我愿意无偿捐献给政府，但是，我是一个教育救国论者，因此，这块地只能建一所大学。"政府如获至宝，当即就同意了这一要求。

于是，王先生将三分之二的地捐给了政府，不久，一所大学矗立在那里。他再将剩下的三分之一的地修建了学生公寓、餐厅、商场、酒吧、电影院等，形成了商业一条街。没过多久，王先生买地皮亏损的钱也被赚回来了。

王先生是一个懂得随机应变的人，因此，他的投资活动得到了很好的回报。本来，他打算随着城市规划而开发那块地，没想到，城市规划有了变化，那块地几乎不值钱了。之前所设想的计划出现了变化，使得投资这件事变得异常困难，不过，王先生并没泄气，也没有着急慌张，而是适时应变，使得一件坏事变成了好事。因此，当我们面对棘手之事时，不要着急，需适时应变，灵巧变通。

有一次，胡雪岩押运洋枪从上海去浙江。本来，在上海购买的这批洋枪，需要松江漕帮的协助才能运到浙江。可是，胡雪岩到了松江，才知道事情突然之间变得很棘手。原来，松江魏老头子的好友俞武成已经和太平军赖汉英联系上了，只要等这批洋枪从海上起运，就动手截留，而魏老头子也答应会帮助他们。

胡雪岩到松江拜访了魏老头子，听闻了此事，心中颇为不安。他心想：如果俞武成不是他的朋友，事情就好办了。如果这批洋枪，不是落到太平军的手里，事情也好办。现在两种假设都不成立，事情确实很棘手啊。魏老头子了解胡雪岩的难处后，打算断了与俞武成的交情，帮助胡雪岩渡过这一难关，阻止俞武成动手。可胡雪岩却觉得这样办事不太妥当，这时，他灵光一现，心中已经有了妙计。

于是，胡雪岩去拜见了俞武成的娘——俞三婆婆。没想到，这俞三婆婆却是一个厉害角色，她故意装聋作哑，不想帮胡雪岩这个忙。胡雪岩缓缓说道："我也是不希望松江漕帮为难，让魏老爷为难，再说了，如果我请兵护运，又怕与俞武成发生冲突，伤了和气。"俞三婆婆到底是老江湖，她听出，如果俞武成不肯让步，那请兵护运洋枪，这俞武成的行为则成了抢劫军械，这可是要灭门的啊。知晓了其中的利害关系，俞三婆婆吩咐赶快找人将俞武成找回来。

不过，事情却并不像想象中的简单，有了俞三婆婆的出面，还是难以给俞武成台阶下。俞武成本来是想给下面的兄弟考虑生计，急谋生路，才身不由己，萌发了抢劫军械的念头，如今，有了母亲的出面，自己该如何向兄弟们交代呢？对此，胡雪岩与俞武成达成了协议，由胡雪岩报清官府，发给这批人三月粮饷，保证不诱降，事后，胡雪岩还拿出一万两银子来犒劳俞武成下面的兄弟们。

本来，押运军械去浙江，却没想到在松江是"大水冲了龙王庙"，两边都有说不开的关系，这怎么办才好呢？懂得变通的胡雪岩没有着急，他不想伤了彼此的和气，而是尽可能地让每个人都满意。为了达到这样的目的，他想了一个比较妥当的办法：请俞武成的母亲出来规劝，自己再拿银两犒劳他们。这样一来，不至于让魏老头子为难，同时，还给了俞武成这只恶虎一个台阶下，万事皆完美。

人的一生是不可能一帆风顺的，道路是曲折坎坷的，在前进的道路上有困难，也有挫折，这时就需要我们用各种方法清除它们，让它们不会成为自己成功的绊脚石。在这个过程中，我们要更多运用"灵活变通"的智慧，遇事不慌张。

未雨绸缪，做事之前先设计好多条出路

在生活中，凡事不能碰运气，必须想好了才能动手，这就是所谓的未雨绸缪，也就是让我们做事之前先想好多条出路。诸如做生意，每一次运作都会有一定的风险，大胆投资一桩生意，到底所带来的是血本无归还是丰厚的利润呢？当结果还没出现的时候，我们是难以预料的，直至最后才能见分晓。不过，当我们在做投资或运作的时候，能够事先做好周密的策划，分清具体的形势，预料到会出现的问题，并适时想好了应对的策略，那似乎不会出现太大的问题。一个善于未雨绸缪的人，无论是做大事还是小事，都会周密思考，为此做好充分的准备。在生活中，我们更需要先多花一些时间，做好完善的硬件设施，这样在后面的日子中，事情发展才会顺利进行。在做一件事情之前，我们就已经想好了部署，想到了那些预料中的情况，这样等到真正去做的时候，胜算的概率会大很多。

一只野狼卧在草地上勤奋地磨牙，狐狸看到了，就对它说："天气这么好，大家都在休息娱乐，你也加入我们的队伍吧！"野狼没有说话，继续磨牙，把它的牙齿磨得又尖又利。狐狸奇怪地问道："现在森林这么安静，猎人和猎狗都已经回家了，老虎也不在近处徘徊，又没有任何危险，你何必那么用劲磨牙呢？"

野狼停下来回答说："我磨牙并不是为了娱乐，你想想，如果有一天我被猎人或者老虎追逐，到那时，我想磨牙也来不及了，而平时，我就把牙磨好，到那时就可以保护自己了。"

在生活中，我们要想做好一件事情，就必须事先分析情势，学会未雨绸缪。一个人要想有所建树，就必须时刻胆大心细，在做任何一件事情之前都必须提醒自己，要三思而后行，想好了再动手。

太平运动纷纷而起，杭州被团团围住，胡雪岩得知自己的朋友率杭州军民坐孤城，直至粮草殆尽，断粮长达一个月之久。当时，城内没有食物，就将药材南货，诸如熟地、黄精、枣栗、海茎类，都用来充饥。

到后来，只能吃糖、吃皮箱、吃草根树皮，甚至，在最后到了尸肉充饥的地步。

为了筹备粮食，胡雪岩冒死出城，到上海买了一船救命的粮食，运到了杭州城外的钿江面，但所有进城的通道都已经被断绝，粮食无法送进城内，只能远远相望。过了几天，陪同胡雪岩一起到杭州送粮的萧家骥打算进城送个消息，顺便看看是否有可行的办法将粮食运进城里，胡雪岩同意了萧家骥的决定。在出发之前，胡雪岩问道："你怎么样到达对岸，如何进城，在途中若是遇到了敌人该怎么办？"然而，对于这些至关重要的问题，萧家骥却连想都没想，他说："在这种情况下，只能见机行事，碰碰运气了。"胡雪岩回答道："这时候做事，不能说碰运气，要想好再动手。"

原来，胡雪岩有自己的想法：在这危急时刻，绝不能碰运气，历尽了千辛万苦买回来的救命粮食已经运到了城外，绝不能无果而返。既然决定冒险进城，就一定要有一个好的结果。城外对城内的情况一概不知，而城外有重兵把守，如果不小心被抓住了，肯定会给予重罚，搞不好还会被杀头，而在城中，没有一个人认识萧家骥，又不能写一个能证明其身份的文书、信函之类的东西在身边，进城去有可能还会被当成奸细呢。这样想来，就应该细细预料进城途中所遇到的情况，未雨绸缪，才能求得一个好的结果。

在胡雪岩看来，萧家骥此次进城，事关杭州百姓的安危，需要三思而后行。毕竟，许多事情之间都存在着千丝万缕的关系，一时的疏忽有可能会造成整件事情的失败，所谓"牵一发而动全身"，其产生的连锁反应，将影响整件事情，最后，导致全面崩溃。胡雪岩正是明白这样的道理，所以，在出发之前，才会细问萧家骥到底是如何打算的，以未雨绸缪，才能保证事情万无一失。

其实，为人处世的心机之一就是未雨绸缪，居安思危，防患于未然。做足了准备，再去迎接挑战，我们将会有更大的胜算。即便事情有了突然的变化，我们也不至于手忙脚乱，而是从容不迫地按照事情变化的形势而变化，这就是变通的智慧。平日若是不做丝毫的准备，想要临时抱佛脚，那是根本行不通的。在生活中，很多人总是抱怨自己没有机会，实际上在于他们没有做好迎接机会的准备，因为机会总是降临在那些有准备的人身上的。

帮他人打个圆场，令对方感激你

在生活中，某些时候，我们身边的朋友或同事会陷入一个尴尬或难堪的局面，这时我们需要巧妙打圆场，帮助对方脱离险境。所谓的“打圆场”，也就是从善意的角度出发，以特定的话语去缓和紧张气氛、调节人际关系的一种语言行为。有时候，人们常常因固执己见而争论不休，因为一句不适当的话而冷场，或者因为突发状况而形成难堪情境，等等。各种原因都会造成僵持的局面，难以缓和的气氛横亘在交流双方之间，整个场面就如同冰山一般冷掉了。这时作为局外人就需要出来打圆场，适时地说几句话来打破僵局，化解尴尬的气氛，使交流得以正常地进行下去。实际上，这些尴尬的场景常常会在意料之外出现，这会让当事人遭遇尴尬或不快，甚至引发了不必要的麻烦，轻则令人恼心，重则在心里结下疙瘩。这时我们若是利用突发事件与语言之间的玄妙之处进行机智的解答，就会使当事人转忧为喜，也会整个紧张气氛得以缓解。

有个理发师傅带了个徒弟。徒弟学艺3个月后正式上岗。他给第一位顾客理完发，顾客照照镜子说：“头发留得太长。”徒弟不语。师傅在一旁笑着解释：“头发长使您显得含蓄，这叫藏而不露，很符合您的身份。”顾客听罢，高兴而去。

徒弟给第二位顾客理完发，顾客照照镜子说：“头发留得太短。”徒弟不语。师傅笑着解释：“头发短使您显得精神、朴实、厚道，让人感到亲切。”顾客听了，欣喜而去。

徒弟给第三位顾客理完发，顾客边交钱边嘟囔：“剪个头花这么长的时间。”徒弟无语。师傅马上笑着解释：“为‘首脑’多花点时间很有必要。您没听说：进门苍头秀士，出门白面书生！”顾客听罢，大笑而去。

徒弟给第四位顾客理完发，顾客边付款边埋怨：“用的时间太短了，20分钟就完事了。”徒弟心中慌张，不知所措。师傅马上笑着抢答：“如今，时间就是金钱，‘顶上功夫’速战速决，为您赢得了时间，您何乐而不为？”顾客听了，欢笑告辞。

故事中，这位师傅可谓是能说会道，他机智灵活，巧妙为徒弟“打圆场”，每次巧妙的变通，都令徒弟摆脱了尴尬的场面，同时也让顾客转怨为喜，高兴而去。这个故事给我们一个重要的启示：打圆场一定要善用吉言。“爱听吉言”几乎是人们共有的一种心理，在尴尬的场面，说上几句美好的话语，那会令所有人都心花怒放，最终冰释前嫌。

早上，公司举办了庆典活动，在这个活动中，有一项是主要领导讲话，也就是公司里最高领导王董事长讲话。

不料，真正等到王董事长讲话的时候，话筒出现了问题，只要董事长一开口，整个大厅就出现一阵刺耳的声音。董事长脸上有点难堪，没想到到了自己就出现了这样的问题，多少觉得很扫兴，而且对台下的听众也觉得很不好意思。董事长身边的秘书当然明白其中的道理，他三步并作两步走上台，重新调整了话筒，先试着喊“喂”，验证话筒没有问题了，但他没有急于把话筒递给董事长，而是拿着话筒说了几句话：“看来，咱们董事长太有威严了，连话筒到了他手里都得紧张一下子，一紧张就出现问题了，不过，现在它不紧张了，因为董事长在这里讲话，那是它的荣幸，下面，掌声有请王董事长讲话。”整个大厅爆发出雷鸣般的掌声，刚才出现的小插曲已经消失无影无踪了，而王董事长在接过话筒的那一刻，对秘书投来赞许的眼光。

在案例中，前面有人讲话时话筒还好好的，但到王董事长讲话的时候，话筒就出现了问题，虽然，这并不是人为造成的难堪场景，但对于讲话者王董事长而言，还是多少有点尴尬。聪明的秘书趁此机会站了出来，他先是帮忙调整了话筒，然后说了几句妙语，轻松就为王董事长解了围。

在一些场合，有可能一个敏感的问题让整个场面都僵掉了，甚至妨碍了正常交际的进行，这时候我们就可以通过幽默解说将问题诙谐化，打破僵局，让交际得以顺利进行；有时候朋友或同事可能是在某些特定场合做出了不合时宜、不合情理的举动，这让旁人看起来很费解，导致整个局面的僵持，这时候我们需要找一个角度或借口，强调对方行为的合理性，这样就能灵活打好圆场，缓解气氛。

遭遇他人挑衅，学会打好淡然棋

为人处世，我们需要学习的首要秘诀就是——淡然。我们应该清楚，活在这个世界上，主要目标是为了实现自己的价值，更是为了心中坚定的信念。心中的信念以及目标都将决定着我们旗帜鲜明地独特地活着，这时难免会遭遇别人的挑衅。实际上，生活中每个人的思维和行为方式是不一样的，总会有一些人对我们的言行不屑一顾，这都是很正常的，我们不应该为此感到生气，更不应该对其进行反击。如果我们做出反击的行为，那将表示我们跟对方都是一样有着无比狭窄的心胸。所以，不妨学会淡然一点，从容地面对他人的挑衅，因为在这个世界，任何人都不可能赢得所有人的心，无论我们怎么努力，都不可能让所有的人都成为我们的朋友。对于我们的言行或成绩，总有一些人心怀嫉妒，不怀好意地看着我们，好像等着看我们出丑。在这样的情况下，我们的心境越是需要变得淡然，既然他并不是我们的知己朋友，那他的挑衅对我们而言将是毫无意义的。

林肯当选总统的那一刻，很多参议员都感到十分尴尬，因为当时美国的参议员大部分都出身望族，他们自以为是上流社会的人，从没想到过所面对的总统竟然是一个出身卑微的人，因为林肯的父亲是一个鞋匠。

当林肯站在讲台的时候，一位态度傲慢的参议员站起来说：“林肯先生，在你开始演讲之前，我希望你记住，你是一个鞋匠的儿子。”顿时，所有的参议员都笑了起来。这时，林肯不卑不亢地说：“我非常感激你能使我想起我的父亲，他已经过世了，我一定会永远记住你的忠告，我永远是鞋匠的儿子。我知道我做总统永远无法像我父亲做鞋匠做得那么好。”所有的参议员陷入了沉默，这时，林肯对那位傲慢的参议员说：“就我所知，我父亲以前也曾经为你的家人做鞋子，如果你的鞋子不合脚，我可以帮你改正它，虽然我不是伟大的鞋匠，但是我从小就跟父亲学会了做鞋子这门手艺。”

然后，他再一次扫视全场的参议员，说道：“对参议院里的任何人都一样，如果你们穿的那双鞋子是我父亲做的，而它们需要修理或改善，我一定尽可能地帮忙。但是有一件事是可以确定的，我无法像他那么伟大，他的手艺是无人能比的。”说到这里，他流下了眼泪，顿时，全场爆发出热烈的掌声。

对于参议员的挑衅，林肯选择了淡然待之，他只是道出了父亲的伟大，正是这一点，打动了所有在场的议员们。来自别人的挑衅，并不意味着自己的价值毫无存在。别人看轻了自己，没有关系，只要自己看重自己就行了。如果别人肆意侮辱，而那些侮辱的言辞是毫无根据的，不要生气，你只需要采取置之不理的态度，淡然面对，这样才会越发体现你超凡的人格魅力。

一位美国记者在采访周总理的过程中，无意中看到总理桌子上有一支美国产的派克钢笔。那记者便以带有几分讥讽的口吻问道：“请问总理阁下，你们堂堂的中国人，为什么还要用我们美国产的钢笔呢?”周总理听后，风趣地说：“谈起这支钢笔，说来话长，这是一位朝鲜朋友的抗美战利品，作为礼物赠送给我的。我无功受禄，就拒收。朝鲜朋友说，留下做个纪念吧。我觉得有意义，就留下了这支贵国的钢笔。”美国记者一听，顿时哑口无言。

美国记者的本意是想趁此机会挖苦周总理：你们中国人怎么连好一点的钢笔都不能生产，还需要从我们美国进口，并且，他很想从周总理的回答中找出“破绽”。但是，面对这样犀利的问题，随机应变的周总理却回答得很淡然，“朝鲜战场的战利品”，这样的回答不但没有让记者抓住“把柄”，反而使记者颜面尽失。

在生活中，我们难免会遭遇他人的挑衅，难听的话语、尖酸刻薄的语调，似乎都能点燃我们心中的怒火。但你若是转念一想，又何必生气呢？人生在世，更需要懂得变通，那些擅长攻击别人、挑衅别人的人，自然是心胸狭隘的小人，又何必跟这样的人一般见识呢？不妨淡然面对，对他人的挑衅一笑置之，这才是最好的反击，因为你已经不在乎了，那对方的挑衅还有什么攻击力量呢？别人肆意攻击，我们回应的方式并不仅仅只有“反击”这一种。我们应该学会变通，以淡然处之，这才是处世的大智慧。

他人质疑你，解释要选对时机

通常情况下，人们强烈的自尊心将决定着其绝不容忍遭受别人的质疑。可当我们真的遭受别人的质疑，该怎么办呢？或许会感觉受到了伤害，或许会陷入矛盾，到底自己的言行是对还是错呢？其实，产生这些心理都是很正常的，但我们最应该采取的方式是在合适的机会进行解释。对于一件事情，不是所有人说得都是对的，面对那些不同的看法，我们需要有分辨的智慧，有的质疑是一种考验，有的质疑是一种善意的提醒，而有的质疑则是一种不怀好意的。听到这些质疑的声音，我们可能会觉得不以为然，因为有些事情不需要争辩，也不需要别人的认同。这个世界的道路太多，纵横交错，我们有自己的方向，他人也有他人的方向，时间匆匆逝去，岁月会证明你是对的还是他是对的。

小泽征尔是世界著名的交响乐指挥家，在他还没有出名之前，他曾参加了一次世界优秀指挥家大赛。在决赛中，他按照评委会给出的乐谱指挥乐队演奏，在指挥过程中，小泽征尔敏锐地发现了不和谐的音符。刚开始，他以为是乐队的演奏出现了错误，于是，他停下来重新指挥，但是，演奏还是出现了不和谐的声音。他当即指出："我觉得乐谱有问题。"

这时，所有在场的作曲家和评委会的权威人士都坚定地说："乐谱绝对没有问题。"面对权威人士的质疑，小泽征尔涨红了脸，但还是斩钉截铁地大声说："不！一定是乐谱错了！"话音刚落，评委们全部站了起来，对他报以热烈的掌声，祝贺他通过了决赛。原来，这不过是评委们精心设计的一个"圈套"，而小泽征尔却以坚定地认同自己而获得了最后的成功。

小泽征尔是幸运的，他的幸运在于，当自己遭受评委质疑的时候，并没有退缩，没有犹豫，而是坚定地表示自己的看法是对的。果然，评委的质疑并不是恶意的，而是一种考验的方式。试想，如果小泽征尔当时不马上作出解释，而是听从评委的观点，那他将有可能一辈子都沉寂在没有掌声的音乐中。

一位成功人士讲述了自己的故事：

在我小学六年级的时候，由于考试得了第一名，老师送给我一本世界地图，我十分高兴，回到家就开始翻看这本世界地图。然而，很不幸的是，那天正好轮到我为家人烧洗澡水，我一边烧水，一边在灶间看地图。突然，我看到了一张埃及的地图，原来埃及有金字塔、尼罗河、法老王，还有许多神秘的东西，心想：我长大以后一定要去埃及。我正看得入神的时候，爸爸走过来了，他大声对我说："你在干什么？"我说："我在看地图。"爸爸跑过来给了我两个耳光，然后说："赶快生火！看什么埃及地图！"然后，他又踢了我一脚，严肃地对我说："我给你保证，你这辈子绝不可能到那么遥远的地方！赶快生火！"

我呆住了，心想：爸爸怎么给我这么奇怪的保证，真的吗？难道我这辈子真的不能去埃及吗？20年后，我第一次出国就去埃及，朋友都问我："你到埃及去干什么？"我说："因为我的生命不要被保证。"我自己跑到了埃及，当我坐在金字塔的最前面，我买了张明信片写给爸爸："亲爱的爸爸，我现在在埃及的金字塔前面给你写信，记得小时候，你打我两个耳光，踢我一脚，保证我不能到这么远的地方来。”

在这个故事中，小男孩对于爸爸对自己梦想的质疑，并没有马上进行解释，而是慢慢等待。一直等到自己能够实现儿时的梦想，他才想起了爸爸曾经质疑的声音，他以淡然的态度回应爸爸当年质疑的声音：“亲爱的爸爸，我现在在埃及的金字塔前面给你写信，记得小时候，你打我两个耳光，踢我一脚，保证我不能到这么远的地方来。”这样的解释时间是合适的，毕竟没有人能为自己的梦想保证，当年的爸爸不能保证，小男孩更无法保证。只是，小男孩将爸爸质疑的声音当作了自己前进的动力，等到自己实现了梦想，这时即便不用解释，那也证明了他是可以的，能行的。

在某些时候，当你遭受质疑的时候，需要立即解释，如果不马上澄清自己的想法，那很有可能错过了机会，那你的想法将永远无法展现在人们面前。但是，对于某些质疑的声音，我们不需要理会，而是等待时机，等到自己可以证明的时候，那时候稍作解释才是最合适的，或者可以说，那时已经不需要多作解释了，因为你最终的结果已经宣告了“你是对的”。

巧用自嘲打趣化解各种尴尬

幽默一直被人们称为只有聪明人才能驾驭的语言艺术，而自嘲又被称为幽默的最高境界。自嘲是缺乏自信者不敢使用的语言艺术，因为它要你自己骂自己，也就是要拿自身的失误、不足甚至生理缺陷来“开涮”，对丑处、羞处不予遮掩、躲避，反而把它放大、夸张、剖析，然后巧妙地引申发挥，自圆其说，博得一笑。由此可见，能自嘲的人必须是智者中的智者、高手中的高手。在生活中，当场面陷入尴尬的时候，若是用自嘲来化解窘境，不仅可以给自己找个台阶下，而且很容易产生幽默的效果，轻轻松松地就能化解场面的窘迫气氛。当然，如果我们想用自嘲的艺术，那就应该具备豁达、乐观、洒脱的心态，如果缺少这些特质，我们是没有办法运用自嘲的。比如，生活中那些自以为是、斤斤计较、尖酸刻薄的人是难以自嘲的，因为他们没有勇气拿自己开涮。当然，就语言表达方式来说，自嘲的语言艺术是最安全的，因为伤害不了任何人，除了自己。

20世纪50年代初，美国总统杜鲁门会见十分傲慢的麦克阿瑟将军。会谈中，麦克阿瑟拿出烟斗，装上烟丝，把烟斗叼在嘴里，取下火柴。当他准备划燃火柴时，停下来对杜鲁门说："抽烟，你不会介意吧？"

显然，这不是真心征求意见，在他已经做好抽烟准备的情况下，如果对方说他介意，那就会显得粗鲁和霸道。这种缺少礼貌的傲慢言行使杜鲁门有些难堪。然而，他看了麦克阿瑟一眼，自嘲道："抽吧。将军，别人喷到我脸上的烟雾，要比喷在任何一个美国人脸上的烟雾都多。"

当你置身于难堪境地时，如果过分掩饰自己的失态，反而会弄巧成拙，使自己越发尴尬。相反，如果以漫不经心、自我解嘲的口吻说几句取悦于人的话，却可以活跃气氛、消除尴尬。由此可见，当令人难堪的事实已经发生，巧妙地运用自嘲，能使你的自尊心通过自我排解的方式受到保护，同时，还能体现出你宽阔的胸怀。

在一个中秋佳节，乾隆皇帝在御花园召集群臣赏月。他一时兴起提出要与纪晓岚对句集联，以增雅兴。一向自恃才高八斗、文思敏捷的乾隆先出了上联：玉帝行兵，风刀雨剑云旗雷鼓天为阵。出完了上联，乾隆踌躇满志地望着纪晓岚，看他如何对下联。

纪晓岚沉思片刻，对出了下联：龙王设宴，日灯月烛山肴海酒地作盘。明眼人都看出，纪晓岚的下联不但工整，而且气势宏大，和乾隆所出的上联简直是过犹不及。可是，乾隆听了下联，脸色开始变了，一时间阴沉着脸。这时纪晓岚当然明白乾隆的心思，俗话说："伴君如伴虎。"一向好胜的乾隆，怎么容得下自己所出的下联呢？看来自己不该一比高低，否则弄不好会引来杀身之祸。

面对这样的情况，纪晓岚心里也很着急，但他并非等闲之辈，只见他灵机一动，巧舌如簧地说："主人贵为天子，故风雨雷电任凭驱策、傲视天下；微臣乃酒囊饭袋，故视日月山海都在筵席之中，不过肚大贪吃而已。”听到纪晓岚这一番话，乾隆刚刚消失的得意之色再露，笑着对纪晓岚说道：“爱卿饭量虽好，如非学富五车之人，实不能有此大肚。”

在案例中，纪晓岚适度的自嘲，不仅仅是一种良好的修养，同时还为自己化解了一场危机。这样的自嘲，可以制造宽松和谐的交谈气氛，可以让自己活得更轻松洒脱，让乾隆皇帝感受自己的幽默和风趣，同时，还可以有效地维护其面子，建立沟通双方的心理平衡。

有人说：“无论你想笑别人什么，都不妨先笑你自己。”在生活中，自嘲简直可以说是治疗尴尬的一剂良药，当自己遭遇尴尬的时候，不妨拿自己开涮，反而会让身边的人开怀大笑。其实，自嘲是一种心理成熟的标志，虽然你损失了面子，但却以真诚的人格魅力赢得了大家的青睐。自嘲最大的作用就是让沟通的场景变得轻松起来，处于这个场景的人们不希望看到难堪局面的发生，因此，对于我们而言，自嘲不但给自己解围，同时也娱乐了大家，替大家解了围。

顺水推舟，用“太极之道”应对

顺水推舟，是一种心理战术，也就是当自己处于劣势时不直接与对方抗衡，而是采取你进我退，你退我进，巧妙周旋，以“太极之道”应对对方的攻击。不过，我们在进行语言表达的时候，也经常会运用到这个策略，顺水推舟的方式实际上是一种拖延战术，目的就是等待时机，或者故意模糊对方的观点，争取更多的时间有利于彼此沟通的顺利进行。有时候，在交际过程中，或是因为对方故意刁难，或者是因为自己失误，所以免不了会使自己陷入困境中，这时候就需要顺水推舟的方法来摆脱困境。顺水推舟的特点是不作正面抗衡，而是在迂回的变通中，顺着对方的话说下去，借力胜敌，从而成功达到自己的目的。在日常生活中，当自己处在尴尬的情况下，也可用顺水推舟的办法使自己摆脱困境。

在一次新闻界的餐会中，美国总统艾森豪威尔应大家的要求站起来说话。他说：“大家都知道，我不是善于言辞的人。小时候我曾经去拜访过一个农夫，我问这个农夫：‘你的母牛是不是纯种的?’他说不知道，我又问：‘这头牛每个星期可以挤出多少牛奶呢?’他也说不知道。最后，他被问烦了，就说：‘你问我的我都不知道，反正这头牛很老实，只要有奶，它都会给你。’”艾森豪威尔笑了笑，对所有在场的新闻界人士说：“我也像那头牛一样老实，反正有新闻，一定都会给大家。”这几句话让大家哄堂大笑。

艾森豪威尔在这里就使用了顺水推舟的策略，他并没有正面回答新闻记者的问题，而是兜着圈子告诉大家：你们没事就别紧追着我问，反正我有新闻一定会给你们的嘛！言辞中得体地表达了自己对新闻媒体总是紧紧追问的反感，而且，迂回而又幽默的表达方式令在场的人都忍俊不禁，为整个餐会营造了愉快的氛围。

在一次记者招待会上，一位西方记者问周总理：“请问，中国人民银行有多么资金？”周总理听出他是在讥笑中国贫穷。对此，周总理并没有正面回答，而是避实就虚地说：“中国人民银行货币资金嘛，有8元8角8分。”接着，周总理做了这样的解释：“中国人民银行发行面额为1元、5元、2元、1角、5角、2角、1分、5分、2分，合计为8元8角8分。中国人民银行是由全国人民当家做主的金融机构，有全国人民做后盾，信用卓著，实力雄厚，它所发行的货币，是世界上最有信誉的一种货币，在国际上享有盛誉。”

在这个案例中，周总理所使用的就是顺水推舟的策略。既然，你想知道中国人民银行有多少资金，那我就顺势告诉你这个答案，但我的答案并不是你所想要的答案，以此灵活变通，让对方陷入哑口无言的境地。

美国曾有个政界要人叫凯升，20世纪40年代他首次在众议院里发表演讲时，打扮得土里土气，因为他刚从西部乡间赶来。

一个善于挖苦讽刺的议员，在他演讲时插嘴说：“这个伊利诺斯州来的人，口袋里一定装满了麦子吧？”这句话引起哄堂大笑。

凯升并没有因此怯场，他很坦然地回答说：“是的，我不仅口袋里装满了麦子，而且头发里还藏着许多菜籽儿呢。我们住在西部的人，多数是土里土气的。不过我们虽然藏的是麦子和菜籽儿，却能够长出很好的苗来！”

这句话立刻使凯升的大名传遍全国，大家给他一个外号：“伊利诺斯州的菜籽儿议员。”这位菜籽儿议员采用的正是顺水推舟。他深知顺势的道理，把对方的冷嘲热讽当作可以利用的交通工具，顺路搭车，一路顺风地抵达了自己的目的地。

在日常生活中，当你遭受对方不是善意的顶撞、攻击、讽刺挖苦或者出言不逊时，不要立即以牙还牙，而是把它作为前提，作为铺垫，作为条件，顺势把自己的态度表现出来。有时候，我们在面对对方不怀好意的提问时，不要针锋相对，不要给予他正面回答，而是巧妙采用顺水推舟的战术，顺着对方的话说下去，把对方的讽刺挖苦当作可以利用的工具，以太极之道应付，然后再找出反驳的话语来，打消对方的气焰，使自己摆脱困境。

出其不意，巧用逆向思维

《孙子·计篇》：“攻其不备，出其不意。”意思是趁对方没有意料到就采取行动，也就是出乎于别人的意料之外。在日常交际中，我们也可以利用这个策略，以出乎于对方意料之外的言行制服对方。“出其不意”也就是不按照正常的逻辑出牌，有可能是借题发挥，有可能是顺势引导，从而说出或做出一些在对方预想之外的言语和行为，令对方无法招架，这样所产生的效果是顺利地摆脱了对方的言语限制。通常在日常交际中，如果按照正常的逻辑思维，当自己论述了一个观点后，我们可以预想对方有可能会出现什么样的言行。而出其不意完全跳出了这个圈子，巧用逆向思维，那些话语或行为完全是对方所想不到的，也因为如此，正好打他个措手不及，最终我们将成功地占据上风。

古希腊流传着这样一则寓言：

有一位埃及妇女看到自己在尼罗河畔玩耍的孩子被鳄鱼抓住，就请求鳄鱼把孩子归还给她。鳄鱼当着众人说："如果你猜对我的心思，我就把孩子归还给你。"妇女说："我猜你不想把孩子还给我。"鳄鱼说："如果你猜得对，则根据你说话的内容，我不把孩子归还给你。如果你猜得不对，则根据约定的条件，我不把孩子归还给你。你或者猜得对，或者猜不对，所以我都不会把孩子归还给你。"

听了这样的话，妇女灵机一动，说："如果我猜得对，则根据约定的条件，你应把孩子归还于我。如果我猜得不对，则根据我说话的内容，你应把孩子归还于我。我或者猜得对，或猜得不对。所以你都应把孩子归还给我。"

鳄鱼本来想用一个不符合逻辑的推理来为难妇女，可没想到妇女也用了一个相反的同样不符合逻辑的推理来反驳鳄鱼，出其不意，这样的反驳方式实在是巧妙极了。在沟通中，当我们受到对方的攻击时，可以不直接从正面回答，而是通过借助对方提供的话题进行还击，出其不意，从而改变沟通的局势。这种方式最重要的是在于"借"，能否借对方的话题为己所用，当然，这也取决于我们的思辨能力。

在孙膑初到魏国时，魏王想考查一下他的本事，以确定他是不是真的有才华。有一次，魏王召集朝中大臣，当面考查孙膑的智谋。魏王坐在宝座上，对孙膑说："你有什么办法让我从座位上下来吗？"庞涓在一旁出谋说："可在大王座位下生起火来。"魏王说："不行。"孙膑说："大王坐在上面嘛，我是没有办法让大王下来的。不过，大王如果是在下面，我却有办法让大王坐上去。"魏王听了，得意扬扬地说，"那好，"说着就从座位上走了下来，"我倒要看看你有什么办法让我坐上去。"

周围的大臣一时没有反应过来，也都嘲笑孙膑不自量力，等着看他出洋相。这时候，孙膑却哈哈大笑起来，说："我虽然无法让大王坐上去，却已经让大王从座位上下来了。"众人这时才恍然大悟，对孙膑的才华连连称赞。魏王也对孙膑刮目相看，孙膑很快就得到魏王的重用。

孙膑是我国古代著名的军事家，他的《孙膑兵法》到处蕴含着变通的哲学。其实，从这件事情中我们可以看出，孙膑本人也是一个善于变通的人。当魏王提出了"如何让自己从座位上下来"，孙膑并没有依照常人的思维来分析，而是逆向思维，这无疑就变通了魏王所出的难题，以巧取胜，所以，他也受到了魏王的重用。

其实，不仅仅是说话，做人做事也需要出其不意，巧用逆向思维。王国维在《人间词话》里说："诗人对于宇宙，须入乎其内，又须出乎其外。入乎其内，故能写之。出乎其外，故能观之。入乎其内，故有生气。出乎其外，故有高致。"这就是告诉我们，为人处世需要灵活变通，不能太死板，也不必拘泥于某个地方，这样才能在复杂的社会中左右逢源，获得成功。

第13章

危机化解，打消心结改善关系

在生活中，与人交往难免会发生矛盾或冲突，这时我们需要巧用心机，化解人际危机，打消心结，并扭转关系，从而达到冰释前嫌的目的。对于已经出现的矛盾，不要拖延，需要适时化开误会，或者通过间接赞美、温情的关怀、善意的帮助和低调谦卑的态度消除对方心中的疙瘩，并与之建立和谐融洽的人际关系。

矛盾不能拖延，及时说开化解误会

在生活中，矛盾或误会通常会带来各种消极的后果，但没人会喜欢矛盾，也没人愿意被人误解或误解别人。不过，在人际交往中，不可避免地要产生一些矛盾和误会，对此，在矛盾产生以后，及时沟通是很重要的。俗话说："没有迈不过的坎儿，没有翻不过的火焰山。"但如果矛盾和误会不能及时地消除，那就会人为地制造不断积累增高的坎儿和扑不灭的火焰山。适时说开矛盾，解开误会，好处在于防止误会加深，继而走向不可调和的矛盾。一旦自己意识到有矛盾产生，就应该及时地与对方沟通，而不要想对方可能自己也会明白这是一个误会。毕竟每个人的思维和行为方式是不一样的，你所思考的肯定与别人所想的不一样。当然，所谓的及时消除误会，并不等于马上，而是要给误会产生后的"发脾气"之类留有一定的时间和空间，以及对方自主思考的时间，然后再进行解释，那误会就能及时澄清了。

矛盾是不允许拖延的，一旦拖延了，那有可能将轻微的矛盾演变成不可调和的矛盾。就像一个人生病一样，有可能刚开始只是轻微的感冒，但如果长时间不去医院进行治疗，那病情就会加重，以至于有的人会高烧成肺炎，严重者将会给身体留下永远不可愈合的后遗症。当我们意识与某人发生了矛盾，那就更需要及时说明，坦白自己的想法和见解。如果自己在某方面有过错，也需要坦诚地致歉，并及时通过询问了解对方的想法，彼此尽量达成一致的意见，从而达到化解矛盾的目的。

小杨性格比较倔强，她是一个永远不服输的人。在大学时期，她与同班同学小晨玩得很不错，彼此都把对方当成了最好的朋友。

可就在大三下学期，小晨突然身体不适，到医院诊断出来竟然是“白血病”。作为朋友的小杨内心感触良多，她尽可能地帮助朋友，照顾朋友，将平时通过兼职辛苦挣来的钱给朋友小晨买营养品。小晨看着这些东西，也是感动得说不出来话。想到自己的病情，小晨心情忽好忽坏，有时甚至会对着小杨说一些莫名其妙的话。

小杨这个人心思比较敏感，这天小晨莫名地说了一些话：“你不要来看我了！也不要对我这样好！我受不起！”小杨生气了，一气之下真的不愿搭理小晨了。那几天，小杨天天都在回忆自己顶着大太阳的天气去医院看望小晨的情景，她觉得自己做得已经够好了，但小晨却还这样说自己，委屈之下，她竟然哭了起来，擦干了眼泪之后，小杨觉得自己太不值得了，不要这个朋友也罢。

就这样，两人渐行渐远，都不愿意主动找对方说话。直至大学毕业后，小晨病发又住医院，在生病垂危的日子里，她想到了那位总是担心自己的好朋友。于是，她用颤动的手拨通了朋友的电话，用很微弱的声音说：“我知道你对我好，当时我只是情绪很差，我觉得拖累了你，所以才这样……”可话还没说完，小晨已经永远停止了呼吸，只剩下小杨在电话那边无助地啜泣。

这个故事中，两个朋友仅仅因为情绪差而说了一些让人误会的话，就使原本关系很好的两人之间产生了矛盾。而且，矛盾产生之后，两人都是互不理睬，也不及时消除矛盾，就这样，两人渐行渐远。直至在小晨生命的最后一刻，她才醒悟过来，打了最后一个电话给朋友小杨，哪知刚解开这个误会，她就永远地闭上了眼睛。最终，这段友谊终以遗憾而告终。

在生活中，人们往往会因为一句话、一个神态、一个动作等而产生各种各样的误会，但由于人们没有及时地消除误会，从而导致一些不可预想的后果：有可能让朋友之间慢慢疏远，甚至变成敌人；也有可能让两个相爱的人变成陌生人；更有甚者，还会导致家破人亡。

正所谓“忍一时风平浪静，退一步海阔天空”，因此，我们在生活中应该多一些宽容、豁达，少一些冲动、怀疑。对自己所造成的矛盾和误会要做出及时、合理的解释；而对别人误会自己，应适当地提点，及时解除误会，避免误会加深，给双方造成不必要的伤害。

间接背后赞美的方式化解敌意

通常情况下，赞美往往是当面指出别人的长处和优点，但并不是完全如此。在很多时候，如果我们能巧借第三方进行“背后赞美”，在别人背后说其好话，这样往往会让赞美取得更好的效果。更为关键的是，我们还能通过这样的赞美化解对方心中的敌意。在生活中，对于那些与我们之间有矛盾或误会的人，如果当面赞美对方会觉得很别扭，同时对方也会觉得这样的赞美缺乏诚意，比较做作。在这样的情况下，我们不妨采用间接赞美，巧用第三人来对其进行赞美。背后赞美他人，这是各种赞美方式中最让人高兴的，因为这差不多算是意外之喜。如果在某一天，有人告诉你：谁谁在我们背后说了许多关于你的好话。那此刻你的心里肯定是甜滋滋的。这样一些赞美的话语，如果是当面说给你听，可能会让你感觉到虚假，甚至会怀疑其背后的别有用心，而间接的赞美，则正好可以凸显出赞美的效果。

其实，正因为间接赞美所凸显出来的效果，使得我们可以轻易地化解对方心中的敌意。在某些时候，误会是由我们自己所造成的，有可能在无意之中会给对方带来一些伤害，从而扩大了彼此之间的心灵间隙。在这时，如果我们当面说一些好话，或者企图通过赞美来化解对方心中的敌意，以及抚平给对方带来的伤害，那只会让人觉得虚假，缺乏真诚。间接赞美为什么会有那么大的效果呢？因为大多数人觉得，当面说的坏话不算坏话，背后说的好话才是好话，因此，人们更愿意相信背后所说的好话，会更欣赏那些在背后赞美自己的人。

以前，有一个脾气古怪的县令，他每一次发布新的政令，都要求下属当面称赞。刚开始的时候，当下属当面赞美时，县令就非常高兴。但久而久之，县令觉得听来听去就是那几句赞美的话，也听腻了，心想：难道每次都需要要求你们那么做吗？可不可以来点新鲜的呢？

正好这几天，有个下属在与县令交谈之中，无意之中说到了某些不该说的话，结果县令当场大怒，斥责了下属几句之后，拂袖而去。这位下属心想：这下可糟了，怎么办呢？头脑机灵的他突然想到了县令喜欢听好话的习惯，他敏锐地察觉到县令已经厌倦了下属们说的好话。对此，他觉得自己应该来点“新鲜的”，希望让县令高兴高兴。

这天县令又发布了新的政令，这一次，那位头脑机灵的下属并没有像以前那样当面称赞县令了，而是故意在一旁偷偷地跟同僚说：“凡是身居高位的人，大多喜欢别人的奉承，只有我们老爷不是这样，他一向对别人的称赞都不放在心里。”没过多久，县令就从下属们那里知道了这几句话，心里非常高兴，他早已经忘记了之前的不快，马上唤来那个下属说：“好啊，知道我心里想的，还是只有你。”很快，这个头脑机灵的下属便受到了县令的重用。

其实，那位下属所说的那几句话就是想说给那个爱听恭维话的县令的。但是，这个下属并没有像其他同僚那样当面赞美县令，而是将这些话告诉第三个人，以和同僚在背后议论的方式，有意识地让县令听到耳朵里去，将县令捧得很高，从而达到了赞扬县令的目的，更关键的是，也化解了之前自己与县令之间所造成的误会。

最近，关系不错的小王和小李闹起了矛盾。小王总喜欢开玩笑，前些天，当着办公室所有同事的面，他和小李开玩笑过火了，小李当场就红了脸，气冲冲地摔门而去。从这以后，两个人都没说话，即便擦肩而过，也都是彼此视而不见。虽然，小王内心比较内疚，但他也拉不下脸主动与小李说话。

这天在办公室，小王在与同事聊天的时候，随意说了几句小李的好话："小李这个人真不错，为人很仗义，我来公司一年多了，他在各方面对我的帮助都挺大的，能够有这样的朋友，真是我的幸运。"没过多久，这几句话就传到了小李的耳朵里，令小李心中既欣慰又感动，就连那位同事在向小李传达这几句话的时候，都忍不住夸赞一番："小王这人真不错，心胸开阔，难得啊。"

这天下班小李在走廊上看见小王，竟意外地打招呼："下班了？有事吗？没事咱们去喝一杯。"就这样，两个朋友又和好了。

有时候，在背后说人家的好话，赞美几句的功效比当面说似乎更有效果，小王那看似随意的几句话却是有意策划的，这样就轻松地化解了横隔在两人心中的障碍，自然也就冰释前嫌了。

其实，背后赞美他人比当面恭维的效果好得多。如果当面赞美领导，有可能会被认为是拍马屁，同时，领导脸上也会挂不住，会觉得赞美不够真诚；那么，趁着领导不在场的时候，赞美几句，总有一天，这话会传到领导耳朵里，他心里自然是美滋滋的，这样一来，你赞美他的目的就达到了。

温情关怀融化心中彼此的冰冻

在与人相处的过程中，情是最能触动人心的，正所谓“欲晓之以理，必先动之以情”。如果矛盾是冰山，那温情与关怀就是融化冰山的烈火，在温情的高温下，逐渐融解彼此内心的冰冻，最终让矛盾消失得无影无踪。在生活中，我们常常因为这样或那样的原因与他人产生矛盾或误会，有可能是我们无意中伤害了对方，导致其心底对我们产生敌意，甚至是怨恨。在这样的情况下，我们是难以融化对方内心的冰冻的，唯有通过温情关怀，才是打动对方最好的方式。通常我们会见到这样的场面，一方百般客气谦逊，但另外一方却是难以所动，依然一副冷漠的样子，这时作为主动方，应该将温情融入其中，一点点加温，直至温度达到融化冰山的程度。最开始，对方有可能对我们的行为不闻不问，但时间长了，如果你能将这样的温情关怀坚持下去，那纵然是铁石心肠的人也会被感动。

王大妈和李大妈是一个筒子楼的，彼此是同住多年的邻居，关系还不错。但这种关系被今年夏天的一个声音划破了宁静，“王大妈，你儿子被人打死了！”王大妈一听，大脑一片空白，顿时不知道对方到底在说什么。等她清醒过来，才知道原来自己的儿子与李大妈的儿子玩耍的时候，李大妈的儿子无意推让中，将自己的儿子推倒在地，结果头正好撞在一块砖头上。旁边的人马上报警，但无奈正中脑袋，送到医院不治身亡。

王大妈听闻消息，哭得死去活来，看着站在自己身边低着头的李大妈，她不知哪里来的力气，冲上去就去揪住对方的头发，破口大骂：“你赔我儿子的命来！我可怜的儿子啊，儿啊，你怎么这样就离去了……”旁边的人赶紧拉开两人，李大妈一脸愧疚，低声说：“对不起，老王，我也不知道事情会这样，我也是当母亲的，我能理解你的心情。”王大妈一边哭一边大声喝道：“你理解什么？你的儿子还好好地活着，可我的儿子呢？”说完，又忍不住大哭起来。

虽然，李大妈一家赔偿了大笔的钱，而且儿子也被送进了管教所。但王大妈自此之后看到李大妈就又哭又闹，甚至还会动手打人。李大妈自知理亏，也就忍耐了下来。转眼到冬天了，王大妈一个人住在家里，老公去外地打工了，结果她三天两头去李大妈家里闹一通。过了一阵子，突然有两天，没看到王大妈出门，也没见她去自己家里闹，李大妈有点担心，不会是出什么事情吧。

李大妈来到王大妈门前，轻轻一推门，竟然发现门是虚掩着。她走进去，发现王大妈正虚弱地躺在床上，她一摸其额头，发现烫得吓人，原来发高烧了。李大妈赶紧拿来湿毛巾，将毛巾放在王大妈的额头上，又开始烧水给她烫脚，嘘寒问暖，将王大妈照顾得无微不至。过了两三天，王大妈完全康复了，她有些羞愧地拉着李大妈的手，哽咽着说道：“谢谢你！大妹子！我经常到你们家里去闹，经常骂你，但你却这样细心地照顾我，我真是羞愧难当啊。”李大妈眼里也有泪，她说：“王大姐，咱们都是这么多年的街坊邻居了，我还不了解你的脾气吗？那些事情我从来没在意，确实是我们家对不起你们。”两人说着说着，竟热络了起来。

在上面这个故事中，因为温情和关怀，令原来是死对头的两家竟然重新成为了友好的邻居，这就是情的力量。如果说之前王大妈对李大妈还有仇恨，其心中还有解不开的心结，但通过李大妈对自己的关心，她内心如冰山一样坚硬的仇恨已经慢慢融化了，甚至荡漾出春天一样的气息。

一般而言，当两人产生了某种矛盾，彼此都会产生一种防范心理，甚至不知不觉间形成一种隔阂。这时若是想要打动对方，与之重新建立融洽和谐的关系，就需要消除对方的防范心理。从潜意识来说，矛盾所引起的防范心理是一种自卫，也就是当人们把对方当作假想敌时产生的一种自卫心理。消除对方防范心理的最有效的方法就是反复给予暗示，表示自己是朋友而不是敌人。而这样的暗示就可以采用各种方式来进行，比如嘘寒问暖，给予关心，表示愿意提供帮助等。换而言之，消除对方的防范心理，其实也就是达到以情动人的目的。

当他人落魄时，用善意的帮助消除矛盾

人生不如意十之八九，在这个世界上，凡事不可能顺顺当当、安安乐乐，总是会遇到一些困难。有时候，我们身边的人会遭遇困难，我们应该抱以理解的心情。可是，如果是与我们有矛盾的某个人落魄了，那该如何办呢？可能有的人会伸出友好的手，拉对方一把；有的人却幸灾乐祸，隔岸观火。前者可以通过善意的帮助消除彼此之间的矛盾，重修旧好；而后者却会将彼此之间的矛盾放大，甚至最终成为势不两立的仇人。在生活中，我们都需要成为前者，因为这样才会赢得更多的朋友，让我们的人生道路越走越宽；反之，若是成为后者，那最后我们只能钻进死胡同。

两个之前非常要好的朋友一起出去旅行，但就在旅行前的几天里，他们为一点小事而闹了点矛盾。在路途中，他们突然遇到一头大熊。其中的一个人闪电般地抢先爬上了树，躲了起来，他本来也想拉自己的朋友上来，但想到前几天朋友对自己大吼大叫的样子，他犹豫了一会儿，还是放弃了。另一个人也想爬树，但已经来不及了。眼见逃生无望，便灵机一动，马上躺倒在地上，紧紧地屏住呼吸装死，因为之前他听说，熊是从来不吃死物的。熊走到他跟前，用鼻子在他脸上嗅了嗅，转身就走了。

躲在树上的人下来后，问熊在他耳边说了些什么。那人说："熊要我今后千万注意，别和那些不能共患难的朋友在一起。"

英国诗人拜伦曾说："趋炎附势的人，不可与其共患难。"那位爬树的朋友在面对危机的时候，只顾自己的生命安危而丢下处于危险中的朋友，像这样的人，不会得到真正的友谊。所以，在生活中，面对陷入困境

中的朋友，尤其是与自己曾经有过矛盾的朋友，更需要及时伸出援助之手，给予对方帮助，轻松化解横隔在彼此之间的障碍。

崔丽和冯娜是老乡，因为都嫁在了外省，两家住得又很近，所以两人经常待在一起，谈谈孩子、说说时尚、聊聊工作，慢慢地就成了亲密的朋友。崔丽的老公是做运输生意的，经常会跟车去外地洽谈业务，而崔丽就负责家里车子的运输流程。冯娜则在结婚之后就做起了全职太太，她老公自己开了个门市，生意还不错。

不过前阵子，冯娜因为打麻将总是输钱，忍不住咕哝了两句，然后跟崔丽说得不欢而散。自此，两人虽然偶尔会见面，但总不像以前那样要好。正巧就在这几天，崔丽的老公在外地出了交通事故，崔丽匆忙之下就赶了过去，看见医院里昏迷的老公，崔丽当即昏倒了。为了给老公凑足医药费，崔丽把车子卖了，可还是差一点。这时，冯娜听说了崔丽的事情，当即从家里把自己以前上班存的私房钱，又以自己的名义在朋友那里借了笔钱，一起给还在医院的崔丽送去。崔丽双手接过钱，连声说“谢谢”。冯娜拍拍她的肩膀，微笑着看着她。有了这样一笔费用，崔丽的老公很快做了手术，保住了生命。

在医院外，崔丽紧紧地拥抱着冯娜，久久不松开。

冯娜在与自己有了疏离的朋友最困难的时候，并没有选择逃避，而是倾尽所有地拿出自己的全部积蓄，最终帮助朋友渡过了艰难的困境，最终重新赢回了朋友。试想，如果在崔丽落魄的时候，冯娜没有及时地伸出援助之手，那两人之间的友谊肯定会越来越淡漠，直至最后成为陌路人。

通常情况下，一个人在落魄的时候，他的内心也是异常脆弱的，他可能比平时更需要别人的安慰和帮助。在这时，如果你能出现，给予对方及时的帮助，即便你们之间过去有矛盾，但随着你伸出援助之手的行为，也会让对方对你重新改观，甚至，仅仅因为这次的帮助，他会将你划分到知心朋友那一列。助人为乐乃是人之根本，帮助了别人你会感到快乐，他也会对你心怀感激，更何况对于正在困境之中的人，那无疑是雪中送炭，对方会更加感激于你，在感激的同时，他之前对你的某种质疑或矛盾也会随之消失。

低调谦卑的态度消除对方的不满

在生活中，那些低调谦卑的人总是更容易受欢迎，因为给人毫无威胁之感，反而会有一种特别的亲和力。实际上，低调谦卑的态度是一种“以退为进”的策略，在那些对自己不满的人面前表现得格外谦逊，以此赢得对方的好感，消除其内心的不满，自然对方就能够认同自己了。反之，如果你做人做事太高调，处处表现自己，那些对你心生不满的人会继续对你持敌对态度，而即便是那些陌生人，他们也会对你的行为产生厌恶之感。通常情况下，人们对于那些有着低调谦卑态度的人总是怀有一种莫名的好感，会觉得此人值得信任，在交往过程中，就会对其产生好感，甚至欣赏对方、认可对方。更何况，如果是在对自己不满的人面前，若是保持低调谦卑的态度，那表示一种尊重，更表示一种忍让，在不知不觉间将对方视为尊重的对象，那任何人都会感觉到愉悦，愿意接纳你的态度，更会接受你的诚意，从而消除对你的不满情绪。

小万大学毕业后应聘到一家公司，他性格有点内向，但无论是说话做事都谦和有度，彬彬有礼。而且，他经常大方地向同事承认“这个我不太懂，特向您请教一二”、“做这个方案需要注意些什么问题呢，你先给我讲讲吧，以免我做错了”，如此承认自己的劣势，深得同事们的喜欢。但是，小万的直属领导却不怎么喜欢他，因为其直属领导学历并不高，他一向很嫉妒那些比自己学历高的人，因此对小万总是不屑一顾，不然就是鸡蛋里面挑骨头。

小万自然知道其中的道理，他尽量在领导面前保持更谦卑的姿态，有事没事总会请教领导这样或那样的问题。每每在这时，领导则会摆出架子，保持一种指导者的姿态。在这样的接触中，领导觉得小万还不错，至少他不像其他人那样骄横跋扈，他总是那样谦虚。

有一次，公司进行新一轮的人事变动，小万所在的部门也需要提携一个得力的助手。主管为了显示出公平，决定通过提名和主动竞聘这样两种方式相结合。轮到小万发言了，只见他说："承蒙大家厚爱了，我觉得自己身上还有很多地方不足，担当不起这样的重任。"刚说完，领导就带头鼓起掌来。

在公司，谦和有礼的小万以自己的态度赢得了领导的信赖。因为他在领导面前承认自己的劣势，这会让领导有一种优越感，即便领导之前对小万心生不满，但小万总是以低调谦卑的姿态示人，说话总是谦逊有礼，时不时向领导请教，这对领导而言是毫无威胁感的，渐渐地，领导内心的不满也就消失了。

学校召开新学期教研会议时，一些老教师的态度很倨傲，头发花白的李老师就发牢骚了："为什么老是安排我们老教师上普通班，年轻的老师上尖子班？你们是看不起我们吗？既然看不起就直接叫我们下岗算了，还留我们干嘛！"坐在旁边的年轻老师沉默了，小王老师作为主任组织了这次会议，他也低下头，默默地听着。李老师继续倚老卖老："你们这些年轻人、小毛头，别看不起我们这些老家伙！别以为你们文凭高，什么重点大学研究生的！我们在讲台上吐的口水都比你们多！二十年前，我们都站在讲台上教书了！说说看，二十年前你是干什么的！""二十年前我只读小学。"小王老师只能这么回答。

等李老师牢骚发完了，小王老师才说："领导这么安排我也只能这么做，不过以后在工作中有什么疑问，我们肯定会请教和遵循老前辈们意见的。"就这样散会了，后来，小王老师在那些老教师面前，就像个什么都不懂的小学生一样，彬彬有礼地处处请教他们，而且无论做什么都维护老教师的意见。对于他们言语犀利的牢骚，小王老师从不反唇相讥，而是保持一副低调谦卑的姿态。

久了之后，老教师们也没什么意见了。再后来，小王老师被调到更好的学校了。教研组的老教师们居然舍不得他走，李老师还很歉意说以前的牢骚很对不起他。新上任的主任恰巧也是个年轻的老师，见此就询问如何处理与资历深的老教师的关系。小王老师就说："用一个词语来行事，就是低调谦卑。"

我们不难看出小王老师为人处世的智慧，通常那些资历高的老前辈总会对年轻的老师心生不满，甚至喜欢以狂妄的姿态教训人。在这样的情况下，小王老师很低调谦虚，不管对方的话语多么犀利，不管自己遭到了如何的奚落，他总是低着头，像小学生一样。结果，正是这样的低调谦卑，最终消除了所有老前辈对他的不满情绪。

多给予认同，让对方和你不再敌对

在生活中，每个人都渴望得到别人的认同，这会让其心中觉得原来自己并不是单一的，原来还有人与自己有相同的见解和观点。认同，也就是能够体会对方的情绪和想法，理解对方的立场和感受，并站在对方的角度思考和处理问题的能力。尤其是当我们需要说服对方的时候，如果对方的意见与自己是相悖的，这时不妨先给予对方认同，让其不再继续与你敌对下去，然后再表达出自己的观点和想法，以此求得别人的认同。通常在交际中产生的争执或矛盾，归根结底，其实都是因意见不同而导致的，当别人在表达自己内心想法的时候，我们直截了当地拒绝倾听，或者反对，这样的行为会更加激起对方想证明自己想法正确性的欲望，他会选择与你敌对，以此来彰显自己的意见。因此，对于那些与自己敌对的人，我们需要多给予认同，而不是反对。

保险员李小姐一进门便开门见山说明来意："李先生，我这次是特地来请您和太太及孩子投人寿保险的。"可是，王先生却异常反感地说："保险是骗人的勾当！"李小姐并没有生气，微笑着问道："噢，这还是第一次听说，您能给我说说吗？”王先生说：“假如我和太太投保三千元，这三千元现在可买一部兼容电脑，二十年后再领回的三千元，恐怕连电视机都买不到了。”小姐又好奇地问：“这是为什么呢？”王先生很快地回答：“一旦通货膨胀，物价上涨，即会造成货币贬值，钱就不经花了。”通过这样的问话，小姐对王先生内心的忧虑已基本了解。

李小姐首先维护李先生的立场：“您的见解有一定的道理。假如物价急剧上涨二十年，三千元不要说黑白电视机都买不了，怕只够买两棵葱了。”李先生听到这里，心里很高兴，但接着精明的李小姐又给他解释了这几年物价改革的必要性及影响当前物价的各因素，进一步分析我国政府绝对不会允许旧社会那样的通货膨胀的事情发生的道理，并指出以王先生的才能和实力，收入可望大幅度增加。说也奇怪，经李小姐这么一说，王先生开始面带笑容，相谈甚欢。当然，李小姐最终获得了成功。

在上面这个案例中，李小姐在了解到客户的心理需求之后，并没有对其想法进行否定，而是对李先生的想法进行认同，一下子就赢得了李先生的好感，聪明的李小姐再表达出自己的观点，这时李先生内心已经不再产生逆反情绪了，他完全同意李小姐的看法，就这样，李小姐成功地做成了这单生意。

卡耐基租用了某旅馆大礼堂讲课。一天，他突然接到通知，租金要提高三倍。卡耐基前去与经理交涉。他说：“我接到通知，有点震惊，不过这不怪你。如果我是你，我也会这么做。因为你是旅馆的经理，你的职责是使旅馆尽可能赢利。”紧接着，卡耐基为他算了一笔账，将礼堂用于办舞会、晚会，当然会获大利。“但你撵走了我，也等于撵走了成千上万有文化的中层管理人员，而他们光顾贵旅社，是你花再多的钱也买不到的活广告。那么，哪样更有利呢？”经理被他说服了。

在这里，卡耐基不断提道：“如果我是你，我也会这样做”，其实就是对对方的言行进行认同，意思是“我也是站在你这个角度的”。一旦有人对自己的想法或行为表示了认同，那我们就会降低心理防备。聪明的卡耐基正是看中了这一点，他先是认同了经理的看法，然后表达出自己的见解，最后使经理心甘情愿地将情感的天平倾向了自己这一边。

实际上，在交际中，让对方认同自己的绝妙途径是先认同对方。如果你首先就对其想法和行为进行否定，或者拒绝倾听其说话，那对方那种逆反的心理就会涌现出来，他会故意与你敌对，根本不愿意按照你的思维方式进行思考。但如果你先是对其表示认可，比如“你的话有一定的道理”或者“你这件事做得不错”，通过语言分析强化对方想法的正确性，然后进行积极引导，这样是可以成功地将对方争取到自己这边来的。所以，在交际过程中，我们要善于对那些反对自己的人多给予认同，让对方不再与自己敌对。

找到共同喜好拉近彼此的距离

许多拜访过罗斯福的人，都会对其广博的知识感到惊奇，而且，在他身上有个格外的特点，那就是和谁都有共同喜好。不管是纽约政客，还是外交家，罗斯福都知道与他谈论些什么。有人问罗斯福是如何做到这一点的，他回答：“我每接见一位来访者，都会在这之前的一个晚上阅读有关这位客人所特别感兴趣的东西，以便找到令人感兴趣的话题。”在生活中，每个人都有自己的兴趣，都对和自己有共同兴趣的人有着极为特殊的好感，因此，当对方意识到你对他的兴趣爱好也是如此感兴趣，还如此了解的时候，他就会产生“共同爱好”心理而倍感亲切。我们在与人交往的时候，要善于找到共同的喜好，以此拉近彼此之间的距离，从而赢得他人的好感。

人们总是更容易青睐于那些与自己有着共同兴趣爱好的人，正所谓“志同道合”也就是这个道理。如果两个人的兴趣爱好很不一样，是没有办法聊到一块的，双方也无法建立密切而和谐的人际关系。在沟通过程中，谈论对方的兴趣与爱好，这样能让对方感觉到受重视、受尊重，继而赢得了对方的好感与信任。而且，如果你表达出自己原来与对方是有着相同的兴趣爱好，那会让对方有一种欣喜的感觉，好似获得了一个知心好友。

美国著名的柯达公司创始人伊斯曼，捐赠巨款在罗彻斯特建造一座音乐堂、一座纪念馆和一座戏院。为承接这批建筑物内的座椅，许多制造商展开了激烈的竞争。但是，找伊斯曼谈生意的商人无不乘兴而来，败兴而归，一无所获。“优美座位公司”的经理亚当森也在竞争者之列，希望能够得到这笔价值9万美元的生意。秘书却事先声明：“我知道您急于想得到这批订货，但我现在可以告诉您，如果您占用了伊斯曼先生5分钟以上的时间，您就完了。他是一个很严厉的大忙人，所以您进去后要快快地讲。”亚当森微笑着点头称是。

亚当森走进办公室，看见伊斯曼正埋头工作，于是静静地站在那里仔细地打量起这间办公室来。一会儿，伊斯曼抬起头来，问道：“先生有何见教？”刚开始亚当森没有谈生意，而是说：“伊斯曼先生，刚才我仔细地观察了您这间办公室。我本人长期从事室内的木工装修，但从来没见过装修得这么精致的办公室。”伊斯曼回答说：“哎呀！您提醒了我差不多忘记了的事情。这间办公室是我亲自设计的，当初刚建好的时候，我喜欢极了。但是后来一忙，一连几个星期我都没有机会仔细欣赏一下这个房间。”亚当森走到墙边，用手在木板上一擦，说：“我想这是英国橡木，是不是？意大利的橡木质地不是这样的。”“是的”，伊斯曼高兴得站起身来回答说：“那是从英国进口的橡木，是我的一位专门研究室内橡木的朋友专程去英国为我订的货。”伊斯曼心情极好，便带着亚当森仔细地参观起办公室来了，一边参观一边做详细的介绍。此时，亚当森微笑着聆听，他看到伊斯曼谈兴正浓，便好奇地询问起他的经历。伊斯曼便向他讲述了自己苦难的青少年时代的生活……亚当森由衷地赞扬他的功德心。结果，亚当森和伊斯曼谈了一个小时，又一个小时，一直谈到中午。

虽然亚当森直到告别的时候，都没有谈到生意，但最后，他不但得到了大批的订单，而且还和伊斯曼成为了好朋友。如果他刚开始就大谈生意，不仅他自己即将面临被拒绝的尴尬，而且也会使对方产生尴尬心理。亚当森成功的诀窍，就在于他善于挖掘出共同的喜好，从伊斯曼的办公室入手，从双方都很喜欢的设计开始谈起，巧妙赞美了对方的成就，这样使伊斯曼的自尊心得到了极大满足，最终亚当森也达到了自己的目的。

通常情况下，人们都是以兴趣爱好来划分交际圈子的，有相同爱好的人一般会聚集在一起，而那些志不同道不合的人则只会成为路人。找到彼此的共同爱好，并谈论诸如此类的话题，无形之中是对他人的赞美与肯定，同时，也可以消除对方的戒备心理，从而赢得对方的好感。

第14章

拒人之道，委婉暗示令对方知难而退

巧妙的拒绝是一门语言的艺术，更直接体现出一个人的智慧。学会拒绝是一种自我保护，也是一种豁达明智的心态，更是一种卓越的口才技巧。在生活中，每个人都不可避免地遇到需要拒绝的人或事。面对他人提出的不合理、不合适的要求或者自己不愿意去做的事情，这时候要善于说“不”，这虽然是对他人意愿或行为的一种否定，但却有效地达到了巧妙拒绝的目的，又使对方不至于产生不快的情绪。

不懂拒绝他人的人，令你事事处于被动

虽然，我们总是被教育要学会与人分享，养成慷慨大方的品德，但是，任何事情都需要讲究一个“度”字。在人际交往中，如果我们总是担心伤害别人，不敢拒绝别人，这样的结果就有可能伤害了自己，令自己事事处于被动。有可能你永远会成为别人支配的对象，你永远只会听到这样的话语“某某，给我拿份文件”、“某某，给我倒杯茶”，等等，即便你内心满腹的不情愿，但只要你不懂得拒绝，那就只有咬牙坚持下去，直到把所有的事情都做完。当你没来得及松口气的时候，下一个你难以拒绝的请求又会出现了。长此以往，会让你整个工作和生活都充满着一种被动的状态，你只能等待着被要求去做什么，而你自己是难以决定自己想做什么的。不懂拒绝的人，虽然他给人的外在形象是一个“老好人”，但谁知道

其内心的苦恼呢？也许，在每天回家去以后，他都会躲在卫生间里哭泣，甚至生气。但若是到了别人向自己提出要求的时候，他却又不懂拒绝了。

在生活中，我们需要懂得拒绝，并懂得在什么样的情况说“不”。当对方的要求违背了我们做人的原则，甚至违反了道德和法律的时候，那就是该拒绝的时候，比如贿赂、吸毒、打架等违法犯罪行为，这种情况下不懂得拒绝，被人左右，其实就是害人害己。其中，最常见的，是别人的要求和自己的意愿或者计划相冲突，在自己不愿意的情况下，如果不懂得拒绝，那就是委屈了自己，让自己变得相当被动。最后，就是自己力所不及的情况，有时候明明是自己做不到的事情，就应该懂得拒绝，而不是打肿脸充胖子。

小王是一个十分勤奋的年轻人，头脑聪明，热情助人，刚刚进入公司的时候，他就下定决心要从最基层做起，要成为所有人的好朋友。所以，公司里的事情，属于自己分内的，他会努力做好，不属于自己分内的，只要有人喊自己帮忙，他也会努力做好。慢慢地，他在同事之间赢得了一个“热心肠”的绰号。

小王感到十分满意，但是过了一段时间以后，他才发现：有些事情，同事原本是可以自己做的，但他们总是让自己去帮忙，有些人的态度很随意，似乎吩咐小王是一件理所当然的事情，帮忙之后，最后连“谢谢”都懒得说。甚至有的人，还将自己手头的工作交给小王去做，而自己竟然去做私活。

小王虽然心里不高兴，但又不好意思拒绝，更关键的是不懂得拒绝，结果被那些事情弄得乱七八糟，整天忙得脚不沾地，工作非常被动，而且自己的工作还经常出现小错误。小王感到很烦恼：自己热心帮助同事有错吗？为什么会让自己变得这样被动呢？

案例中，小王热心帮助同事并没有错，错在于他来者不拒，不懂拒绝。在生活中，帮助别人是应该的，但帮助别人应该建立在把自己工作做好的基础之上，当你自己的工作都还是一团糟，那你有什么能力去帮助别人呢？即便自己的工作已经做得很好了，面对他人提出的要求，自己也应该权衡一下，是否该帮忙。对于应该帮忙的，需要马上动手；而不应该帮忙的，则要懂得拒绝，这样才不至于走到像小王这样被动的地步。

我们都会有这样的感觉，对一个人说“是”很容易，说“不”却很困难，但是这个“不”字却很重要。不会拒绝他人的人，似乎总活在别人的世界里，他们是难以有所成就的，甚至有可能会掉进别人精心设计的陷阱里。比如，贪官在落马之后总会说自己收钱不是受贿，而是“我这个人脸皮薄，人家一再坚持给，我就不好意思推辞”，也许他是在为自己的贪欲找借口，也有可能是真的不懂得拒绝，但结果是被动之下成为了罪人。

喜剧大师卓别林曾经说：“学会说‘不’吧！那你的生活将会美好得多。”在生活中，我们并不是有求必应的好好先生或者好好小姐。人们的要求是永无止境的，有的是合理的要求，有的却是悖理的要求。如果你不好意思说“不”，轻易承诺了自己无法兑现的诺言，势必给自己带来更大的烦恼，同时也会让自己处于被动的境地。所以，学会拒绝，更需要掌握拒绝的技巧与秘诀。

拒绝别人不要太直白，否则会令对方心生怨恨

拒绝是一种艺术，既能巧妙达到拒绝的目的，又不至于让对方心里产生不快的情绪，这才是高明的拒绝。通常而言，太过直白的拒绝往往是伤害人的，不仅严重打击对方的积极性，而且还会令对方心生怨恨。拒绝，意味着否定了他人的意愿或行为，但太过直接，就会伤害到对方的自尊心。在日常生活中，我们需要拒绝，但是更需要“不说让对方伤心的拒绝话”，艺术的拒绝方式让对方感受不到一点伤害，反而会理解你的处境。当别人对你有所求而你却办不到的时候，你不得不说“不”，当然，拒绝并不是以伤害他人为目的，而是以和为贵，尽可能在不影响两人关系的前提之下进行的。虽然拒绝是很难堪的，但在不得已的时候还是会用到拒

绝，事实上，只要你能够很好地运用拒绝的艺术，它最终带来的并不是尴尬而是和气。

张大千留有一把长胡子，在一次吃饭时，一位朋友以他的长胡子为理由，连连不断地开玩笑，甚至消遣他。

可是，张大千也不烦恼，不慌不忙地说：“我也奉献给诸位一个有关胡子的故事。刘备在关羽、张飞两弟亡故后，特意兴师伐吴为兄弟报仇。关羽之子关兴与张飞之子张苞报仇心切，争做先锋。为公平起见，刘备说：‘你们分别讲述父亲的战功，谁讲得越多，谁就当先锋。’张苞抢先发话说：‘先父喝断长板桥，夜战马超，智取瓦口，义释严颜。’关兴口吃，但也不甘落后，说：‘先父须长数尺，献帝当面成为美髯公，所以先锋一职理应归我。’这时，关公立于云端，听完忍不住大骂道：‘不肖子，为父当面斩颜良，诛文丑，过五关，斩六将，单刀赴会，这些光荣的战绩都不讲，光讲你老子的一口胡子又有何用？’”

听完张大千所讲述的这个故事，众人哑口，从此再也不扯胡子的事情了。

拒绝是一门艺术，它最忌直接，而拒绝的最高境界是让你和对方都不至于陷入尴尬的境地。朋友以张大千的胡子开玩笑，甚至有些过分，张大千想制止对方，可是如果轻描淡写地说的话，恐怕对方会不以为然，如果声色俱厉，就会伤了朋友之间的和气。张大千这样一说，委婉地告诉对方，你们拿我的胡子开玩笑，我已经忍了这么长时间了，再这样下去，我可就不高兴了。意思传达了，大家自然知趣，不再提这个话题了。

我们不建议用直接的拒绝方式，比如，这两种拒绝方式：“我不吃日本料理”、“附近还有其他特色餐厅吗？我不太习惯吃日本料理”。前一句更像是一句带着刺的话语插进对方心里，典型的自我中心践踏了别人的一番好意；而后一句则委婉地表达了自己的想法，别人会更容易接受。当我们开始说不的时候，态度必须是委婉而又坚定的，委婉的拒绝比直接说“不”更容易让人接受。比如，当同事提出的要求不合公司部门规定的时候，你可以委婉地告诉对方你的权限，自己真的是爱莫能助，如果耽误了工作，会对公司与自己产生冲击。

巧用暗示语，让对方自行领会你的拒绝之意

在生活中，我们都不可避免地遇到需要拒绝的人或事，面对别人提出的不合理、不合适的要求或者自己不愿意去做的事情，这时需要我们说“不”。不过，拒绝的语言——“不”却是难以说出口的，这将预示着你对别人的意愿或行为进行一种否定，并在无形之中打击对方的自信心，甚至会给别人带来莫大的伤害。那如何才能将“不”说出口，却又能够达到拒绝的目的呢？其实，我们是可以通过语言来向对方暗示说“不”，通过语言暗示将拒绝的信息传递给对方，让对方自行领会你的拒绝之意。拒绝的话不着痕迹地说出口，这才是最高明的拒绝。在某些时候，一方面我们不得不拒绝，但另外一方面我们却需要尽可能地不给对方带来伤害，也就说，拒绝尽量会在保全双方面子的前提之下进行。实际上，一个人的心理是可以通过语言进行暗示的，当我们要想拒绝某个人的时候，不妨将这种心理通过语言传递给对方，有效地将拒绝的意味传递出去。

其实，诸如暗示之类的拒绝，在我们身边有很多这样的例子。比如，一位男青年被女播音员优美动听的声音吸引，来信希望见一见播音员本人，对此，播音员在回信中说：“这位听众朋友，首先，我了解你的心情，感谢你的好意。你听过‘知人知面不知心’这句格言吧，看来，交朋友最难的是交心。那么，还是让我们做一个知心的朋友吧！”通过语言暗示“拒绝”，而且拒绝方式极其婉转，回应了男青年提出的无理要求。有时候面对下属提出的建议，上司不忍拒绝，只好委婉地暗示“这个想法不错，只是目前条件还没有成熟，我觉得你应该把工作重心放在现阶段的主要工作上”。身边的同事或朋友可能会向你打听一些绝密的事情，但原则问题要求你保密，这时，你不妨采用诱导性暗示，诱导对方自我否定。比

如，你可以对他说："你能保密吗？"对方肯定回答："能。"然后你再说："你能，我也能。"

意大利音乐家罗西尼生于1972年2月29日，因为每4年才有一个闰年，所以等他过第18个生日的时候，他已经72岁了。在他过生日的前一天，一些朋友来告诉他，他们凑集了两万法郎，要为他立一座纪念碑。他听了以后说："浪费钱财！给我这笔钱，我自己站在那里就好了！"

罗西尼本来就不同意朋友的做法，但他并没有正面拒绝，反而是提出一个不合理的想法，含蓄地指出朋友的做法太奢侈了，点明了这种做法的不合理性。拒绝是需要讲究技巧的，尤其是语言上的巧妙暗示，只有掌握了这些技巧，才会既不得罪人，又能让别人欣然接受。

在拒绝的时候，我们需要考虑到对方的面子，而幽默地拒绝恰好可以巧妙地体现这一点。用幽默的方式来拒绝对方，让对方在毫无准备的大笑中失望。比如面对同事相约去钓鱼的要求，"妻管严"丈夫回答"其实我是个钓鱼迷，很想去的，可结婚以后，周末就经常被没收了"，同事哈哈大笑，也就不再勉强他了。

有一天，萧伯纳收到了著名舞蹈家邓肯的求爱信，她在情信中写道："如果我们结合，有一个孩子，有着和你一样的脑袋，和我一样的身姿，那该多美妙啊！"萧伯纳看了信以后，很委婉又很幽默地回了一封信，他在信中说："依我看那个孩子的命运不一定会那么好，假如他有我这样的身体，你那样的脑袋岂不糟糕了吗？"

邓肯收到信以后，明白了萧伯纳的拒绝之意，她失望地离开了，但她一点也不恨萧伯纳，反而成了他最忠实的读者和好朋友。

拒绝的话一向都不好说，说得不好很容易扫了对方面子，或者让自己陷入尴尬情境之中。所以，我们在拒绝他人时，需要讲究策略，最关键的一点就是用语言暗示出自己的拒绝心理。

语言暗示，也就是不明说，而用含蓄的语言使人领会。在日常交际中的一些场合，拒绝的话都不便于直说，这时可以利用言语暗示来传递一些信息，暗示所采取的方式可以是含蓄的语言，但只要对方能够明白你所表达的意思，那就实现了我们的目的。实际上，暗示的拒绝比直言快语更能凸显出表达效果，因为它所表现出来的婉转曲折，总是给人以愉快的心情。

对于死缠不放的小人不能得罪，学会用拖延时间来拒绝

在生活中，有时候明知道我们所拒绝的对象是小人，但却无可奈何，我们只能以时间拖延来拒绝，而不宜采用激烈的直接拒绝法。虽然，我们内心对小人深恶痛绝，恨不得与之划清界限，远远避开。但是，对于那些死缠烂打的小人而言，一味地躲避并不是明智之举，与其发生激烈的争执，那更是下下之策。本来，小人的心胸就比较狭窄，他们的心眼更是猜不透，如果你直接拒绝，或者以不屑的态度拒绝其要求，估计就在那一刻，他已经将你划分为敌人，并将你列为自己的报复对象。众所周知，小人的手段是变化多端的，他们不仅懂得隐藏自己，而且善于使手段、耍心眼，因而他们向上发展的机会是有的，而且有可能会成为高级领导身边的红人。纵观历史，诸如魏忠贤一类的小人，都曾有过名利双收的时刻。试想，如果你曾拒绝过的小人，有朝一日爬到了你的头上，那你将会成为第一个被他打击的对象。所以，对于那些死缠烂打的小人，我们不能直接拒绝，更不能与之产生矛盾，而是需要以时间作为拖延来进行拒绝。

拒绝小人，最智慧的方式也就是用时间拖延。如果你马上拒绝，定然会得罪他，小人本身就是无孔不入、驱之不去、阴魂不散、破坏正常人际交往的受人鄙视的团体，如果你得罪了这样的人，应该会料到将为自己带来什么样的后果。一般而言，小人都是独来独往，是不合群的，因为他们的所作所为使得他们在人际交往中处处碰壁。没有谁去认同他们，更没有

人愿意与他们交朋友，甚至他们成了“过街的老鼠，人人喊打”。他们自然明白自己的处境，于是他们对谁都充满着恨意。在这样的情况下，我们更应该小心翼翼，与之“打打太极”，以时间为借口，诸如“下次，下次我一定会好好考虑的”、“最近时间有点忙，下次吧”，这样慢慢拖延，实际上也是在尽量缓和与小人之间的关系。

唐朝的时候，有一个人叫卢杞，跟郭子仪同朝。卢杞还不得志时，郭子仪已经出将入相，很是风光。他对所有的公卿大臣都很随便，独独对卢杞礼数周到。若遇卢杞来访，他会让家人全撤到后面，自己整整齐齐穿了朝服，迎接卢杞。接待中，他也表现得谦恭有礼。家里人十分不解，一个芝麻大的小官，郭子仪为何要如此礼遇？为什么不拒绝接见呢？

听了家里人的疑虑，郭子仪说：“这人心术不正但很聪明，又会巴结，迟早有得意之日。我现在只是慢慢敷衍他，以时间拖延他，若是现在得罪了他，他定会怀恨在心伺机报复。宁可得罪君子，也不可得罪小人啊！”

果然，卢杞后来官至宰相，朝廷中凡是曾触犯了或拒绝过他的官员，都被他想方设法地报复了。郭子仪不曾得罪他，最终得以自保。

在案例中，郭子仪对待小人卢杞的态度，很值得我们借鉴。虽然，他不曾与这样的小人相勾结，但他也不愿意得罪这样的小人，他深知这样心术不正却又很聪明的人，一旦得势了，那自己将会成为被报复的对象。既然他要与自己来往，那自己也不好拒绝，就以时间作为拖延，逐渐与之周旋，以缓和小人的心境。果然，卢杞后来在朝中为官，那些过去拒绝过他的官员，都被其想方设法地报复了。唯独郭子仪，因为他只是用时间拖延拒绝了卢杞，所以得以自保。

有句话叫作“宁可得罪君子，不愿意得罪小人”，因为小人的言行举止是不受道德规范约束的，他们做什么事情都是不讲游戏规则的。即便是君子也不愿意与小人斗，更别说我们了。习惯于死缠烂打的小人从来不讲信用，不重承诺，从来不按游戏规则出牌，他们往往为了达到目标而不惜一切手段。所以，我们在与小人相处的时候，不能掉以轻心，哪怕是对方所提出的要求，我们也不要直言拒绝，而是表现出自己应有的“尊重”，尽量以时间拖延，让小人慢慢接受被拒绝的过程，这样对他而言，会相对来说轻松很多，而且，他也不会对拒绝自己的一方产生怨恨。

用“抬高”他人的方式来巧妙拒绝对方

有时候，我们用“抬高”他人的方式，也可以达到巧妙拒绝对方的目的。通常情况下，一个人被拒绝之后，心里会产生落差，他会觉得的言语或行为遭受了否定，甚至会有一种被遗弃的感觉。在这时，他急需要一种愉悦的情绪进行弥补，填补内心的落差，如果你在拒绝对方之时，再加上几句对其赞美的话语，那将是非常完美的。在这个世界上，每个人都渴望受到他人的赞同与认定，即便自己的某些要求被否决了，但自己的另外一些方面受到了别人的赞美，那何尝不是遭受拒绝之后的一种补偿呢？在生活中，虽然我们都知道拒绝是应该的行为，但同时我们都害怕拒绝别人，也害怕被人拒绝，无论是处于哪一方，都将会遭受消极情绪的折磨。在这样的情况下，为什么不能将拒绝变换一种方式呢？就像本来一个平常无奇的三明治，突然中间多了许多美味的蔬菜，那该是多么大的惊喜。所以，在拒绝对方的时候，我们要善于用抬高他人的方式来拒绝别人。

早上，熬了一个通宵的王女士还没起床，就被一阵敲门声吵醒了。她很不耐烦地起来，胡乱穿了一件睡衣就开了门，只见门外站着一个十七八岁的女孩子，正犹豫着要不要继续敲门呢。王女士上下打量了对方一番，发现这个女孩子穿着随意的T恤牛仔裤，手提一个袋子，袋子上印有“某某化妆品”的字样，一看这架势，应该就是上门促销的。

王女士有些不耐烦：“大清早的，怎么就上门推销东西了？”那女孩子态度很谦和：“不好意思，姐姐，打扰你了，我是某某公司……”女孩子谦逊的态度，让王女士不好拒绝，但是她平时是最讨厌这种上门推销的业务员。她一边听那女孩子说产品，一边开始考虑到底怎么拒绝。

不一会儿，那女孩子就介绍完了产品，然后试探性问："姐姐，你平时用化妆品吗？"果然，马上就转到正题了，王女士摇摇头说："我白天晚上这样忙，哪里有时间去护肤呢，不过，说实在的，我可是很羡慕像你这样年纪的女孩子，皮肤好，身材好，那可是我做梦都想回去的年纪，可惜已经回不去了。"女孩子害羞得红了脸，说道："其实，姐姐看起来也很年轻的。"王女士笑了笑，说道："像你这样的女孩子就是好，我的女儿也就你这般年纪，现在正在上大学，青春真是无限好，如果我女儿在家就好了，估计她会对你的化妆品感兴趣，可是怎么办呢，现在我的女儿不在家，像我这样的老太婆，已经用不着了，下次我女儿回来了，一定欢迎你上门推销，好吗？"没想到这样一说，那女孩子一点也不泄气，反而很有礼貌地说："不好意思，姐姐，打扰你了，再见！"说完，就告辞了。

在案例中，王女士想拒绝上门推销化妆品的女孩子，但看着对方谦和的态度，又不忍心拒绝，怎么样拒绝才不至于让对方那么不难以接受呢？她打量了对方那个女孩子以后，发现对方跟自己女儿差不多，于是，她先是赞赏了对方值得羡慕的年纪，这样的"抬高"立即给对方带来好心情，然后再适时拒绝，这样的方式也令对方很容易就接受了。

"抬高"，其实就是赞美，或者说夸赞，将别人的地位无形之中抬高，让他有一种优越的感觉。而正是"抬高"所导致对方产生的优越感觉，会有效地弥补其遭受拒绝之后的落差心理。人总是这样，当他重新拾回了一个苹果，即便是他已经丢失了一个橘子，但他内心却还是非常愉悦的，他们总是着眼于自己眼前的东西，对于那些丢失的或者得不到的，他们总是容易满足的。因此，当我们不得不对他人所提出的要求进行拒绝的时候，即便这样的拒绝对于他人来说是难以接受的，但若是适时说几句好话，那定会给对方料不到的惊喜。

拒绝他人时，学会给对方一个“台阶”下

人活在这个世界上，总会遇到一些这样的情况：自己的同窗好友或者同事，相处的时间长了，就会找自己帮忙。如果自己可以做到，那么应该尽自己全力去做，假如对方所提出的某些要求过分，自己办不到，或者说不是个人力所能及的，那就需要拒绝别人，而不是硬撑，导致结果很糟糕。生活中总是有很多人在处理诸如此类的问题时感到很困惑，不知道该怎么办，明明知道这些事情办不好，但又害怕因此而伤害了彼此之间的友谊，而硬是答应下来。那么，如何才能不伤害对方呢？最有效的办法就是给对方一个台阶下，以此维护好对方的面子。所以，我们在说“不”之前，要让对方了解你之所以拒绝的苦衷和歉意，拒绝的语言要诚恳，语言要温和。当对方向你提出要求的时候，他们心中通常也有些困扰或担忧，所以，你在拒绝之前应该先倾听。对方把需要与处境讲清楚一些，你也才知道自己该如何帮他，而且，倾听能让对方有被尊重的感觉。当你在婉转地拒绝时，也能避免伤害对方。

其实，拒绝时给对方一个台阶下，也就是我们需要找个好理由。通常我们在拒绝时都会阐述一些理由，而这样的一些理由应是充分而合理的，否则对方会感觉到你的不真诚。所以，在拒绝对方之前，需要给自己找好理由。一方面，如果没有好的理由就拒绝，明显会表现出“支支吾吾”的状态；另一方面，若是随便找的理由，不足以让对方理解，最终有可能会导致双方关系破裂。当然，在拒绝过程中，拒绝对方要开诚布公，明确说出自己的理由。如果你在已经找好理由的情况下，还是采取模棱两可的说法，就会使对方摸不清你的真正意思，而产生一些不必要的误会，这也很容易导致两人关系破裂。

“不论什么事情只要交给小安，我就放心了。”小安进入公司两年，这是领导经常挂在嘴边的一句话。刚开始小安很高兴，但时间一天天过去了，领导交给自己的工作任务越来越多，小安经常听到这样的吩咐“小

安，这个方案你负责一下”、“小安，这个客户你去接待一下”、“小安，这个项目人手不够，你也参与进来”。

小安手里的事情多得做不完，身边的同事却有时间发呆，薪水并不比自己少多少。小安心想，也许自己再忍忍就会有升职加薪的机会。但是，每次到了升职加薪的时候，机会总是从小安眼前溜过，到了别人的口袋里。后来，小安也从人事部的老同事嘴里得知，关于自己升职的事情，中层主管会已经讨论过很多次了，每次都被领导否决了，说小安虽然业务能力不错，但管理能力不足，需要再锻炼锻炼。这时老同事就会说：“你想想，如果你升职了，他上哪儿去找这么任劳任怨的下属呢？”

小安觉得，自己一定要想办法拒绝领导了，可是，该如何拒绝呢？这天，领导又开始吩咐：“小安，下班后先别急着走，有一个案子还需要你负责一下。”小安脱口而出：“不好意思，领导，今天我妈妈从老家过来了，就是五点半的火车，我得去接一下，您也知道，老年人嘛，手脚不太方便，我可不放心她跟那些身强力壮的人在火车站拥挤，而且我妈妈也不认识路，我必须得去接她。”领导似乎很理解，挥挥手，说道：“行，那你早点回去吧，案子的事情我让别的同事负责。”

在案例中，小安找了一个老掉牙的理由——接人，虽然，这算是一个好“台阶”，暂时不会被领导看出来，但下一次再接到领导“加班”的要求怎么办呢？如果领导意识到自己被下属欺骗了，那结果会更糟糕。对此，作为下属，一定要在拒绝领导时，找一个最恰当的理由，给领导一个更好的台阶下。

当然，给对方一个台阶下，其背后的意思是需要照顾其心理，拒绝尽量在不伤害对方的前提下进行。所以，当我们拒绝的时候，不要只针对一个人，比如，面对推销员上门推销，你可以这样说“我们公司已经与某某公司签订了长期供给合同，公司里规定不用其他公司的原料，我也是按规矩办事”，由于你说的是以公司为单位，并不针对他这个人，他也不会埋怨你的，他自己也没受到多大的伤害。

拒绝领导的时候，要更为委婉

下属经常会遇到这样的情况：领导叫你干一件事，你马上答应了下来，即便这件事本不该你做，或超过了你的负荷。或许是慑于领导的压力，或许是出于其他的某种考虑，你往往不会去拒绝。其实，在工作中，我们应该学会拒绝领导。当然，不同的人，所选择的拒绝方式也会不一样，这也就造成了不同的结果。尤其是拒绝领导，需要更委婉才能达到拒绝的目标。这就需要你掌握一些回绝的技巧和回绝的忌讳，这样才能使自己在回绝之中处于主导位置。虽然，在职场生涯，你有权利说“不”，但是你也要有说“不”的能力。这就需要你所选择的回绝理由必须是客观的，所说的言辞要委婉，还需要有自己的一定实力。总而言之，在拒绝领导的时候，无论是语气还是态度，都应该更委婉含蓄。

快要下班的时候，经理叫住正要出门的小东，吩咐道：“小东，先别走，客户刚打了电话，说晚一点会过来看样品，这个客户很重要，你留在办公室接待一下。”小东有些不耐烦：“怎么又是我啊，每次遇到这种事情都找我，经理啊，下班了我也想多有一点自己的私人时间，你看我都三十岁了，连个女朋友都留不住，她跟我分手的理由就是我太忙了，我就请你高抬贵手，放过我这一次吧。”经理脸色有些阴沉，但还是轻言说道：“毕竟，关于样品的介绍，还是你比较熟悉一点，你做了这份工作就是这样，不要把自己女朋友走了的事情跟工作扯上关系。”

见经理还是要求自己去做，小东索性也冷着一张脸，说：“经理，反正我今天有事情，我真的去不了，你要怎么惩罚我都可以，我走了。”说完，头也不回地走了，只剩下经理在那里张口结舌地站着。

案例中，小东的拒绝算是比较差劲的，可能他是真的有事情，但也不应该以这样的口气与领导说话。这样的拒绝方式，非但不会让领导体谅你，反而会责怪你不服从命令。对每一位领导来说，需要管理的是整个公司，并不只是某一个人，保持自己的权威性对他来说十分重要。

在工作中，对于领导提出的不合理请求，许多人都不懂得该如何去拒绝，往往会因为情面等方面的问题而违心地说“是”。其实，这样对双方都不好，事情办不好可能会对对方造成一定的损失，而自己也会给领导留下不好的印象。当然，没有人喜欢被拒绝，所以，在工作中，应该掌握必要的沟通技巧，既不伤领导面子，又能婉转地拒绝领导，尽量降低拒绝产生的负面效应。

张经理总是喜欢给小李布置很多的工作任务。这天张经理又在增加工作量的时候，小李鼓足了勇气说：“我手里有三个大的项目，十个小的项目，我担心时间安排不过来。”张经理一听，脸色马上变了，说道：“可是，这个项目只有你去做我才放心。”小李只好无奈地表示：“那好吧，我赶一赶。”说完这句话，小李就后悔了。

看到张经理的脸，一个大胆的念头在小李脑海中诞生了：“不过，要按时保质完成，我需要几个帮手。”小李轻描淡写地说，张经理有些惊讶，但马上笑着说：“我考虑一下。”原来，小李是这样想的，如果张经理答应给自己派个助手，那就相当于变相给自己晋升，自己的工作也就分担出去了；如果不答应，那他也不好继续给自己布置工作任务了。

果然，张经理没有再增加新的工作量，而且还经常跑过来关心小李的工作情况。

在这个案例中，小李的拒绝方式是成功的，向领导表达自己的难处，受到了领导的理解，当然，在拒绝过程中，也很好地照顾到了领导的面子，从而和谐了上下级之间的关系。张经理在遭受小李的拒绝之后，并未对小李产生反感的情绪，反而经常询问其有关的工作情况。

在拒绝领导的时候，我们特别需要注意自己的言辞，选择一个合适的场合，用友好的语调与其交谈，这让领导感觉到你的尊重，感觉到你是在维护他的权威和形象，他就会觉得你是一个善解人意的员工，也会对你产生一种好感。千万不要用一些直接的语气跟领导说话，这样只会造成争吵，而通常争吵的结果都是自己被迫降职、炒鱿鱼等。

第15章

求人之道，活用心理策略获取对方帮助

人是社会的人，任何人的一生，都不可能不求助于人，真正成大事者，往往懂得借助他人的力量。而世上没有办不成的事，只有不会办事的人。一个会办事的人，可以在纷繁复杂的环境中轻松自如地驾驭人生局面，凡事逢凶化吉，把不可能的事变为可能，最后达到自己的目的。其中的关键是看你用什么方法，用什么技巧，用什么手段。善办事者，必懂攻心谋略。因为人都是感情的动物，世间之事也逃不过一个“情”字，求人办事时更是如此，活用心理攻势会轻易获取对方帮助。

诉说苦楚，激发对方同情心

我们常说，人心都是肉长的，这句话的含意是，再强势、再铁石心肠的人，其心灵都有最柔软的地方，这就是同情心。的确，同情心是人与生俱来的本性，是人作为群居动物所根深蒂固的习性。另外，人们在帮助他人的时候，其价值也得到了极大体现，自尊心也得到了极大满足。因此，在求人办事时，我们若能直击人类最善良的本性，适当诉说苦楚，激发对方的同情心，那么，我们求人办事的成功率便会大大提高。曾经有这样一个故事：

曾经，波斯帝国的太子被阿拉伯帝国的倭马亚王俘虏，倭马亚王下令要将他斩首。昔日英姿飒爽、威武不凡的太子成了阶下囚，早已没有了什么威风。他请求倭马亚王说："主宰一切的陛下，我现在口渴难当，您当以仁慈之心，让您的俘虏喝足了水再处斩也不迟啊。"倭马亚王答应了他的要求，让侍卫端给他一碗水。

太子接过这碗水，却不敢喝下去，颤颤巍巍地说："陛下，我担心我正在喝这碗水时，会有人举刀杀死我。"

国王说："放心吧，不会这样的。"于是太子请求国王保证。

国王庄重地说："我以真主的名义发誓，在你喝下这碗水之前，没有人敢伤害你。"

太子一听，立即将那碗水泼到地上。倭马亚王大怒，但身为国王，他已发下誓言，不会在太子喝下这碗水之前伤害他。现在，水已被太子泼到地上，太子再也喝不到这碗水了，倭马亚王也就永远不能伤害太子了。

倭马亚王知道上了太子的当，但也没办法，只得放了太子。

我们不得不被太子的聪明机智折服，已经沦为阶下囚的他居然还能成功从国王手中逃脱。此处，他利用的便是人的同情心。作为一国之君，倭马亚王也有同情心，没有人会拒绝一个即将面临死亡的人的小小的要求，进一步，太子想安安心心地喝这碗水，惶惶恐恐地提出请求，就更值得同情。聪明的太子利用国王的同情心诱使他发下誓言，而且他也知道，作为一国之君，肯定不能违背自己的誓言，这是国王作为君主的颜面，不能因此而损害。波斯太子就是利用了国王这个心理，而救了自己的性命。

人们都有这样的心理，面对那些比自己强的人总是有戒备心和竞争心，但面对境遇、能力不如自己的人，却抱有同情之心，而且容易被他们的请求打动，满足他们的需求。这就是为什么我们经常对那些假装失明、残废的乞讨者施以恩惠的原因，尽管我们深知这一点，但却不能漠视，这其实就是同情心起了作用。

具体说来，我们可以这样激发他人的同情心。

（1）申述自己的处境，以表示求助于人是不得已之举。

比如，你希望你的下属为你办一件工作以外的事，与其编造一大堆理由，还不如直接说："我知道这件事不在你的职责范围内，但我真的是没有办法了，我希望你帮我这个忙。”你这样说，下属肯定想：领导看得上咱，岂能不给面子？

（2）充分阐明自己所请求之事并非与被请求者无关，以使对方不忍无动于衷、袖手旁观。

一位姓王的老师，教学成绩突出，但却因为和校领导关系不好，而一直没有被评上职称。他上告到上级主管领导处，虽然竭尽所能让领导引起对自己处境的同情，但仍收效不大，这位领导听后反而推辞说：“评不上是你学校的问题，学校不上报，我又有什么办法？”

王老师对这样的情况早已做好准备，他立刻说：“如果学校能解决，我就不会来麻烦您了。我是逐级按程序反映。你是上级领导，而且又主管这方面的工作，下面在这方面出了问题，您是有权过问的。如果您不及时处理，出现更大麻烦，那就晚了。我想，只要您肯过问，您的意见他们会听的。”

这番话很奏效，这位领导很快改变了态度，事情最终得以解决。

当然，表现“情”时不能冷冰冰地毫无感情，也不能表现得过度热情。求人办事时，“情”的展现也只是一种客套而已。怎么恰当地“客套”是值得注意的。

事实上，人性的弱点不只是同情心，还有很多种，但如果能看透一个人是不是具有同情心，然后再把他的同情心激发出来，掌握这一招，就已经足够你在人际交往中游刃有余了。

称赞对方，令其对你的要求难以拒绝

我们都知道，语言是人际交往的基本工具，同时也是求人办事中的一个重要环节。那人们都爱听什么话呢？很简单，人性的弱点告诉我们，人们都爱听恭维的话，人类都是禁不住恭维的动物。在这个社会上，会说恭维话的人，肯定比较吃香，办事情顺利也顺理成章了。当一个人听到别人的恭维话时，心中总是非常高兴，脸上堆满笑容，口里连说："哪里，我没那么好"，"你真是很会讲话！"听完你的赞美后，对你的请求，他必当难以拒绝。

我们先来看这样一个故事：

从前，一个秀才高中，马上就要到京城做官去了，离别前，他去向自己的老师拜别。

恩师对他说："京城不比家里，那里人心险恶，你需要求人办事的地方多了，切记一定要谨慎行事。"

秀才说："没关系，现在的人都喜欢听好话，我呀，准备了100顶高帽子，见人就送他1顶，不至于有什么麻烦。"

恩师一听这话，很生气，以教训的口吻对他说："我反复告诉过你，做人要正直，你怎么能这样？"

秀才说："恩师息怒，我这也是没有办法的办法，要知道，天底下像您这样不喜欢戴高帽的能有几人呢？"秀才的话一说完，恩师就得意地点头称是。

走出恩师家的门之后，秀才对他的朋友说："我准备的100顶高帽子现在只剩99顶了！"

这个故事虽然是个笑话，但却说明了一个道理，那就是谁都喜欢听赞美的话，就连那位教育学生"为人正直"的老师也未能免俗。

这一现象是有一定的心理原因的，因为人都有一种获得尊重的需要，即对力量、权势和信任的需要，对地位、权力、受人尊重的追求，而赞美则会使人的这一需要得到极大的心理满足。

因此，求人办事时，我们不妨也采取这一心理策略。人一旦被认定其价值时，总会喜不自胜，在此基础上，你再提出自己的请求，对方自然就会爽快地答应下来。心理学家证实：心理上的亲和，是别人接受你意见的开始，也是转变态度的开始。由此可知，求助者要想在求人办事过程中取得成功，一个行之有效的方法就是给予其真诚的赞美。

有一位杂志社编辑，他对说服作家很有一套。不论那些人如何繁忙，他都有办法使那些人答应为他写稿。在他面前那些作家谁都无法拒绝他的要求。

他常常这样说："当然我知道您很忙，就是因为您很忙，我才无论如何请您帮个忙。那些有空闲时间的作家写出来的作品，总不如您的好。"据他所说，这种说法从未失败过。

为什么这位编辑从未失败，因为他的赞美真实可信，贴切自然。的确，要恰如其分地赞美别人是件很不容易的事。如果称赞不得法，反而会遭到排斥。那么，我们怎样做到自然地赞美对方呢？

具体来说，需要把握以下几点原则。

1.态度要真诚

让别人帮你办事，就要真心地赞美，因为只有情真意切的赞美才有感染力，虚情假意不是赞美，而是讽刺挖苦或别有他求。抱有某种不可告人的目的，以溢美不实之词，极尽吹捧逢迎，只会引起别人的反感。

2.赞美要有据可循

凭空的、空泛的赞美谁都会，仅仅是几句好话而已，但这起不到赞美的作用。赞美别人，必须确认你所赞美的人"确有其事"，并且要有充分的理由去赞美他。倘若你无根无据、虚情假意地赞美别人，他不仅会感到莫名其妙，更会觉得你油嘴滑舌、诡诈虚伪。例如，当你见到一位其貌不扬的小姐，却偏要对她说："你真是美极了。"对方立刻就会认定你所说的是虚伪之至的违心之言。但如果你着眼于她的服饰、谈吐、举止，发现她这些方面的出众之处并真诚地赞美，她一定会高兴地接受。

3.措辞一定要准确、得当

赞扬别人的语言，只有准确、得当，才能显示其真实性。一些人赞美他人，实在找不到话说，就用含糊其辞的语言，其实，含糊的赞扬往往比侮辱性的言辞还要糟糕。比如"嗯，有点意思"、"挺好"和"没那么糟"，只会令人反感。

4.别一味地赞美

适量的赞美，会让对方听着很舒服，也会很受用，可是，过量的赞美，则会显得做作和虚伪。所以，抓住重点赞美，避免赞美之言泛滥，也是我们在赞美他人时应该注意的。

总之，求人办事，就得把握好对方的脾气爱好和欲望所需，揣其所思，投其所好，让对方感到自然愉悦，对方才肯为你的事付出代价，这时，你就达到目的了。

求人前先体现自己的“利用价值”

心理学上有个著名的互惠原则，所谓“互惠原则”，是指受人恩惠就要回报。主要表现为，生活中人们经常会以相同的方式，回报他人为自己所付出的一切，你怎样对待别人，别人就会怎样对待你。因为，当人们给予他人好处后，他人心中会有负债感，并且希望通过同一方式或者其他方式还这份人情。因此，根据这一心理原则，我们可以得出求人办事中的一个心理策略，那就是求人前先让对方看到自己的“利用价值”，表明我们的回报之心，让对方觉得自己的付出值得，自然会对你伸出援手。

的确，一般人求人，态度一定会低三下四，让对方可怜，好像只有这样才容易获得救助。但是这种人对方可能见得比较多，也就会见怪不怪了。同时，一些人在看不到帮助你之后得到的利益的情况下，是不会对你伸出援助之手的。如果你一反常规，多谈及对方在帮助你之后会获得的利益，那么，综合权衡之下，让对方答应请求的概率会大大增加。

那么，具体来说，我们该怎样运用互惠原则来求人办事呢？

1.为自己贴金，让对方看到你的潜力

比如，在谈判桌上，你原本希望对方与己方签订协议，那么，与其刻意地恭维对方，倒不如底气十足地向对方提出要求，并可以在无意识中表明已有其他合作方有与己方合作的意图，那么，就会无形中抬高了己方的身价，至此让对方对己方刮目相看，如此一来事情自然好办多了。

很多场合，双方情况都是虚虚实实，谁也无法完全摸清对方的底细。在这种大环境下，如果你势力弱而又想借助对方的力量，那么你就应该多往脸上贴些金，抬高身价，至少给对方一个你实力强大的假象，让对方看到你潜在的实力，进而愿意助你一臂之力。

2.承诺给予对方一定的利益

其实，人们在遇到他人求助于自己的时候，总是在寻找心理平衡，帮助他是不是值得？我能得到什么好处？他会不会记得我帮助过他？在这些疑问存在的情况下，人们是不愿意下帮助你的定论的，此时，如果你对其许下承诺，保证会给其一定的利益报酬，那么，就等于给其吃了一粒定心丸。

软磨硬泡的方法使对方“屈从”

在现实生活中，我们发现，多数时候，如果男人和女人产生争论，大多是以女人得胜利而告终，而之所以这样，是因为男人多数受不了女人的软磨硬泡。实际上，软磨硬泡还是求人办事的一个有效策略。如果对方一拒绝就失去信心，那么，这样的心态是什么事也办不成的。常言道：人心都是肉长的。求人办事过程中，不管对方态度有多坚决，只要你善于用行动证明自己的诚意，表明自己坚决的态度，那么，对方必定会给你机会，从而把固执的门打开，于是你就“泡”出成功了。

可能有些脸皮薄的人会认为，软磨硬泡不就是死皮赖脸吗？实则不然，软磨硬泡立足于韧性与耐心，着眼于感化对方，所谓“精诚所至，金石为开”就是这个道理。因此，在求人办事时，你应该学会厚着脸皮而克服害羞和自卑，主动出击，不达目的誓不罢休。

毕加索的妻子弗朗索瓦兹·吉洛特很喜欢绘画，而且在画画的时候不喜欢被别人打扰。一次，儿子小科劳德想让妈妈带他出去玩，可吉洛特已全身心投入到绘画上，听到敲门声和儿子的喊声，只是回应了一声

“哎”，之后接着埋头作画。儿子没放弃，接着又说：“妈妈，我爱你。”可得到的回应也只是：“我也爱你呀，我的宝贝儿。”门却并没有打开。儿子又说：“我喜欢你的画，妈妈。”吉洛特高兴了，她答道：“谢谢！我的心肝，你真是个小天使。”但是仍旧没有开门。儿子又说：“妈妈，你画得太好看了。”这时吉洛特停下笔，却仍然没有开门的意思。儿子继续说：“妈妈，你画得比爸爸画得还好。”吉洛特知道，自己的画肯定不及丈夫画得好，但儿子的话却让她欣喜若狂，她也从儿子那夸张的评价中感到了儿子的急切心情，终于把门打开了，答应陪儿子一块出去玩。

小科劳德正是用软磨硬泡的办法敲开了专心作画的母亲的门。其实，在现实生活中，求人办事，我们也可以运用这种方法敲开对方的心门。中国人都好情面，许多事情经过软磨硬泡都可以办到。很多时候，我们所求之事明明合理，可是正常渠道却走不通，这时只有多“磨”才能办成想办的事。

需要指出的是，“软磨硬泡”不是消极地耗费时间，也不是硬和人家耍无赖，而是要善于采取积极的行动影响对方、感化对方，促进事态向好的方向转化。有时候对方拖着不办，并不是不想办，而是有实际困难，或心有所疑。这时，你若仅仅靠行动去“泡”很难奏效，甚至会让对方很烦，更不利于办事，这时嘴巴上的功夫就显得十分重要了。要善解人意，抓住问题的症结，巧用语言攻心。

表面上看这种方法很简单，但却并不容易做好。要想用此方法达到求人目的，需要把握好以下两个条件。

首先，必须控制好自己的情绪，要有打持久战的准备。

在生活中，一些急性子的人在求人办事时会表现出这些缺点，一旦对方拒绝就失意、烦躁甚至发火，其实，这样都无异于事情的解决。你要学会先深呼吸，告诉自己要冷静下来。不羞不怒表现的就是对对方处境的理解，对方也会因为没有帮上你的忙而觉得内心愧疚，此时，你就站在了主动的位置上，可以方寸不乱，调动自己全部的聪明才智，想方设法去突破僵局，也许会消耗一定的时间，但一定会成功。

另外，我们发现，“软磨硬泡”打的就是一场持久战，需要的就是时间，但恰恰时间就是一种武器，我们谁都有时间，但谁都珍惜时间，如果你足够有耐心，那么，这场战役你就能胜利。所以，我们一定要沉住气，耐心地牺牲一点时间，成功就会等着你！

其次，必须是“赞美”、“哀求”、“硬磨”三种方法一起上，缺少一种都达不到让他哭笑不得的效果，也就难以达到你想要的结果。

总之，“软磨硬泡”是一种求人办事的成功诀窍。它能以消极的形式获得积极的效果，可以表现自己不达目的不罢休的决心和毅力，能给对方施加压力，也能够增加接触机会，更充分地表明自己的态度、思想和感情，以影响对方的态度，达到求人的成功。

运用情感联系，让对方乐意效劳

俗话说：动人心者莫过于情。人是感情动物，这也就决定了人与人之间的交往存在很多的情感因素。我们的周围，到处渗透了情感关系，有友情、乡情、亲情、爱情等。在求人办事的过程中，若你要与别人建立良好的关系，要想得到别人的帮助，首先要有感情基础。对此，你不妨运用情感联系，一旦对方认同了你这个人，求人办事的目的自然也就会达到。

刘先生现在是京城一名小有名气的企业家了，回想当年他在江西老家奋斗的经历，实在不堪回首，不过创业的那些年，政府还是给了不少支持的。这些年，刘先生一直想回老家看看，却因为工作繁忙，一直没有时间。

最近，刘先生老家所在的乡政府为了创办当地特有的产品加工厂，需要一笔不小的资金，当地政府千筹万借，才筹到了总数的三分之一，怎么办呢？政府把这件事交给了小王办理，小王是个机灵的小伙子，思想向后，他想到了刘先生。此前，他就看过刘先生的资料，对刘先生的情况十分了解，他断定刘先生会有投资意向。

因此，在没有任何人员陪同，也没有准备任何礼品的情况下，小王独自一人前往北京。

会面是在刘先生家里开始的，那天，刘先生听说老家有人来了，欣喜之余也感到有些惊讶，因为久不闻家乡的信息，突然有人来了，该不会是招摇撞骗之人吧！刘先生心里不由得生出阵阵疑心，但出于礼节，他还是同小王见了面。

小王很会察言观色，和刘先生聊了几句话后，他观察刘先生的神情，知道对方并没有完全相信自己，不过，他对此甚是理解。接下来，他挑起了家乡的话题，只讲家乡这些年来各方面的变化，他那生动的语言，特别是那浓浓的爱乡之情溢于言表，令刘先生深受感动，也将他带回了童年及少年时代，想起了那时的家乡，那里的爷爷奶奶，还有邻里亲戚……很显然，刘先生记忆深处中的那块思乡领地已被小王揭开了盖头，蕴藏在心中的那份几十年的感情全部流露了出来，欲罢不能。

就这样，经过3个小时的“会谈”，小王对借钱一事只字未提，只是与刘先生回忆了家乡的变迁，犹如放电影一般。最后，刘先生不但主动提出要为家乡捐款一事，还答应了与家乡合资办厂的要求。

俗话说：“老乡见老乡，两眼泪汪汪。”案例中的小王果真是个聪明人，看似毫无可能的一桩事，就被他办成了，此处，他是通过展现乡情来打动对方的。的确，乡情是以地缘为纽带而结成的特殊缘分，人们在说话办事时可以靠乡情套近乎、拉关系，可以利用乡情打通关节，办成事情。

其实，任何一个人，在长期的生活中，都会与周围的人建立一种情感关系，与生俱来的有亲戚关系，后天的有同学关系、乡情关系、同事关系等，这些都可以成为我们在求人办事的过程中可利用的积极的资源。

具体来说，我们不妨开动脑筋，从以下几个方面着手。

1.同学关系

我们或许性格内向，没有几个朋友。但从入学开始，我们的同学总是在不断增多。即使你的人缘再不好，估计也有一两个关系好的同学。因此，在求对方办事前，如果你和对方有着一层机缘，那么，不妨大方告诉他："听说你也是三高的？你认识××吗？就是那些年风靡学校的网球小子啊……"提到这一层关系，不仅能打开双方的话匣子，还能拉近彼此之间的关系。

2.亲戚关系

相信你的亲戚都是愿意帮助你的，如果你能得到亲戚的引荐，那最好不过。而如果不能，在与对方交流时，不妨也提及一下，但应注意要在不经意间提及，你可以这样说："我听我爷爷说当年你是战场上最骁勇的士兵。"对此，对方一定会询问："你爷爷是？"这样，话题就展开了。

3.同事关系

工作中，你与他人的关系如何？你与你从前的同事还联系吗？如果你的同事与现在要求人办事的对象有一定的关系，那么，也大胆利用吧！

当然，我们可以利用的关系还有很多，只要我们善于寻找，灵活运用，都能帮助我们在求人办事的过程中事半功倍！

处理难办事情，先激起对方的挑战欲

人们常常说："树怕剥皮，人怕激气。"人们都有不服输的心理，越是被否定，越是要证明自己；越是受压迫，越是要反抗等。在生活中，我们求人办事的时候，正面请求似乎总是事与愿违，此时，如果我们能抓住人们的这一心理，告诉对方事情存在一定难度，他可能办不到时，那么，便能激起对方的挑战欲，从而愿意一试。

辛辛监狱，魔鬼岛西方最恶名昭彰的一座监狱，一名管理人员近缺了。纽约州州长艾尔·史密斯需要一个强人来管理辛辛——一个铁人。但是，找谁呢？他派人把新汉普顿的刘易士·路易斯请来。

当刘易士站在他面前的时候，他愉快地说："你去主持辛辛，如何？他们那需要一个有经验的人。"

刘易士·路易斯非常为难。他深知辛辛的危险。这是一项政治性的职位，是政敌最理想的攻击目标。典狱长来了又走——其中有一个只干了三个星期。他必须考虑他的前途。这是否值得冒险？

史密斯看到他犹豫不决，于是往椅背上一靠，露出笑容。“年轻人，”他说，“我不责备你吓成这样子。这不是个容易应付的地方，它需要一个大人物到那边去坐镇。”

就这么一句话，刘易士去了辛辛监狱，并且待下去。他一直没离开，成了当代最著名的典狱长。

他的著作《辛辛二万年》，卖了数十万册。他曾在电台里广播，他的监狱生活的故事也被改编成十几部电影。而他的罪犯“人性化”的措施，在监狱改革上带来了奇迹式的改变。

刘易士为什么这么爽快地就接受这份艰巨的任务？ 就是因为史密斯的那句话——“我不责备你吓成这样子。这不是个容易应付的地方，它需要一个大人物到那边去坐镇。”这句话点明了这项任务的艰巨性，也激发了刘易士的挑战欲。

的确，面对他人的请求，人们都不愿意涉险，也不愿给自己招致不必要的困难和麻烦。不过，人们还有一种心理，那就是，如果我战胜困难，那么，我该多有面子。几乎每个人都有挑战自身潜力的渴望，对成功怀有强烈渴望的人尤其如此。他们渴望挑战困难，以此来超越自己，证明自己。对于这样的人，你越是表明某事难干，他越有可能去干。

比如，如果你希望你的下属接受一件任务，那么，你可以告诉他，此项工作的难度很大，没有一定的工作能力和时间，是无法完成的。他可能心里已经在想：是不是太小看我了，我偏偏要试试，把时间控制在十个月内！结果，他真的十个月不到就大功告成了。

同样，你有求于人，也大可以利用这一心理策略，你可以告诉对方，你所求之事不是一般人所能办成的。可能不用你催促，他早已在你的限定时间内把事情办妥了。见到你，他或许会一脸得意：“你不是说很难办吗，我看没有你说的那么可怕。”你也笑，笑他中了计，把事给办成了。

可见，巧言激将，一定要根据不同的交谈对象，采用不同的激将法，才能收到满意的效果。犹如治病，对症下药，才有疗效。因此，总的来说，在运用这一心理策略的时候，要注意以下几个方面。

1.了解对方的弱点

逆反心理能否起到应有的作用，就要我们了解对方的弱点。“请将不如激将”，也要了解“将”的“致命伤”。比如那些爱表现的人，我们不妨从反面说：“我知道您也是能力有限……”这样一激，对方肯定答应了你的请求。

2.因人而用

我们在运用这一心理策略的时候，要先了解对方，因人而用。要对对方的心理承受能力有所了解，如果激而无效，那么也是白费力气。

3.掌握火候，语言不能“过”

如果说话平淡，就不能产生激励效果；如果言语过于尖刻，就会让对方反感。语言不能过急，也不能过缓。过急，欲速则不达；过缓，对方无动于衷，无法激起对方的自尊心，也就达不到目的。

总之，在求人办事过程中，有时别人并不应允，如果只用直截了当的语言请求他们，他们也许会一再拒绝。在这种情况下，巧用激将法则会收到难以达到的效果。因为人类都是有逆反心理的，尤其是自己的权威、能力受到了质疑的时候，他们的自尊心、自信心就会被激发起来。

害怕被人拒绝，就先说个“大要求”

在生活中，我们可能有这样的经历：

我们想找朋友借钱，如果你直接说：“能借2000块给我吗，有点急事？”得到的回答很可能是：“借钱干什么，我还缺钱呢！”可是，如果你说：“老同学，我最近手头很紧，借1000块钱给我救急，行吗？”“什么？我哪有那么多，我也正用钱，最多只能借你100块！”这样一来，目的不就达到了吗？

在生活中，如果对某个人提出一个很大而又被拒绝接受的要求，接着再向其提出一个小一点的要求，那么他接受这个小要求的可能性就比直接向他提出小要求而被接受的可能性大得多，这种现象被称为“留面子效应”，也叫“门面”效应。

心理学家认为，“留面子现象”的产生，主要是因为人们在拒绝别人大要求的时候，感到自己没有能够帮助别人，辜负了别人对自己的良好期望，会感到一点内疚。这时，为了在别人心中保持“乐于助人”的良好形象，也达到自己的心理平衡，人们往往更愿意为别人提供帮助。

在一次由巴黎飞往伦敦的航班上，乘客满怀激情地等待着飞机着陆，但就在此时，乘客们忽然听到乘务人员报告：接到机场通知，最近是客流高峰，机场拥挤腾不出地方，飞机暂时无法降落，着陆时间将推迟一小时。

乘客们听到这一消息，整个机舱里响起一片喧嚷抱怨之声，有些人害怕飞机是不是出什么事了？尽管如此，乘客们也没有其他任何解决的办法，不得不做好思想准备在空中等上这令人难熬的一小时。时间一秒一秒地过着，谁知几分钟之后，乘务员又向乘客宣布：晚点时间将缩短到半个小时。听罢这个消息，乘客们都如释重负地松了口气，心情顿时好了很多。又过了几分钟，乘客们再次听到飞机上的广播说：“最多再过三分钟，本机即可着陆。”这一下，乘客们个个喜出望外，拍手称庆。虽然飞机仍是晚点了，但乘客们却反而感到庆幸和满意。

这也是“留面子效应”发生的作用，如果乘务员刚开始就向乘客通知正确的晚点时间，可能乘客们无法接受，在下飞机的那一刻，可能也是抱怨声不断。但乘务员先向乘客们通知了一个小时的晚点时间，接着转为半小时，再转为三分钟，人们自然会喜出望外。

因此，在日常生活中，我们与人交往、求人办事，不妨利用这一效应，先提出一个令人难以接受的要求，待别人拒绝且怀有一定的歉意时，再提出自己真正要对方办的事情。由于前面的拒绝，人们往往会为了留住面子而接受随后的要求，这样做的成功率比直接提出这一要求高得多。在日常生活中，售货人的标价和砍价就是对这种技术的应用。

但在现实生活中，我们与人交际。运用“留面子效应”的时候，还应注意以下几个方面。

1.注意彼此间的关系亲密度

“留面子现象”是否会发生作用，关键在于别人是否有义务对你提供帮助。如果既无责任，又无义务，双方素昧平生，却想别人答应一些有损对方利益的事情，这时候“先大后小”也是没有用的。比如，如果你希望你的朋友能在你的生日派对上送你一条项链，你可以先提出让他给你买一条纯金的，然后提出随便买一条，但如果你对街上的陌生人提出这一要求的话，几乎不可能成功。

2.不要利用别人的面子心理，提出一些不合理的要求

“留面子效应”是一面双刃剑，善加利用可以使沟通、交流事半功倍。但应切记：己所不欲，勿施于人。不要为了一己之私，轻易利用他人的心理，否则，他日别人察觉出你的不良动机，必会远离你。

3.留面子效应并不是“放之四海而皆准”，不要因为别人的拒绝而损害其面子

一般人都爱面子怕丢脸，怕遭人议论，怕日后抬不起头来做人，特别是我们中国人，对于丢脸面这件事则更是在意。因此，为了不失脸面，他不得不作出万分努力，来尽可能保住面子，从而产生“留面子效应”。但我们不能因为别人拒绝了我们的要求，而肆意传播不良信息，或者以此威胁对方，这都是不道德的。

总之，我们要学会正确地运用“留面子效应”，在无伤感情的情况下，让对方答应我们的请求，这才是最佳方式。

第16章

朋友相处，善用策略让彼此更亲近

众所周知，成功学有一个等式，成功=20%的知识+80%的人脉。有人说，当我们30岁以后，成功就不再是靠我们所掌握的知识，而是靠我们的人脉，可见，人脉的重要性。当然，建立和维持人脉关系，我们需要掌握一些策略，这并不是要我们分享金钱、分享权力等，而是分享情感，给予关心与爱护，从而帮助我们成功走入他人内心，在人与人的交流中，稳固的人脉关系网自然会建立起来。

朋友常维护，日久才能生情

在日常生活中，我们发现，亲朋好友间，如果不互相往来，那么，关系就会变得疏远，甚至最后不相过问。的确，人际间的关系是变动的，两个人相处，不是愈来愈互相信任，便是愈来愈彼此猜疑。要想保持友谊，必须适当地互动。人脉管理也是如此，关键在于互动。

作为现代社会人，我们早已认识到人脉对于自身生存和发展的重要性。有企业培训讲师强调：“人脉是一个营销人通往财富、成功的入门票！”

就拿旅游行业来讲，刚进入旅行社做业务的年轻人，认识的人顶多就是同学或同事，需要帮忙时常会陷入“求助无门”的窘境；就算是有工作经验的营销人，若不善于建立、维系关系，也很难进一步扩大人脉圈。而那些成功者，无不是维系人脉关系的高手。

某家电器制造公司的总经理陈总是个很会与人打交道的人，他所在的公司长期承包那些大型商场和公司的电器制造工作，为此，他常常和这些大型商场的负责人有重要往来，并且，常对他们施以恩惠。陈总的交际方式与一般企业家的交际方式的不同之处是：不仅奉承公司里的重要人物，而且对年轻的职员也殷勤款待。

当然，陈总的精明之处在于，他并非无的放矢，而是有计划、有针对性地联系这些人。事前，他会将这些公司员工的各种情况，包括学历、能力、人际关系和业绩等各方面做个全方位的了解，如果此人日后大有可为，能在公司有所建树的话，那么，不管他多年轻，陈总都会主动与之结交。

所以，有时候，当他知道这些公司的年轻员工升迁至小小主管后，他总是第一个跑去庆祝，赠送礼物，同时还邀请他到高级餐馆用餐。

年轻的主管从未去过这类场所，也从未享受过这样高级的待遇，他们一般先会受宠若惊，然后会倍加感动，他们会产生一种想法：我与这位经理素昧平生，再说，我现在并没有掌握公司大权，他就这如此厚重，真是个好人啊。在无形之中，这位年轻的主管自然就会产生知恩图报的意识。

这时，聪明的陈总会看出对方的心理，于是，为了消除对方的心理负担，他会说："我们公司能有今日，完全是靠贵公司的抬举，因此，我向你这位优秀的主管表示谢意，也是应该的。"

因此，当有朝一日这一主管晋升至要职时，还会记着陈总的恩惠。因此在生意竞争十分激烈的时期，许多承包商倒闭的倒闭，破产的破产，而陈总的公司却仍旧生意兴隆，这就是他平日感情投资的结果。

我们发现，案例中的陈总是个很会管理人脉关系的人。的确，功夫在平时，日常生活中悉心地维护人脉，才能在关键时刻为你带来收益。

那么，就从自身出发，从小处着眼，维护你的人脉关系吧。

1.建立通讯录

我们每天都有可能认识新的朋友，认识的人多了，我们就可能会与以前的老朋友失去联系，因此，保持联系的方式就是要建立通讯录。一旦自己更改了联系方式，一定要告诉大家，以便大家可以保持畅通的联系。

2.经常走动

中国人一到过春节的时候就会走亲戚，因为他们认为：亲戚是需要经常走动的，如果长时间不走动，亲戚也就是不是亲戚了。其实，人脉圈子中，何尝不是如此呢？所以对于自己人脉圈的人，有时间聚聚的，可以经常在一起聚聚，如果不能经常见面的，可以保持一定的联系，比如逢年过节的时候，相互发一条祝福短信或打个电话等。

无论怎样也不要伤朋友的面子

中国人素来爱面子，尤其是在人际交往中，更是处处怕失了面子，这也是中国人的普遍心理。因此，在日常生活中，很多时候，我们评价一个人够不够朋友，往往看他“会不会给我们留面子”。假如一个人能把这种种“面子”都熟稔了，都做到了，在朋友们眼里，他就算是个很会做人的人了。这样的人，往往在人际交往中如鱼得水，而那些说话、做事不经过大脑的人，常常会因为一不小心伤了朋友面子的人，自然失道寡助。

小李与小王是一对好朋友，彼此都视对方为知己。有一次，本单位的青年小张对小李说：“小李，我总觉得小王这小子为人有点太认真了，简直到了顽固的地步，你说是不是？”小李一听小张的话顿生反感，心想：你这小子在背地里贬损我的好朋友缺德不缺德？但他又不好发作，于是假装一本正经地说：“小张，我先问你，我在背后和你议论我的好朋友，他要是知道了会不会和我反目为仇？”小张一听这话，脸“刷”地一红，不吭声了。

这里，小李就使用了委婉点拨的技巧。面对小张的发问，他没有直接回答“是”还是“不是”，而是话题一转，给对方出了个难题，而这个难题又正好能起到点拨对方的作用，既暗示了“小王是我的好朋友，我是不会和你合伙议论他的”，又隐含了对小张背后议论、贬损小王的不满。同时，由于这种点拨较委婉含蓄，所以也不致让对方太难堪。

在现实生活中，朋友间常常会出现一些意见不合或者产生矛盾的情况，会因为说了不合时宜的话、做了不合时宜的事而陷入难堪境地，那么，我们该如何不伤朋友面子而巧妙解决呢？

1.找个借口，帮朋友找一个台阶

如果你的朋友陷入了交际中的窘境，此时，你千万不要落井下石地取笑他。在这种情形下，你应该为他打圆场——换一个角度或找一个借口，以合情合理的解释来证明对方有悖常理的举动在此情此景中是正当的、无可厚非的和合理的，这样一来，对方的尴尬解除了，正常的人际关系也能得以继续下去了。而我们在无形中与朋友的友谊也更加深厚了。

2.转移话题，制造轻松气氛

人与人毕竟是不同的，即使是朋友关系，也会因为意见不合、观点不一致而争论，在一些问题上互不相让。此时，最巧妙的方法之一就是转移朋友的注意力。

如朋友之间为了某个问题争得面红耳赤、僵持不下时，可以适时说一句“要把这个问题争得明白，比国家足球队赢球还难”；或者说一个笑话，让双方的情绪平缓下来，在轻松的气氛中让尴尬消失殆尽，使交际活动得以顺利进行。

而其实，有时候当人们因固执己见而争执不休时，造成僵持局难以缓和的原因往往已不是双方的看法本身，而是彼此的争胜情绪和较劲心理在作怪。实际上，对某一问题的看法本身常常并不是固定不变的常数，随着环境的变化和角度的转移，不同乃至对立的看法可能都是合理和正确的，因此，我们在解决问题时要抓住这一点，帮助双方换一个角度来看待争执点，灵活地分析问题，使他们认识到彼此看法的相对性和包容性，从而让双方停止无谓的争论，才不至于伤了朋友的面子。

3.不要与朋友争抢光彩

一个精明的英国人曾经说过："一个人在世界上可以有许多事业，只要他愿意让别人替他受赏。"有时候，我们要学会牺牲个人荣誉，你可以让他代你接受因你的设想或发明而得到的荣誉。如果你与你朋友的关系十分牢固，你会发现这种做法将会有利于长远的利益和奋斗目标。而如果你为了一己之利，把朋友的功劳抢了，脸是露了，但却失去了更为宝贵的友谊。

总之，为朋友留面子是维护友情的最有效的方式之一。在日常交往中，我们必须从善意的角度出发，以特定的话语去调节人际关系，帮朋友夺回面子，这样也可以使我们在交际场合左右逢源。

刺猬法则，保持适度距离才能更进一步

为了研究刺猬在寒冷冬天的生活习性，生物学家作了一个实验：把十几只刺猬放到户外的空地上。这些刺猬被冻得浑身发抖，为了取暖，他们只好紧紧地靠在一起，而相互靠拢后，又因为忍受不了彼此身上的长刺，很快就又要各自分开。可天气实在太冷了，它们又靠在一起取暖。然而，靠在一起时的刺痛使它们不得不再度分开。挨得太近，身上会被刺痛；离得太远，又冻得难受。就这样反反复复地分了又聚，聚了又分，不断地在受冻与受刺之间挣扎。最后，刺猬们终于找到了一个适中的距离，既可以相互取暖，又不至于被彼此刺伤。

这就是心理学上的"刺猬法则"。"刺猬法则"强调的就是人际交往中的"心理距离"。在生活中，人际间的关系也经常会遇到这类心理距离问题——人与人之间，因为某种机缘相遇、相识、相知，并因为志趣相投，彼此互相欣赏，为了工作和生活中的情感需要和现实需求，好友间肝胆相照，甚至产生桃园结义式的友情。但毕竟大家来自不同的环境，接受

过不同的教育，时间一长，即使再亲近的朋友，也难免会出现问题。感情往往是最脆弱的。太过疏远难免淡漠，太过亲密难免疲惫，只有保持适中的距离，才能保持和谐。

因此，朋友间相处，需要有一些空间，太过亲近，不小心忘了分寸，口无遮拦，会造成彼此间关系的紧张。其实，就算是关系最亲密的夫妻，相处的时候也需要有些距离，要有属于个人的空间。

所以，面对微妙的人际关系，我们提倡“友如作画须求淡”的态度，君子之交淡如水，朋友间过分的亲昵会让其他同事与朋友感觉相对的疏远，影响和他人的正常关系。尤其是异性朋友之间的距离，更难以把握。如果没有什么预期的用意，在真诚地互相关心帮助的基础上，彼此还是保持如刺猬的若即若离比较合适。

的确，距离是一种美，也是一种保护。感情容易滋养人心，也会轻易伤害人心，不管是血浓于水的亲情，还是海誓山盟的爱情，都可能在不经意间刺痛对方。

那么，在人际关系中，根据“刺猬法则”，我们该如何与他人保持距离呢？

1.亲密有间，疏而不远

与人交往，关系太疏远，会使人产生沟通障碍，出现彼此陌生的反应；关系太亲近了，又会使人感到厌倦、疲劳甚至反感。有些人有事没事就把朋友约出来，也不询问一下朋友是否真的有时间，这样，不但干扰了朋友的工作、休息和生活，还会让朋友觉得厌烦。合适的交往距离，应该是交往既不要过多，也不宜过少，应该把握在双方都感觉恰如其分的范围内。

2.与朋友交往要保持一定的认知差距

我们常常犯的一个错误，就是把自己的想法强加给朋友，以为朋友的想法与自己一致，实际情况并不如此。每个人都是单独的个体，所接受的教育和所处的生活环境都是不同的。因此，与朋友交往时一定不要自以为是，以为自己所想就是朋友所想，这样做只能适得其反。

3.君子之交淡如水

在人际交往中，很多人认为与别人的交往越亲密越好，其实不然，如果你不注意保持距离，把握分寸，就可能会在人际交往中受到伤害。比如，你应避免陷入办公室政治斗争中去，因为你和你周围的同事都保持着相当的距离，这样你既不属于这一派，也不属于另一派，别人也不会轻易地伤害你。

当然，与人交往的过程中，与人保持一定的距离，并不是对他人的漠视，而是为了日后更好地交往，只有亲密有间的关系，才是恰当的交往关系。留出距离就是给彼此的感情腾出一个足以盛放的空间。为何有朋自远方来不亦乐乎？远方的距离承载了更多的向往和更多的牵挂，距离换取的是更多的珍惜而不是摩擦。

共生效应：有了圈子生活可以更好

自然界有这样一种现象：当一株植物单独生长时，显得矮小、单调，而与众多同类植物一起生长时，则根深叶茂，生机盎然。人们把植物界中这种相互影响、相互促进的现象，称之为“共生效应”。

事实上，人类群体中也存在“共生效应”。英国“卡迪文实验室”从1901年至1982年先后出现了25位诺贝尔获奖者，便是“共生效应”一个杰出的典型。我国历史上著名的有以孔融为首的“建安七子”，以阮籍为首的“竹林七贤”，以西晋文学家燔岳为首的“二十四友”，以南梁著名文学家、史学家沈约为首的“竟陵八友”。我国成语有“物以类聚，人以群分”，也反映了交友的相聚和互相影响的关系。

的确，我们作为社会中的一分子，没有人可以单独存在，都或多或少地和周围的人、事、物发生着关系，都有自己的生活圈子。另外，我们不难发现，那些善于利用人际关系建立良性生活圈的人，总是生活得更好。

因此，人际交往中，我们不妨多与优秀的人交往，加入那些优秀者的生活圈，你也会变得优秀。如果你已经很优秀了，再与优秀的人交往，那么你们就能产生共生效应，取得了不起的成就。保罗·艾伦和比尔·盖茨走到一起并创立了微软就是最好的例证。

1968年，保罗·艾伦与比尔·盖茨相遇于湖滨中学，艾伦比盖茨年长两岁，他丰富的学识令盖茨敬佩不已，而盖茨在计算机方面的天分又使艾伦倾慕不已。就这样，他们成了好朋友，随后一同迈入了计算机王国。艾伦喜欢钻研技术，他专注于微软新技术和新理念的创新，盖茨则以商业为主，他一人包揽了销售员、技术负责人、律师、商务谈判员及总裁等职。在两人默契的配合下，微软掀起了一场至今未息的软件革命。

有人说，没有比尔·盖茨，也许就不会有微软，但如果没有保罗·艾伦，比尔·盖茨也没有今天的成就。他们能走到一起，并非偶然。比尔·盖茨说过："有时决定你一生命运的在于你结交什么样的朋友。"换句话说，你与怎样的人交往决定了你的未来。

所以，请与优秀的人在一起，努力加入优秀者的团队，让自己在那个良好的氛围中获得成长。从他们的经历中，你既可以学到成功的经验，也可以吸取失败的教训，这会使你变得更优秀。

当然，根据"共生效应"，我们得到的关于人际交往中的心理启示远不止交优秀的朋友，具体来说，还有以下几方面。

1.避开不良的共生圈

在犹太经典《塔木德》中，有一句名言：和狼生活在一起，你只能学会嗥叫；和那些优秀的人接触，你就会受到良好的影响。

傅玄在《太子少傅箴》中也说："近朱者赤，近墨者黑。"的确，"近小人则多鄙"，那么"共生效应"就应当引起我们的重视。多犯罪集团，最初时并不是所有人都是十恶不赦的坏人，但是，"共生效应"的结果，则发展了他们自私自利、好吃懒做、荒淫无耻、鼠窃狗盗乃至残暴杀人的罪恶思想和行为。因此，我们应引以为戒，少与品行不良的人交往。

2.重视小人物和平凡的人

团结就是力量，一木是木，两木成林，三木成森，许多树木聚在一起，就能具有抵抗龙卷风的力量。

“共生效应”告诉我们：“独行侠”是难以取得卓越成就的，人只有在交往与交流中互相影响、互相启发、互相进步、互相支持、优势互补，才能超越平凡，铸就辉煌。

在生活中，有时候给你启发的人，可能是优秀的成功人士，而有时候给你触动的人，可能只是一个不起眼的小人物。这就是说，我们不能只是与优秀者“共生”，还要重视小人物、平凡的人，多与他们交流，你也同样能增长见识。

因此，在与人交往的时候，不能戴有色眼镜看人，对于那些不起眼的小人物，我们同样要以礼相待，以诚相待，真诚地与他们交往、交流，从而获得启发和支持。

近因效应：尽快消除对方对你的不良印象

心理学上有一个“首因效应”，又叫“最初效应”，也即日常所说的“第一印象”。我们可能都有过这样的经历，当有新朋友介绍给你，甚至面对迎面走来的陌生人，在内心里不自觉地会马上作出一个喜不喜欢这个人或对他有没有好感的判断，这个判断直接影响你对这个人的看法和以后你们的交往。第一印象的好坏固然很重要，但随着交往的深入，人们会对我们有更多、更全面的了解，但前提是我们要明白如何让对方将不快改为好印象。这其中就涉及一个“近因效应”。

心理学上将“近因效应”定义为：“近因效应”是指交往中最后一次见面或最后一瞬给人留下的印象，这个印象在对方的脑海中也会存留很长时间，不但鲜明，且能左右整体印象。

可能对绝大多数人来说，对“首因效应”很熟悉，而对“近因效应”这个词感到陌生。其实，这个词理解起来并不难。不管什么事情，都有着不同的阶段：初段——发生，中段——发展，最后——结尾。也就是说，在人类记忆中，对于他人的印象是个一系列变化的过程，一连串事件的不同阶段被接受的印象很有差异，最初和最后印象深刻。

然而，在现实生活中，人们在交际的时候，往往忽视了“近因效应”，导致了人际交往虎头蛇尾，给别人的最终印象很差，这样的事例屡见不鲜。

小李是某大型公司的一位年轻主管，他负责某类产品的配件加工业务，基于他总是努力工作，公司领导很信任他。一次，公司派他代表公司前往某大公司洽谈一笔大的外包业务。对公司而言，该业务很重要。因为大企业的外包业务量大且稳定，也就是说，如果能拿下这笔业务，公司可以获得一笔很大很稳定的现金流。

为此，小李投入了大量的时间与精力用于前期准备。也许是准备工作做得很周到，双方刚刚接触，对方就表示了明显的好感。有了好的开头，洽谈工作进展也很顺利，最后一天，还留有一些细节问题需要进一步协商。结果，仅用了半天时间，便协商好了。

对方要求再给几天时间，以向上级汇报，再做最后决定。

小李满口答应了，他本以为这件事可以敲定。不料，两三天过去了，一周过去了，对方还没有动静。他实在忍不住，打电话询问对方的一名代表，对方代表告诉他，事情可能有变故。他请求对方解释一下原因，对方拒绝了。可他不甘心，当他第三次打电话过去，对方告诉他，问题出在最后那天他穿的那件西装上。

原来，他那天穿的西服的袖口，少了一颗纽扣。要知道，对方外包的可不是别的，而是精密仪器的零配件！

也许，最后一天洽谈，他太过兴奋而忘了仔细检查自己的衣着；也许是潜意识里，他认为大局已定，不需要再小心翼翼。

总之，最后一天，一个小小的疏忽让他失去了一大笔订单。

人们总是说“良好的开始是成功的一半”，可是小李却败在了虎头蛇尾上。这告诉我们，“好头不如好尾”。与人打交道，我们不仅要在最初表现很好，最后阶段也要表现好，分手时更要特别注意，做到有始有终。

这就告诉我们，如果给对方的第一印象不够好，或者在双方的交往中曾遇到了不快，更应该巧妙地运用“近因效应”，在最后时刻挽回局面，达成谅解，给对方留下好印象。

那么，具体来说，根据“近因效应”，我们该如何让对方消除对我们的不良印象呢？

1.尝试沟通

即使你带给别人的第一印象不好，也不要忧心忡忡，只要你能尝试多沟通，不动声色地表现自己良好的一面，就能让他人对你产生进一步的了解，就能化解误会，重新建立别人对我们的好印象。

2.注重后期维护

在沟通后，我们更要注重持续的维护工作，绝对不能让人觉得你的热情只有三分钟热度。人们往往更记得和喜欢经常保持联系、维持关系的人。因此，不妨平时打个电话，偶尔送个小礼物，有时间互相走动一下。由于是一直处在交往的状态，在需要帮助的时候提出请求就不显得突兀了。反而那些刚认识的时候很热情，事后长时间不联系，需要帮助的时候突然又找上来的人，会让人们觉得自己像是被利用了，难免产生抵触心理：我不是你招之即来挥之即去的人。会经营人际关系的人，一定会注重平时关系的维护。

总之，在与人交往的过程中，我们要善于运用一些心理策略，尽量做到让别人喜欢我们。如果你在与人初会的过程中，犯下了某种错误，或是表现平平，可以在分手之前做一个良好的表现，以改变对方对你原来的印象。只要你的表现得体，不管原先的表现如何，都可以获得补救，甚至留下让人永生难忘的印象！

让对方多占点“便宜”，会使你朋友更多

在生活中，在一些人眼里，吃亏的老实人成了“傻瓜”、“无能者”的代名词。但我们似乎也注意到，那些愿意吃亏、让对方占便宜的人总是有更好的人际关系，无论是工作还是生活中，他们也得到更多人的信任，有更多的升迁机会，也总是有更多的人愿意成为他们的朋友。其实，这句话印证了人们常说的“吃亏是福”这个道理，主动让步，让朋友多占点便宜，可能确实会带来利益上的损失，但却可能给你带来友谊、信任，而最主要的是，我们获得了心灵上的充实感。

齐国有一对很要好的朋友，一个叫管仲，另外一个叫鲍叔牙。年轻的时候，管仲家里很穷，又要奉养母亲，鲍叔牙知道了，就找管仲一起投资做生意。做生意的时候，因为管仲没有钱，所以本钱几乎都是鲍叔牙拿出来的，可是，当赚了钱以后，管仲却拿的比鲍叔牙还多，鲍叔牙的仆人看了就说：“这个管仲真奇怪，本钱拿的比我们主人少，分钱的时候却拿的比我们主人还多！”鲍叔牙却对仆人说：“不可以这么说！管仲家里穷又要奉养母亲，多拿一点没有关系的。”有一次，管仲和鲍叔牙一起去打仗，每次进攻的时候，管仲都躲在最后面，大家就骂管仲说：“管仲是一个贪生怕死的人！”鲍叔牙马上替管仲说话：“你们误会管仲了，他不是怕死，他得留着他的命去照顾老母亲呀！”管仲听到之后说：“生我的是父母，了解我的人可是鲍叔牙呀！”后来，齐国的国王死了，大王子诸当上了国王，诸每天吃喝玩乐不做事，鲍叔牙预感齐国一定会发生内乱，就带着小王子小白逃到莒国，管仲则带着小王子纠逃到鲁国。

不久之后，大王子诸被人杀死，齐国真的发生了内乱，管仲想杀掉小白，让纠能顺利当上国王。可惜管仲在暗算小白的时候，把箭射偏了，小白没死，后来，鲍叔牙和小白比管仲和纠还早回到齐国，小白就当上了齐国的国王。小白当上国王以后，决定封鲍叔牙为宰相，鲍叔牙却对小白说：“管仲各方面都比我强，应该请他来当宰相才对呀！”小白一听，摇

头说：“管仲要杀我，他是我的仇人，你居然叫我请他来当宰相！”鲍叔牙却说：“这不能怪他，他是为了帮他的主人纠才这么做的呀！”小白听了鲍叔牙的话，请管仲回来当宰相。

后来，大家在称赞朋友之间有很好的友谊时，就会说他们是“管鲍之交”。

鲍叔牙不计较管仲的自私，也能理解管仲的贪生怕死，还向齐桓公推荐管仲做自己的上司。而最终，鲍叔牙也赢得了管仲的友谊，正所谓：“生我的是父母，了解我的人可是鲍叔牙呀！”可能现实生活中的人们很难做到这一点，但如果每个人都能做到不为小利小益争来夺去，便能化敌为友，壮大自己的力量，既成全别人，也能给自己带来心灵的充盈。

对于“吃亏是福”这句话，可能很多人会颇不以为然。吃亏？为什么要吃亏？谦让？为什么我要谦让你？成全？为什么要我牺牲来成全你？人们都在这个变化迅速的世界变得激进而匆忙，手里真真实实抓得到才安心。往后退一步，为了对方一个没有实际作用的笑脸和一个看不见的明天，吃亏隐忍在大家眼里永远不被看好。而实际上，吃亏是一种大肚能容的气度，就是一种即使自己处于劣势，仍然能淡然处之的做人风范。

在生活中，很多时候，人与人之间常为一些小利小益计较，得失心太重，反而会舍本逐末。的确，人性里都有自私的成分，都希望能占点小便宜，但正是因为这一点，如果你能满足对方的这些小心思，那么，他是能感受到你的大度和豁达的，自然愿意把你当朋友，久而久之，对方也会自知理亏，也不会再事事占便宜了。

当然，万事都有个度。我们反复在掂量：吃亏到底是什么？是敢于付出？还是有自信？还是眼光长远？

我们拥有的并不多，重要的是有没有一个得失的准则，帮我们在复杂中找到那么一点简单，在踌躇中找到那么一点依据。如果把吃亏当作一个途径，那确实需要付出勇气，也需要策略。为此，生活中的人们，如果你也能收起那颗不愿吃亏的心，你就能收获成功，赢得友谊。对此，你需要做到以下几点。

1.淡化利益观念

通常情况下，人们在利益上不愿让步，就是因为把目光放在了所谓的亏上，比如金钱、物质或者名利上，如果我们紧紧盯住这些外在利益，就无法释怀，自然也不愿让步，而带来的结果往往就是纠结的心态、紧张的人际关系等。如果你能对名利淡然一些，或许收获的就是另外一种心情！

2.让步与吃亏也要讲原则

毫无原则的让步与吃亏就是人们常说的好好先生，是一种懦弱的表现。

第17章

职场有道，锦绣前程要靠点滴运筹

不可否认，和睦的工作环境，同事间亲和融洽，上下一心，的确是我们理想的工作环境。很多时候，事业能否成功，重要的是你能否跟同事打成一片，和睦共处，尽得人心。但现实生活中，有多少人能在职场中“混”得八面玲珑？不少人甚至为此感到苦恼，不知道怎么和同事、领导打交道，总是被一些潜在的职场规则弄得筋疲力尽。如果我们懂得一些运筹职场关系的技巧，懂得如何做一个忠诚的下属，一个处世老练的员工，即使是你讨厌的同事，也能与之和睦相处，那么，你就已经是一个职场交际老手了，这样你自然能获得众人的接纳和支持，从而顺利开展工作！

推功揽过，让领导感到你很可靠

身处职场，我们有时候需要表现自己，但当功过得失涉及领导的时候，决不可斤斤计较，不能试图证明自己比领导聪明，办事能力比领导强。在职场中，那些甘愿把功劳让给领导，并懂得推功揽过的人看似碌碌无为，其实，这些人是大智若愚，小小的付出会得来更多的信任。

陈苗是某大型外企采购部的一名职员，平时工作勤勤恳恳，领导对其印象不错。

一次，总公司下达了一个采购命令，预计2000万购进一批钢材，正当采购部经理准备去钢材厂提货时，陈苗突然想到另外一种采购方法，可以节约200万元，因为公司上次在建筑工地的好多钢材一直废置。采购部经理听完，很感激陈苗。但是，陈苗没有把功劳记在自己名下，而是以领导名义申报的。在公司大型聚会上，他面对领导和广大员工说："我真的是太钦佩领导的智慧了。" 因为他的名言是："领导第一，才有利益。"最后结果是领导得了荣誉，陈苗悄悄得了奖金，两人的关系更拉近了一步。半年后，当领导准备退休时，第一个推荐陈苗接任自己的工作。

很明显，陈苗是个聪明的下属，他把功劳给了领导，为领导挣到了面子，领导自然会感激他、信任他，一旦有升职的机会，自然也就会想到他。而实际上，职场中的有些人，他们经常会犯这样的错误，他们从不放过任何表现自己的机会，甚至和领导抢镜，结果让领导失了面子，一些心胸狭隘的领导会为此怀恨在心。

可见，无论何时，我们都需记住一点，领导是交际的主角，我们则是配角，处于次要地位。这是交往规律，是由彼此的身份和交际地位决定的。作为下属，我们除了工作之外，还必须随时做到积极支持领导，热情配合领导，鞍前马后，服从需要，听候调遣，为领导增光添彩，这是合乎交际现实的，不仅不会损害自己的"身价"，而且会取得领导的信任。相反，如果我们不能甘当绿叶、退居幕后，如果不能摆正这层关系，处处显示自己的能耐，抖弄自己的才华，以致背弃、排挤领导，往往适得其反，甚至会招来领导的记恨。

那么，面对这些功过得失，具体来说，我们该怎么做呢？

1.不抢领导功劳

任何一个企业或者单位，都会举办某些庆功的活动，领导和下属一般都会一起参加，在这种场合下，我们千万不要抢领导功劳。

客观上讲，一个企业或者一个单位，任何一项成绩的取得都不是一个人努力的结果，一定有领导的安排、指点、影响，有同事的协助、支持、配合，在分享这一成果的时候，领导们要的很少，往往只是一个心理上的满足，而我们要做的就是满足领导的这种心理。

在公共场合，有些部属不懂得迎合领导，而是把领导的“锋芒”抢去，脸是露了，可是领导不会给你好脸色看。所以明智的部属，应懂得如何适时地把自己的功劳归于领导。虽然这样做会有委屈自己和逢迎拍马之嫌，但谁让你是部属而他是领导呢？做领导当然要光彩夺目，而下属相比之下自然应黯淡些。

2.面对过错，不要退缩，勇于承担

即使这些过错可能涉及领导，你也不要推卸，而要勇于承认；否则，便是因小失大，因为我们失去了领导的支持。

3.揽过要适度，推功要巧妙

小过小错你大可以扛下来，反正不会起到很大的负面影响，比如，遭领导几句批评，个把月奖金的损失等。但你不要傻到什么错都承担，比如你上司贪污腐败，你若还站出来代人受过，岂不是自寻死路？所以，揽过的时候，要眼明心亮。

另外，推功时，别轻视“受益人”——领导的智商，不要赤裸裸地把功劳强加到对方身上，造成张冠李戴的尴尬场面，那样只会弄巧成拙，招致对方的怨恨。而且，当你把功劳让给对方的同时，万不可到处宣扬；否则，会让人误以为你别有目的。

总之，在职场，我们既要做好工作，也要尊重上司，这似乎比较难，其实做好了后者，得到了领导的信任，会更有利于做好工作，实际工作中二者一点也不矛盾。

巧妙汇报工作，领导更信任你

在职场中，任何一个领导，都不喜欢下属跳出自己的视线之外，更不希望下属玩小动作。他们都希望全程掌握下属的工作状况，但日理万机的他们，不可能做到事无巨细，此时，哪个下属能主动做到向领导汇报工作，谁就会与领导混个面熟。另外，经常性地向老板汇报工作，还可以表现出自己对工作的责任心以及工作的努力程度，并可以获得领导的指正，不断修正方向，减少失误。

因此，作为一个下属，要想赢得上司的信任，就必须学会主动汇报工作，以此给上司吃一颗定心丸。

黄名是一家外贸公司的部门经理，由于事情多，忙得忘记了向领导汇报工作。有一天，他在开会时批评下属说："你们现在好像一天都很忙啊，好像都不汇报工作了。"可是，会后，他听见员工们说："黄总光会说我们，他自己好像也有十天半个月没有去总经理办公室了吧。"这话倒提醒了黄名，他想：这段时间，工作是很忙，但是也没有忙到没有时间去向上司汇报工作情况的程度，怪不得总经理这些天好像都对自己有意见似的；如果每天、甚至每两天抽出一个小时的时间走进上司的办公室，向他汇报自己的工作，可能就不会是这样的情况了！

想到这里，黄名立即安排秘书为自己做工作详细记录，第二天他走进上司的办公室，对老总说："总经理，这是我近来的工作进度，请您审查。"上司对他流露出微笑："有进步啊！"黄名也报以微笑。

从案例中我们发现，在与领导沟通时，主动的态度十分重要。主动汇报工作，与领导及时交流，不仅能及时更正错误或不当的工作方法，还能让领导放心。而实际上，很多下属往往摄于周围人际环境的压力，唯恐领导责备自己，害怕见到领导，不主动上报工作，也失去了展示才华的机会，更重要的是，也失去了上司的信任。

但我们需要注意的是，工作汇报一定要对味，对于不同的领导，汇报的详尽程度是不同的：对那些只重结果的上司，只强调工作成果，切忌喋喋不休地详述过程；而对那些重视操作细节的领导，则最好事无巨细都报告清楚。

那么，在向领导汇报工作的时候，我们该注意些什么呢？

1.表达服从

古往今来，上下级之间，下级服从上级，这是天经地义的事，虽然也有很多下级冲撞上级，但他们都为此付出了代价，当今职场，这一规则更是不可动摇。在汇报工作的时候，这一点更是我们应该注意的。也就是说，汇报工作，我们要尽量把焦点放在“汇报”上，而不能越权，更不能说越位话。

2.要有重点，不可眉毛胡子一把抓

给领导汇报工作，有时是一件事，有时是几件事一起汇报，但无论汇报什么，都应该把握重点，而不能眉毛胡子一把抓，更不可重复啰唆。领导的时间是宝贵的，你只有有重点、有条理地汇报，才能为领导节约时间，还能体现你干练的工作风格。

3.条理要清晰

有条理地汇报，能让领导清晰地领悟你汇报的内容。

4.把握领导倾向性意见

有时一件事只有一种解决办法，有时有多种。因此，汇报前，你要考虑好领导更倾向于哪一种方法，对于这种方法你就要分析得清晰一点，然后再把其他建议也一并给领导汇报，供领导决策参考。

5.多提解决问题的方法

汇报工作最重要的是提出解决问题的方案而不是简单地提出问题。要记住，汇报问题的实质是求得领导对你的方案的批准，而不是问你的上司如何解决这个问题，否则事事上司拿主意，要下属还有什么意义呢。我们去找领导汇报工作时要预备多套方案，并将它的利弊了然于胸，必要时向领导阐述明白，并提出自己的主张，然后争取领导批准你的主张，这是汇报的最标准版本。假如你进行的总是这样的汇报，相信你离获得晋升已经不遥远了。

6.关键地方多请示

关键处多请示是下属主动争取领导的好办法，也是下属做好工作的重要保证。何为关键处？即为“关键事情”、“关键地方”、“关键时刻”、“关键原因”、“关键方式”。

在了解了以上汇报工作的方法后，我们便能大致抓住上司的心理，从而让上司从心理满意我们的表现了。

赞美领导，话要说到心坎里

任何一个人，都希望得到他人的认可，都希望自己的优点、闪光点被人发现。美国著名心理学家威廉·詹姆斯曾说过：“人类本性上最深的企图之一是期望被赞美、钦佩、尊重。”可以说，希望得到尊重和赞美，是人们内心深处的一种渴望。我们的领导也是人，也有这样的心理需求，因此，我们如果能适度说些赞美领导的话，那么，当领导接受了你的赞美之言的时候，也就接受了你这个人，自然也就拉近了彼此之间的距离，我们的生活、工作环境也就会更加和谐。

实际上，当今职场，工作能力固然重要，但是否会说话已经成为决定你职场命运的重要标准。那些固守成规，不愿意打破话语警戒的人，只能眼巴巴地看着别人升职、加薪，然后吃不着葡萄说葡萄酸，丢下一句：“不就是吹捧换来的吗？有什么了不起！”殊不知，赞美需要技巧。懂得合适赞美，才能让领导开心，让自己舒心。

的确，中国几千年的传统观念认为，道德高尚的人是刚正不阿的，绝不会讨好他人、说好话，似乎只有不善言语的人才是君子，而那些能言善辩的人就被认为是谄媚之人。而正是因为这样的错误观念沿袭至今，很多人认为与领导沟通就有奉承之嫌，对于领导唯恐躲之而来不及，生怕同事的闲言碎语，久而久之，似乎只有远离领导，孤立领导，才是自己“无欲则刚”的良好道德的体现。但实际情况并非如此，那些溢美之词有一种让人难以抗拒的魔力，但如何说话，却又是一门学问。“马屁”拍得好，就是建立职场沟通渠道的有效方式之一。具体来说，我们在赞美领导身上的闪光点的时候，需要做到以下几点。

1.真诚

赞美，只是与领导相处时候的一种说话方式而已，并不是我们的主要工作。如果一个人整天为了拍领导马屁而费尽心思、处心积虑，那么，这就真的让人心生厌恶了。另外，如果你不欣赏领导，也不喜欢领导，认为他并不值得赞美，就不必假惺惺地去赞美，虚伪的赞美只会让领导觉得你是在嘲讽他，而不是夸赞他。

2.知己知彼，赞美要对路

一些职场中人，本想恭维一下领导，却对领导的一些性格、性情等方面不了解，只顾说一些好话，遇到刚正不阿的领导，本也喜欢一些溢美之词，但却由于那些恭维话说得毫无新意，全是客套话，从而心生厌恶，这就是话没有说好。只有针对领导具体的嗜好、优点等方面进行赞美，才能收到展示自我、迎合领导意图的最佳效果。

3.背后赞美效果更佳

当着领导的面夸赞领导，很容易招致同事的轻蔑、排斥甚至是排挤。为了恭维领导而得罪同事，这并不值得，毕竟与我们共事较多的还是同事，而且，这种正面歌功颂德的方式能够产生的效果并不大，甚至有负效果。

总之，职场需要赞美，作为下属，为了让工作顺利开展，必须和领导搞好关系，而让领导知道你发现了他身上的闪光点往往让领导很受用。“高帽”戴得好，也是有技巧可循的，要不落俗套，才会让对方受用。循规蹈矩、墨守成规的赞美只会让对方感到毫无新意可言，起不到真正赞美的作用。

多向领导请教，谦虚赢得器重

古人云：“三人行必有我师。”身处职场，我们应多向周围的人学习，尤其是我们的领导，他可能存在某些不足，但他的成功，一定是他具备我们还没有的特质，发现并学习这些特质，我们就能吸收到各种对自己成长有益的养分，使我们少走很多弯路，使我们不断汲取前进的知识和技能，最大限度地激发自我潜力。除此之外，最为重要的是，虚心向领导请教，还能表现出我们对领导的敬重，尤其是对那些好为人师的领导，我们的请教更能满足其指点他人的心理。而我们获得的，就是领导的认同和器重。

老周是公司里资历较老的员工，他对专业技能的掌握程度可谓无人能及。不过，正因为是老员工，在单位干了几十年，他的年龄也不小了，对待新事物的理解和接受难免有点力不从心。特别是电脑、互联网的介入，老周越来越感觉到自己需要学习的地方太多了。这方面，他最敬佩的就是他的顶头上司刘主任，刘主任虽然和自己年龄相仿，但却是个新潮人。有些时候，对于电脑里出现的单词，老周都要向刘主任问一问是什么意思、怎么发音，自己再鼓弄半天。

对此，刘主任经常对老周说："老周，这些你不必太在意，有事我们会帮你解决的。"

老周却总是这样说："不行啊，该我会的东西一定要弄明白，我虽然老了，但我还不想被淘汰。"

刘主任对老周的这种态度都很钦佩，还特意表扬了他的这种学习精神。

的确，不懂就问，这不仅是一种良好的工作态度，更是取得领导信任和器重的一把利器。任何一个领导都渴望被人尊重，而向领导请教，就能很好地满足他们的虚荣心，同时自己又能获得他们的好感，一举两得，利人利己，何乐而不为呢？这不是逢迎拍马，也不是领导有多高明，自己有多愚蠢，这是职场的策略。

当然，每个人选择工作的目的各有不同，有的是为了得到一份获得物质的机会，有的是为了发挥自己的某些个人价值，也有的想以此作为跳板，以便未来有更好的发展，找到更好的工作或者开办自己的事业。但如果我们目前还是下属，就必须认清一个形势：作为下属应该积极地向上司学习，要知道不断进步才是下属在上司手下做事的必要条件。上司工作出色，能力强，你可以充分地向上司学习，上司的今天可能也就是你目标中的明天。虚心向领导请教，收获的不仅仅是知识，更是领导的赏识。

这一点，对于新入职场的人来说尤其重要。刚进入公司，就是自我成长而努力学习的阶段。所谓“近水楼台先得月”，你绝不要放过向身边的领导学习待人接物以及工作技巧的机会，如果你能够经常以积极、谦虚的态度来请教上级，他也必然乐于慷慨相助。

具体来说，我们需要做到以下几点。

1.始终相信上级正确

这就需要你在沟通中找出对方的优点，显示出发自内心的赞叹，给以总结性的高度评价。欣赏使沟通变得轻松愉快，它是良性沟通不可缺少的润滑剂。

2.重视领导对你的期望

如果你还没有得到晋升，那要么是上司想继续考察你，要么就是你做得还不够，尽一切可能把自己的本职工作做好，不找任何原因推托、抱怨。

3.多倾听

领导在向我们传授经验的时候，尽量不要打断对方说话，大脑思维紧紧跟着他的诉说走，要用脑而不是用耳听。

4.主动汇报你的工作并请求指示

聪明的下属，总是能让领导看到自己的工作业绩，这主要是因为他们善于在关键的地方，恰到好处地向领导请示，征求他的意见和看法。一般来说，领导都是乐于向我们传授经验的。这样既体现了自己对领导的重视，也能体自己工作的严谨、细心。

5.不忘感谢领导给你的帮助

可能你会认为，上司帮助你是理所当然的，因为这是工作需要，其实，这是一种很大的认知偏差，所以下属与上司之间始终有一道跃不过去的鸿沟。

在职场中，真心真意地感谢你的上司，然后以上司为榜样。有时候，领导帮助你可能是因为工作需要，并没有希望你回报，但这并不代表你可以无视他的帮助，相反，你一定要及时感谢，及时感谢才显真诚。

身处职场的我们，不妨问一问自己：为什么我不是领导？人活一生并非活在一个孤立的空间里，最优秀的人不是那些能力高强的人，而是那些既能力高强也懂得人际关系和协作艺术的人。最优秀的人既能看到别人的优点和缺点，也能看到自己的优点和缺点，能做到取长补短，不断充实自己，完美自己！

关怀同事，但也要保持距离

我们的社会是一个分工严密的等级社会，作为职场中人，只要一上班就要与自己的同事打交道。同事是和自己一起工作的人，我们每天有八个小时要与同事相处，和同事相处的好坏，将直接关系到自己的工作、事业的进步与发展。与同事关系处理得好，个人心情愉快，工作也容易出成绩；处理得不好，不但影响工作，而且会严重损害自己的身心健康。但这里所说的良好关系，并不是说与同事的关系越亲密越好。距离产生美，即使你与同事的关系再好，也不能与对方保持零距离。

莎莉是一名知名的广告设计师，因为能力突出，频繁地被一些广告公司挖墙脚，也就频繁地跳槽。后来，她进了目前这家公司。来到新公司，就连老板也给她几分面子，她在公司的地位也就可想而知。很快，她也和公司其他同事打成一片，最重要的是，她认识了好姐妹琳达。

然而在这样的公司里，人际关系却非常复杂，莎莉并没留意太多，只是和大家一起工作，一起开玩笑。琳达人很好，非常懂得体贴人，两人下班后经常泡在一起。

有一天，莎莉和平时一样进领导办公室汇报工作，可是，莎莉在陈述完以后，却惊奇地发现领导那儿已经有一份和自己设计的差不多的策划案案，莎莉明白了，只有琳达看过自己的构思。这时候，领导的脸色已经很难看：“我本来很看重你的才华和敬业精神，没有新点子也没什么，但你不该抄袭其他同事的创意。”

莎莉当时就急了，和上司吵了起来：“这明明是我的创意，怎么成了她的？”

“你能在各大公司间跳来跳去，这点抄袭的能力也不是没有吧。”领导的言中尽是鄙夷。

莎莉当时很生气，也脱口而出说了一些不该说的话：“是啊，我莎莉，既然能跳槽，就有本事，犯不着在这受你这种没心眼的上司的气！”话一说出口，莎莉感觉自己好像说错了，但已经晚了，不到一个小时，她就被通知离职。她只恨自己太过信任琳达了，才有今日的恶果。

这则案例中，我们不得不为莎莉抱屈。但从她的职场经历中，我们得出一个教训，身处职场，应当与同事搞好关系，关心同事，但同时也应与同事同时保持一定的距离。

我们不难发现，在职场中，许多关系亲密的同事平时一团和气，甚至整天腻在一起，然而遇到利益之争，就当“利”不让，或在背后互相谗言，或嫉妒心发作，说风凉话。这样既不光明正大，又于己于人都不利。解决这一问题的最好方法就是从源头上杜绝，与同事保持距离。

要处理好同事关系，在礼仪方面应注意以下几点。

1.尊重同事

人与人之间最基本的相处原则本身就是尊重，俗话说，“你敬我一尺，我敬你一丈”。同事之间并不像亲友之间，如果一时产生裂缝还可以修补，它不是以亲情、友情为纽带而建立起来的，而是以工作为纽带的，一旦失礼，创伤难以愈合。所以，处理好同事之间的关系，最重要的是尊重对方。

2.不要产生物质上的纠纷

同事之间，可能有相互借钱、借物或馈赠礼品等物质上的往来，这很正常，但切忌一定要算清楚，每一项都要有数，有借有还，以免遗忘，引起误会。另外，向同事借钱，为了信任起见，你可以主动给对方打借条，当然，如果你是出借者，也可以要求对方打借条，这并不过分，想必对方也会理解。在该归还时，如果你因为其他原因无法及时归还，也应该说明原因，以得到对方的理解。

3.关心有困难的同事

大家一起共事，同事遇到困难，你不应袖手旁观，在能力范围内，你应该主动出手相助，这样，会增进双方之间的感情，使关系更加融洽。

4.不八卦，不在背后议论同事

每个人都有“隐私”，办公室和公司都是工作的场所，我们绝不可谈论同事的隐私。背后议论他人的隐私，会损害他人的名誉，引起双方关系的紧张甚至恶化，因而是一种不光彩的、有害的行为。

5.对自己的失误或同事间的误会，应主动道歉说明

同事之间经常相处，难免产生一些误会，如果出现失误，应主动向对方道歉，征得对方的谅解；对双方的误会应主动向对方说明，不可小肚鸡肠，耿耿于怀。

少谈他人私事，远离“小团体”

身处职场，我们每天除了要完成自身工作，还要与周围的同事、领导打交道。工作之余，三五个同事聚在一起聊天就成了联系感情的主要方式之一。当然，谈话内容可能涉及工作以外的各种事情。于是，掌握与同事间谈话的分寸就成了人际沟通中不可忽视的问题，毕竟办公室不是可以随意倾诉心声的场所。

职场中存在一些喜欢探听他人私事的人，这些人常常以探听他人隐私为乐趣。探听他人私事在办公室中是最令人讨厌的一种行为。办公室不是让你八卦的地方，在工作中，你要尊重上司和同事的隐私与习惯。

小于是个爱说爱笑的女孩，因此人缘不错。去年年底，她应聘上了某公司市场部职员的职位，其实，以小于的学历和能力，是进不了这样的大公司的，但原来这个职位上的一个叫朱莉的女孩辞职了，小于就很幸运地顶替了她的位置；一个萝卜一个坑，朱莉的电脑自然也归小于这个新“萝卜”用。上班没多久，小于便在一天午饭时眉飞色舞地说：“前面那个人蛮有趣的，在电脑里留了很多小说，有一篇写得不错，不晓得她哪里下的……你们要看不？”

午休时间，大家都说不看白不看。于是，同事邮箱里都收到了小于发过来的小说，开篇第一句就是：“爱上我的上司艾森，已经两年。”——不幸的是，女主角名叫朱莉，部门经理也叫安森。更不幸的是，这绝不是小说，小于看不出，其他同事却一眼就发觉了。但不幸中的万幸是小于没有“邮件群发”，只发给了几个她聊得来的同事，部门经理没有收到这封邮件。

大家看完了面面相觑，倒把小于吓到了。有人拍拍她的肩，“删掉这篇文章吧，以后不要提……”叫她不提，可私下里，同事们怎么忍得住：“朱莉怎么那么粗心？走的时候都不‘格(式化)’硬盘？”“她暗恋了那么久，经理说不定是知道的，还是不理她。她明摆着是让这些东西露出来让经理难堪嘛！”“也不一定，说不定她在等着有一天可以传到经理耳朵里，反正他太太也不在上海……”

不知道这篇在公司里传来传去的“暗恋日记”最终有没有传到经理那里，总之小于在经理手下干得很不开心，半年不到就辞职了。

这个职场故事中，职员小于实在是个冤大头，而她犯的错误就在于不该揭露别人的隐私，说了闲话，而且还涉及领导，自然，只能以辞职来解决此事。

人与人之间的关系很复杂也很敏感，特别是在办公室这种场合，几个人在一起闲聊起来，有时说到某个人时，还会扯出一大串人家的私事。在这种时候，很多把持不住的人，就会附和着说起某人的私人问题来，有时候这种交谈会被添油加醋地传到那个同事的耳朵里，你们的关系恐怕要蒙上一层阴影。

而事实上，很多下属喜欢通过聊隐私话题来拉近跟同事的关系，其中涉及其他同事的隐私或者领导的隐私。其实，这是很危险的，无论谁的隐私，我们都不便谈论。于是，如何在职场规避风险、获得领导信任与认同是每个职场人必学的功课之一。

1.以工作为重心

办公室“闲话”是终结你的职业生涯的致命武器，我们要把注意力始终放在工作上，多干活，少说话，不仅能有效避免这些闲话，还能给领导留下勤奋、踏实肯干、厚道的印象。

2.谢绝不实的八卦

办公室中，人多嘴杂，总是有一些好事分子喜欢探听或传播隐私，对此，最好的方法就是采取三“不”：不听、不问、不参与。

不做八卦传声筒，你也比较不容易卷入是非之中。对方如果挑明想知道你的意见，保持微笑、借口忙碌，或者假借接电话拉开距离，都是不着痕迹的暗示。

当你被人误解时，不要急于解释，否则，只会越描越黑。其实最好的解决之道就是保持沉默、沉淀心情，让时间替你解释一切。因为，不存在的事并不会因为多说几次就发生，相反地，一个人对你有刻板偏见，也不是几句辩白就能改善，真的不如把力气留在更有意义的事情上。

总之，在办公室里，你要分清哪里是公共区域，哪里是个人空间。同事的工位就是其个人空间，不要有意无意地窥视同事的工位。每个人都有属于自己的秘密，有些话同事不想说，你就不要去打听。

关键时刻打圆场，让领导心存感激

身处职场，我们每天都必须和周围的同事以及领导接触，学会为人处世以及说话都很重要。而作为领导，也和我们一样，每天都要面临各种人际关系。当你的领导在处理各种人际关系的时候，也会因经验或能力的不足而面临尴尬的局面，或与客户争吵，或被他的上司批评，或被同级嘲笑……面对各种压力，他们也期盼下属能在关键时刻为自己解围。只是领导者的心理需求由于种种原因不便轻易暴露自己而已，所以他们很少主动开口要求下属给自己提供帮助。因此，作为下属的我们，遇到这种情况，应该自觉地帮领导寻找一个台阶，以尽快让领导摆脱难堪的局面。如果领导遇到困境而你熟视无睹，一副与己无关的样子，那么他自然会找借口发泄对你的怨气。

慈禧太后爱看京戏，看到高兴时常会赏赐艺人一些东西，这也是常理中的事情。但是，有一次，艺人杨小楼却因此差点丧命，多亏太监李莲英的圆场。

那天，慈禧看完杨小楼的戏后，将他招到面前，指着满桌子的糕点说："这些都赐给你了，带回去吧。"杨小楼赶紧叩头谢恩，可是他不想要糕点，于是壮着胆子说："叩谢老佛爷，这些尊贵之物，小民受用不起，请老佛爷……另外赏赐点……"

"那你想要什么？"慈禧当时心情好，并没有发怒。

杨小楼马上叩头说道："老佛爷洪福齐天，不知可否赐一个'福'字给小民？"

慈禧听了，一时高兴，马上让太监捧来笔墨纸砚，举笔一挥，就写了一个"福"字。

站在一旁的小王爷看到了慈禧写的字，悄悄说："福字是'示'字旁，不是'衣'字旁！"杨小楼一看，确实如此，这字写错了！如果拿回去，必定会遭人非议；可不拿也不好，慈禧一生气可能就要了自己的脑袋。要也不是，不要也不是，尴尬至极。慈禧此时也觉得挺不好意思，既不想让杨小楼拿走，又不好意思说不给。

这个时候，旁边的大太监李莲英灵机一动，笑呵呵地说：“老佛爷的福气，比世上任何人都要多出一‘点’啊！”杨小楼一听，脑筋立即转过来了，连忙叩头，说：“老佛爷福多，这万人之上的福，奴才怎敢领呀！”

慈禧太后正为下不来台尴尬呢，听两个人这么一说，马上顺水推舟，说道：“好吧，改天再赐你吧。”就这样，李莲英让二人都摆脱了尴尬。

李莲英之所以能一直受慈禧的恩宠，恐怕与其嘴上功夫了得是分不开的，在这种情况下，换成其他人，恐怕只能胆战心惊、语无伦次地等待慈禧大发雷霆了，可是，他却能巧妙圆场，为慈禧铺了台阶，维护了其面子，其恭维的功夫真的可谓是炉火纯青！

实际上，一个人在职场之所以能成功的奥妙不只在于学识高低、能力大小、素质好坏，关键在于如何取悦领导，讨得领导欢心。其中，成为领导心腹的潜规则就是为领导维护面子，当其处于尴尬场景时，要为之铺一个台阶。

学会帮领导打圆场，我们需要做到以下几点。

1.揣摩领导的心思，了解领导的意图

很多时候，即使领导需要帮助，也不会直白地表达出来，需要下属细心揣摩。原因有很多，但最普遍的情况是，领导碍于面子，不便随意表态，但倾向性意见不难猜测，这时你应该揣摩，不能强迫领导明确表态；与领导相处，最为重要的是那份“心领神会”，形成默契。有些事领导还没说，你就已经做好了，领导当然会对你赞赏有加。凡事等领导发话你才做，便为时已晚，他在心里已经给你打了低分。

2.审时度势，学会打圆场

工作中，尤其是作为领导身边的下属，要学会见机行事，当领导陷入尴尬境地需要有人圆场时，我们不可置之不理，毕竟很多场合，领导不方便开口求助。

3.给领导台阶，切记要保住领导面子

对于领导来说，面子是最重要的，给领导找台阶，也就是为了此目的，切不可本末倒置。

的确，作为下属，辅助领导完成工作任务是天经地义的事，但要想让工作开展得更顺利和愉快，我们还要学会和领导搞好关系。当领导陷入尴尬境地的时候，我们要帮领导寻找到台阶，不仅能让领导平静正常地继续工作，而且还能缓和气氛，最重要的是，领导会因此感激你，把你视为贴心的工作搭档。

第18章

交际妙招，自如应对令你满盘皆赢

现代社会，人们无论是做生意，还是求人办事，甚至是结交朋友，都少不了应酬。但应酬毕竟是一种手段，因此，作为应酬的各方，永远是虚虚实实、真真假假，信息的掌握也各有不同，无论是哪一方，都希望应酬结果有利于自己。因此，要在这种无形的较量中取胜，我们就必须要用点心机，在应酬中多加引导，从而做到应付自如、满盘皆赢。

寒暄客套，巧说话让气氛暖起来

在生活中，我们都需要与人交往，也就少不了应酬，但在应酬过程中，可能常常会出现这样的状况：大家似乎都不愿意主动开口而导致了场面冷清、尴尬，此时，我们该如何是好？要知道，只有沟通才是实现应酬目的的最根本方法，此时，如果我们懂得恰当的寒暄，就能处理好这一步，使交谈气氛迅速融洽起来，使我们结识很多有趣的朋友。

寒暄者，应酬之语也，是作为交谈的“开场白”来被使用的。寒暄的主要用途，是在人际交往中打破僵局，缩短人际距离，向交谈对象表示自己的敬意，或是借以向对方表示乐于与其结交之意。所以说，应酬中，在与他人见面之时，若能选用适当的寒暄语，往往会为双方进一步的交谈，做良好的铺垫。而不谙寒暄的礼仪，则显得有失交际水准。比如，在你被介绍给他人之后，应当跟对方寒暄，若只向他点点头，或是只握一下手，通常会被理解为不想与之深谈，不愿与之结交；碰上熟人，也应当跟他寒暄一两句，若视若不见，不置一词，难免显得自己妄自尊大。

贝尔纳·拉迪埃是某空中客车飞机制造公司的销售能手，当他被推荐到空中客车公司时，面临的第一项挑战就是向印度销售飞机。这是一件棘手的任务，因为这笔交易似乎已经被判“死刑”了——这笔交易已由印度政府初审，未被批准。此时，一切希望就压在了销售代表身上。

对此，拉迪埃深知肩上的重任。他稍做准备就立即飞赴新德里，接待他的是印度航空公司的主席拉尔少将。

拉迪埃到印度后，见到他的谈判对手后说的第一句话是：“正因为你，使我有机会在我生日这一天又回到了我的出生地，谢谢你！”这句话一语中的，很有效果，迅速拉近了和这位少将的距离，成功推销出公司的飞机。

拉迪埃靠着娴熟的销售技巧，为空中客车公司创下了辉煌的业绩：仅在1979年，他就创纪录地销售出230架飞机，价值420亿法郎。这当中，应该说也少不了他善于寒暄的功劳。

“正因为你，使我有机会在我生日这一天又回到了我的出生地，谢谢你！”这是一句非常得体的开头语，表达了好几层含义：那天是他的生日，而且印度是他的出生地；而能在生日当天这个值得纪念的日子回到自己的出生地，完全得益于对方，因此，他感谢主人慷慨赐予的机会。这句话并不冗长，但却简明扼要、贴切自然地拉近了拉迪埃与拉尔少将的距离。拉迪埃的印度之行取得了成功，也就不足为奇。

寒暄在应酬中的作用是十分重要的，但并不是任意的寒暄都能起到这种作用，不恰当的寒暄很可能会弄巧成拙。

我们要想让寒暄起到应有的效果，需要注意以下几点。

1.寒暄要视双方关系的疏浅而定

（1）跟初次见面的人寒暄时一定要以礼貌为主，不可太过套近乎，最标准的说法是“你好！”“很高兴能认识您！”“见到您非常荣幸！”。也可以说“早听说过您的大名”、“某某某人经常跟我谈起您”，或是“我早就拜读过您的大作”、“我听过您作的报告”，等等。

（2）跟熟人寒暄时应该尽量显得亲切一点，不要过于生分，比如，你可以说“好久没见了”、“又见面了”、“您的发型真棒”等。

2.根据寒暄的对象而定

根据不同的寒暄对象，与人寒暄时的口吻、话题等都应该有所变化。比如，如果你是下属，你是宴会的主人，那么，就应该尽量体现你对对方的尊敬和仰慕；如果你是上司，那么，最好能表现得平易近人一点。

3.根据不同的应酬场合而定

庄重场合要注意分寸，一般场合则可以随便些。拜访人家时要表现出谦和，不妨说一句“打扰您了”。接待来访时应表现出热情，不妨说一句“欢迎”。

4.寒暄语应带有友好之意、敬重之心

寒暄不容许怠慢、敷衍了事，也不可嘲弄他人。“来了”，“瞧您那德性”，“喂，您又长膘了”，等等，自然均应禁用。

总之，寒暄虽然是一些单调而且简单的话语，但是却不可忽视。因为它是交谈的催化剂，能够在彼此之间架起一座桥梁，满足人们的亲和心理。

接近你的贵人，为自己的前途铺路

中国人素来有命运一说，希望自己可以出门遇“贵人”，职场中能得“贵人”提携，生意场上希望“贵人”能送来“财神爷”。很多时候，人们常把自己命运的“转机”寄托在“贵人”身上，“春夏秋冬行好运，东西南北遇贵人”这副对联更是常被人们贴在门上，可见，人们对“贵人”的重视。但似乎自古以来，人们认为，这些能保平安、发大财的“贵人”都是“可遇不可求的”，因此，他们往往都是坐等贵人的垂怜，而不知应该主动接近贵人。

在现实生活中，可能有很多人都害怕应酬，害怕社交，从而让自己失去了很多结交贵人、建立友谊的机会。其实，我们应该知道，任何机遇都不是“天下掉馅饼的”，都必须主动寻求。天下如果有一辈子都不走运的人，那是因为他没有足够的人缘基金，生命中如果没有一个“贵人”出现，就会是艰辛而没有收获的。

伍德沃德是美国的一名记者，他曾经获得美国新闻界最高奖励——普利策奖。他原本的梦想就是进入《华盛顿邮报》做一名记者，当时，这家报纸的主管喻利并没有看出伍德沃德的过人之处，但机缘巧合，他还是聘用了伍德沃德。

当伍德沃德来这家报纸应聘的时候，应付他的只不过是一个助手，这名助手对伍德沃德说：“喻利说可以给你一个机会，不过，只有两个星期的时间。这两个星期是没有报酬的。”

两个星期很快就过去了。

伍德沃德虽然干得很卖力，但采写的17篇稿子一篇也没见报。这天，还是在喻利的办公室里，伍德沃德听到了他最不愿意听到的话：“小伙子，你很聪明，也很勤奋，但缺乏作为优秀记者的素养，而且这种素养你是很难具备的……”伍德沃德后来回忆说，他当时的感觉，如同被重重地踢了一脚。

无奈的伍德沃德只得在华盛顿附近的蒙特哥莫瑞找了一份工作。但他不甘心自己的命运被这两个星期的试用扼杀。没多久，他开始频频给喻利打电话，希望再给他一次机会。一次，正在度假的喻利又接到伍德沃德的电话，他不堪忍受伍德沃德的纠缠，禁不住大发脾气。倒是他的妻子冷静地说：“你难道不认为这正是一个好记者必须具备的素质吗？”应该说，喻利是明智的，他听了妻子的话，让伍德沃德回到了《华盛顿邮报》。

1972年6月，当人们茶余饭后笑谈“五个戴手套的男人闯入民主党全国委员会总部”时，伍德沃德从中嗅到了不同寻常的气味。于是，他和同事伯恩斯坦透过蛛丝马迹，穷追不舍，终于揭开了一个惊天黑幕——“水门事件”的真相。

“水门事件”让尼克松提前结束了总统生涯，让《华盛顿邮报》获得美国新闻界的最高奖——普利策奖，也让伍德沃德跻身世界知名记者的行列。

“水门事件”成就了伍德沃德的声望和地位，但这一切，都是源于伍德沃德是一个积极主动为自己创造机会的、一个不安分守己、不达目的誓不罢休的人，他正是因为紧紧地抓住了生命中的“贵人”——《华盛顿邮报》编辑部的主管喻利，才改变了他人生的轨迹。

“贵人”有如此重要的作用早已毋庸置疑，那么，在应酬场合，怎样才能抓住“贵人”的眼光，让自己在瞬间得到赏识呢？

1.扩大自己的应酬圈子

人们结识新朋友的机会多半都在一些应酬场合，因此，结交贵人，你既要学会有的放矢，又要广撒大网，因为建设人脉的前提首先是认识更多的人。为此，你应该积极地参加应酬场合，开拓新的社交场所。

2.你要学会不断地推销自己

你主动出击的次数越多，你所认识的人也越多；你认识的人越多，认识“贵人”的可能性就越大。

3.困难中，不要羞于求助

人生一世，你总有自己力所不能及的时候，你不可能万事不求人。在处于困境的时候，只要你把自己的困难坦诚地告诉别人，并诚心地向他人求助，被求助者一般都不会袖手旁观。而从助人者的角度来讲，助人比获得别人的帮助更能获得满足感。

当然，除了以上三种方法外，我们制造机遇的方法还有很多，只要你用心思主动和别人交往，一定能拥有良好的人际关系！

尴尬冷场时，学会巧妙炒热气氛

在生活中，我们参与应酬，都希望交流沟通的气氛能融洽热烈，但事实情况却是，因为彼此间不相熟识或者找不到合适的话题而使得现场气氛遭遇冷场。如果这种氛围不被解决，最终只会让交往各方都不欢而散，而如果我们能发挥自己的机智和口才，说几句渲染气氛的话，那么，就能带动大家的谈话兴趣。

1984年5月，美国总统里根到上海复旦大学做访问。里根总统与一百多位中国学生初识与一间大教室里，他说了这样一句开场白："其实，我和你们学校有着密切的关系。你们的谢希德校长同我的夫人南希是美国史密斯学院的校友呢！这么看来，我和各位自然也都是朋友了！"话毕，他赢得了全场的热烈掌声，成功拉近了与一百多位异国学生的心理距离，接下来的谈话更是轻松、融洽。

里根总统这番话，表达出了自己渴望与学生们亲近的愿望，让学生们看到了他的亲切，自然也就拉近了与学生们的距离。

同样，在应酬中，如果我们也能像里根总统那样与他人"拉一拉"亲，做到主动表示自己的友好，这样你们之间就有可能真的变亲近。对此，我们不妨事先寻找一下你与对方之间的"亲近"关系，可以是朋友的朋友，可以是同一个出生地，可以是都曾去过某个地方……总之，只要是可能拉近与对方关系的内容都可以。但是，有一点需要注意，这个内容不能是对方不希望提起的，或者是不感兴趣的话题。

的确，在应酬场合，最怕的就是冷场，此时，如果你能主动站出来，炒热现场的气氛，让沟通畅快地进行下去，那么，势必会赢得他人好感，愿意与你结交。

那么，我们说哪些话可以炒热现场的气氛，带动大家的谈话兴趣呢？

1.天气

天气是每个人都关心的问题，因为天气对于生活的影响太大了。天气不好，不妨交换一下彼此的苦恼："今天这天儿，我都穿得像南极企鹅了。"天气很好，不妨同声赞美；如果某地遇到暴雨或者干旱等天气异常情况，也可以拿出来谈谈，因为那是人人都关心的话题。

2.坦白自己的感受

当性格内向的你出席了一个周围都是陌生人的聚会时，与其你自己在角落里一个人嘀咕 “我太害羞了，与这种聚会格格不入”，还不如直接告诉坐在你身边的陌生人，或许正是这句话，让你们彼此之间成为知音。

一次，美国作家阿迪斯与另外写过一本书的心理学家谈话。阿迪斯通常对这类的访问都能应付自如，并会从中受益，所以当他发觉自己结结巴巴，不知怎样开口时，简直大吃一惊。最后阿迪斯说：“不知为什么我对你有点害怕。”结果，那位心理学家对阿迪斯这个说法产生了兴趣，随即大家就自然地聊起来了。

3.自己闹过的有些无伤大雅的笑话

比如，你可以拿买东西被骗、语言上的失误等此类的笑话来和对方分享一下，因为这些生活中的趣事，人们一般都爱听，在你谈论此类趣事时，可能对方也遇到过，你们之间就找到了共同的话题。另外，拿自己开涮，更体现出你的随和、平易近人。

4.以轰动一时的社会新闻为话题

这也是闲谈的资料。假使你有一些特有的新闻或特殊的意见和看法，那足可以把一批听众吸引在你的周围。

5.家庭问题

关于每个家庭里需要知道的各方面的知识，例如儿童教育、购物经验、 夫妇之间怎样相处、亲友之间的交际应酬、家庭布置等，也会使大多数人产生兴趣，家庭主妇们尤其关心这类问题。

当然，我们也应当避免谈一些令人扫兴的话。在初次交往中，彼此都有一定的意图，所以纯属个人生活的事情不要多谈，可能没有人愿意听你高谈阔论，诸如狗、孩子、食物和菜谱、自己的健康、高尔夫球，以及家庭纠纷之类的事，但可以对时下人所共知的社会现象、热点问题等谈谈看法。

见机行事，让你在应酬中巧得人心

细心的你会发现，在应酬场合，那些能左右逢源、赢得他人好感的人往往都具有一项本领，那就是他们具有一双慧眼，懂得见机行事，总是能在第一时间察觉到应酬场上的不和谐因素，并在三言两语间就加以解决。

小王和老周同在办公室工作。一次，小王请了全办公室的人吃饭，但不知道为什么，老周没来。而脾气暴躁的老周居然在请客当天通过其他人找到了小王他们吃饭的饭店，并火速赶往现场，对小王一阵质问，小王被蒙在鼓里，不知如何是好，一言不发，而老周一顿狂风暴雨之后，也气呼呼地坐在椅子上，顿时，整个饭桌上，谁也不敢多说一句话。

这时候，彭大姐走过来，对老周说："小王是说请全办公室的人，当时你正好不在，我也忘了告诉你，这不是小王的错，那会儿小王还纳闷儿你怎么没来呢。你如果有意见就对我提吧，不要责怪小王啊。"老周听后，觉得自己错了，于是主动向小王致歉，他们又和好如初。

故事中的彭大姐就是个懂得见机行事的人，眼看一顿饭就要在一场腥风血雨中进行，她主动站出来，为小王解了围，很明显，日后小王必定会对彭大姐感激涕零。

那么，具体来说，当交际场合出现冷场之后，我们该怎么做呢？

1.承认错误，坦诚面对

一群二十年后相见的老同学中，有一男一女曾是同桌，因而说话遮拦便少一些。但女同学不久前丈夫因病去世，男同学并不知道，因而在玩笑中毫无顾忌地提及其丈夫。另一同学知情，便忙阻止，但他不知其详，玩笑开得更为厉害。阻止的同学只得说出实情，这个男同学可谓无地自容，不知如何是好，整个场面也立即安静下来。不过他迅速回过神，先是在自己脸上打了一下，之后调侃地说："你看我这嘴，几十年过去了，还和当学生时一样没有把门的，不知高低深浅，只知道胡说八道。该打嘴！该打嘴！"女同学见状，虽有说不出的苦涩，但仍大度地原谅了老同学的唐突，苦笑着说：“不知者不为怪，事情过去很久了，现在可以不提它了。”

案例中的这位男士在因自己造成冷场之后，立即主动认错，获得了谅解，也让谈话得以继续进行。可见，一旦因自己失误而造成冷场，最聪明的办法是：多些调侃，少些掩饰；多些自嘲，少些自以为是；多些低姿态，少些趾高气扬。

在人生中，与人交往难免会产生一些矛盾，但矛盾产生了，并不代表不能消除，只要我们善于处理，比如，我们无心说的话伤害了对方，那么，只要你敢于承认自己的错误，向对方道歉，对方一般都能原谅你。

而如果你伤害对方过重或触犯了原则问题，那么，在道歉时，你就应该严肃点、郑重点，但道歉的时候应保持仪态优雅，切莫一味谦卑屈膝，这反而会引起另一场尴尬风波，严重的还会使对方厌恶和唾弃。

2.主动背黑锅，转嫁矛盾

如果冷场是由其他人造成的，那么，他必定成为众人紧盯的对象，而此时，如果你能主动站出来，为其背黑锅，那么，对方一定会感激你。

3.幽默法

幽默失灵的时候并不多，用它圆场一般较易奏效。可以说，幽默是处理任何交际问题的通行证。弗洛伊德说：“最幽默的人，是最能适应的人。”幽默是人际交往的润滑剂，一句幽默语言能使双方在笑声中相互谅解和愉悦。

你一定要学会的祝酒词

中国是个饮食大国，餐桌是联系人际感情的重要场所。但无酒不成席，有应酬就有酒，中国人喝酒，喝的不仅是酒，还是一种意境和文化。自古以来，素有“行酒令”之传统，到了现代，人们的祝酒习惯有增无减，这也是酒桌上的一个礼仪。

在生活中，有时为了迎接一个重要的客人，有时为了庆祝一大笔生意的成交，或是为了祝贺某个有纪念意义的日子，或者是其他什么重要的聚餐场合，都需要发挥自己的角色职能，祝酒辞的任务很可能责无旁贷地落到了自己的身上。要记住，各种场面的祝酒辞是不一样的，但不论什么场面，祝酒辞的表达都要求我们必须诚恳、热情洋溢、满怀激情，起到真正烘托气氛的目的。以下是某公司年会上，一位经理的讲话：

“亲爱的朋友们，此刻，我们欢聚一堂，都沉浸在欢乐之中，我无法表达我的心情。一年来，诸位为我们的企业做出了重大贡献，企业越办越红火，蒸蒸日上。今天我们共同举杯，就是为了庆祝我们共同努力的成绩，也感谢大家无畏的奉献精神。现在，我提议，诸位，为我们共同的事业和每个人的幸福干杯！”

这段话虽然简短，但却表明了宴请的由头，表达了自己内心的感受，为整个宴请起到了很好的开场作用。

酒桌上，会祝酒的人往往能获得满堂彩，不失礼节又能让人刮目相看。而祝酒辞带有很强的随机性和变化性，因此，祝酒也考验了一个人在应酬时候的变通以及见机行事的能力。当然，祝酒也并不是毫无章法、毫无规则的，我们要根据不同的场合、时间、地点以及当时的喝酒氛围来祝酒。

这门学问涉及以下方方面面。

（1）在餐会上，致祝酒词通常是男主人或女主人的优先权。如果无人祝酒，客人则可以提议向主人祝酒。如果其中一位主人第一个祝酒，一位客人可以第二个祝酒。

（2）仪式场合，通常会有一位酒司仪，如果没有，会有宴会的举办人，在就餐结束前，开始发言、致辞。而一般不太正式的场合，在上酒之后，就可提议祝酒，你不必喝太多，每次一小口足矣。

（3）作为被祝酒者，你也不用将酒喝光，而应该注意礼仪，你需要先站起来喝一些，并道“谢谢”，同时向对方祝酒。一般来说，女性相对自由一些，回答敬酒只要笑一笑，或向祝酒者的方向点头示意就足够了。

具体的祝酒辞，是轻松和谐的，但我们在祝酒的时候，要避免庸俗，否则，会让对方感觉难堪甚至鄙夷，这样，我们原本为了活跃气氛的本意就被倒置了。

但大多数酒宴宾客都较多，所以你应尽量多谈论一些大部分人能够参与的话题，得到多数人的认同。因为每个人的身份地位、知识面以及兴趣爱好都有不同，谈话的内容太偏也许会赢得某个人的好感，但却遭到更多人的排斥，影响喝酒的效果。其次，在喝酒的时候，要瞄准宾主，把握大局、分清主次，不要单纯地为了喝酒而喝酒，而失去交友的好机会。

餐桌上祝酒，可以渲染吃饭气氛，使整个宴席的气氛活跃起来。或许有些人认为自己比较木讷，不大会说话，其实，祝酒辞的本意就在于烘托气氛，生意人可祝他生意兴隆，老人祝他越活越年轻，年轻人祝他前程似锦，女孩祝她越长越漂亮等。

在酒桌上，你一定要学会灵活掌握，熟练运用祝酒辞。不然，只会被别人“排山倒海”的祝酒辞攻击。

如何应对他人的劝酒攻势

中国式的饭局应酬中，酒是必不可少的交际手段。对于一个善于交际应酬的人，酒是他们的社交智慧方略，他们善于在推杯换盏中吃出氛围，喝出交情，谈成生意，扩展人脉。其实，很多酒桌上的酒、菜都只是附属品，喝酒也只是一种面子、一种投资、一种手段。精于此道的人，不仅打好了人际关系，积累了财富，也搞好了关系，结识了朋友，一举两得，名利双收。

交际应酬中，我们不仅要学会敬酒，还要学会“推杯”，尤其是面对那些劝酒攻势，更要学会婉言拒绝。酒桌这个交际场所，也是一个考验人的场所。我们不能喝酒，最好学会拒酒；我们不能以酒量让他人痛快，那就凭三寸不烂之舌让大伙儿开心。这样，就能既不伤自己的身体，又不让劝酒者扫兴。

办公室的老蒋是大家公认的“酒仙”，也就是“千杯不倒”，实际上，没有人愿意和他喝酒，因为他是出了名的不管有事没事，有理由没理由都会主动敬你酒的人。这天，同事们决定下了班去聚餐，这可乐坏了老蒋，他早就想探探新来的同事小刘的底，看看他是不是真的滴酒不沾。

于是，饭局一开始，他就端起酒杯，对小刘说：“滚滚长江都是酒，乙醇淘尽英雄，坛坛罐罐转头空，杯盘以及在，几张老脸红，残汤剩菜酒桌上，惯看醉汉威风，一群酒鬼喜相逢，古今多少事，都废酒坛中。”接着，他说“先干为敬”，此时，连葡萄酒都不沾的小刘陷入了窘境，这可怎么办好？但这情形，他不得不喝下这杯“苦酒”，接下来，简直是一发不可收拾，很多同事发现小刘并非想象中那么滴酒不沾后，就开始对他轮番轰炸，而小刘也不好拒绝，于是，当天晚上，小刘是被架着出酒店的。

案例中，小刘为什么不得不喝下老蒋敬的酒？因为面对老蒋的劝酒词，他无法应答，骑虎难下，他只能“接招儿”。而实际上，有敬酒词，就有挡酒词。如：“酒量不高怕丢丑，自我约束不喝酒。”“万水千山总是情，这杯不喝行不行？”“一条大河波浪宽，这杯酒说啥也不干！”“我为大家唱支歌，歌声好听酒不喝。”“君子之交淡如水，以茶代酒也很美。”“锄禾日当午，汗滴禾下土，连干数杯酒，你说苦不苦？”。当然，即使他不会这些拒酒词，大可以找借口离开酒桌。

因此，在饭桌上，面对他人的劝酒攻势，我们可以应付的方法有很多。

1.以拒酒词反击

当别人劝酒的时候，我们可以反客为主，说“怎么能让您敬我酒呢，应该是我向您敬一杯才对。”然后起立举杯，说敬全体一杯，这样他们就不好意思挨个对你劝酒了，可以少喝很多杯。

拒酒词很多，比如“只要感情到了位，不喝也会陶醉。”你可以这样说：“跟你不喜欢的人在一起喝酒，是一种苦痛；跟你喜欢的人在一起喝酒，是一种感动。我们走到一块，说明我们感情到了位。只要感情到位了，不喝也会陶醉。”

2.当你根本不碰包括葡萄酒在内的各种酒精饮料和酒时

当酒传递过来时，你当然可以谢绝，在祝酒时举起装着苏打水的高脚杯。过去，除非是酒精饮料，否则不祝酒，但是今天各种饮料都可以用来祝酒。无论如何，你应该站起来，加入到这项活动之中，至少不应该极端失礼地坐在座位上。

3.巧设接口，离开饭桌

上厕所、接电话也是很管用的一招。还有，为了避免醉酒，形势不对时，还可以把手机设个闹铃，过几分钟闹铃响，“谎称”自己接电话。对于女孩来说，就算会喝也不能喝多，半斤量要让所有人都相信你只能喝3两多。不会喝酒，但是在大家劝说下，抿一下酒杯，这种女孩才是人们所欣赏和喜欢的。保护了自己，又不失风姿，顾全了对方面子，还会让别人赏识。

总之，拒酒的办法还有很多，要随机应变，“兵来将挡、水来土掩”。酒文化中既有劝酒词，也有拒酒词，你没有酒量，凭着你的机智和口才也可以在交际场上应对周旋，“顺利推杯”，游刃有余，这也应该作为我们交际应酬的原则。机智聪明的人始终能在酒场广结人缘，又能顺利抽身，然后让交际为其所用！

和气生财，在交际中创造机遇

我们都知道，中国人和西方人素来在处理问题上的方式不太一样，西方人很喜欢将“对人的问题”和“对事的问题”分开处理。在商场上，说穿了就是“生意归生意”“朋友归朋友”。而中国人的观念似乎逐渐倾向于“对事要无情”“对人要有情”的论调。因此，中国人的生意人都深知

“要做生意先做朋友”的道理，他们在做生意前，都会应酬一番，在应酬中让对方感受到他们的贴心和良好的素养，从而给自己制造和气生财的机遇。

莉莉毕业后，好不容易找到了一份经理秘书的工作，却在工作后一个月就被老板辞退了，其实莉莉也没有做错什么事，只是不小心问了一句不该问的话。

那天，老板让莉莉陪自己去参加个应酬，莉莉才参加工作，哪里有过这种经验，但她还是硬着头皮去了。

莉莉得知，和老板吃饭的是三个来自北京的客户，莉莉想，对于这样的客户，一定要热情大方些。来到饭店，出于礼仪，老板让对方点菜，这三位客户分别点了三道菜：第一位客人点的是糖醋里脊，第二位客人点的是宫保鸡丁，第三位客人点的是京酱肉丝，但是，他特别强调要用干净一点的杯子倒啤酒。

很快，服务员将这三位客人所点的菜用盘子端了出来，放到了桌子上。这时，莉莉看到盘子上放着一个杯子，于是，她大声地向这三位客人问道：“你们谁要用干净一点的杯子盛酒……”

三位客户听到莉莉的话，顿时很惊异。而正是因为这点，公司与这三位客户的生意就这样黄了。事后，他们对这位经理说：“原来你们公司的秘书就是这样的素质啊，我看你应该辞了她，不然她还会令你丢脸的！”

于是，莉莉就这样“莫名其妙”地被辞退了。

就凭莉莉的这一句问话，老板当然会毫不客气地向她下辞退令，因为她的话会让客户觉得她不懂礼仪，老板脸上自然也无光。

实际上，商务应酬就是一场心理的较量，谁先被对方折服，谁就赢了。应酬中的任何一个动作、一句话，尽显我们的知识文化素养和礼仪。为了达到和气生财的目的，我们可以采取以下几条策略。

1.喝点酒，让彼此敞开心扉

在中国，一些人聚在一起吃饭，围坐在圆桌旁，却出于各种“繁文缛节”，谁也不敢打破沉寂。此时，如果有人能主动点菜、帮着夹菜等，那么，现场的气氛将会活跃起来，但如果谁能提议“喝点酒”，那么，人们想交谈的欲望就更心照不宣了。酒的作用在进餐方式的基础上进一步强化这个信息。中国人平素都活在各自的小世界里，一张看不见、摸不着的社交网络像蜗牛壳一样把大家限制在一个小圈子内，循规蹈矩，小心翼翼，只有通过酒精的麻醉作用，大家才能自然而然地把心理防线慢慢打开，开始推心置腹地说点心里话，所谓“酒后吐真言”。当然，也有人说过头了，暴露了不该暴露的东西。

2.说话要委婉、亲切

彼此谈生意，要以亲切为第一。亲切，才有好感；有好感，才能收到好效果。要诚恳，就得精神集中，用柔和的眼光正视着对方。

另外，说话委婉才有“磁力”作用，有“磁力”作用，才能使听者接受。声调要和悦柔顺，使听者悦耳；态度要真诚恳切，使见者动容；措辞要圆润周到，使听者感动。

3.站在对方角度说话，步步为营地引导

这就需要我们运用语言的智慧引诱对方进入自己的圈套，于无形之中将他人的内心防线攻破，也就等于在两个人的角逐中取得先机，这样就会在不知不觉中让对方对我们产生好感而愿意与我们合作。

4.保证轻松的谈话氛围

大部分成功的商务应酬都要在和谐的气氛下进行才可能达成。如果我们不注意说话态度，即使完美无缺的说服策略，也会因对方生疑而不攻自破。

总之，在商务应酬中，我们都要留有心机，步步为营。如果不假思索，想到就说，想到就做，不仅个人的弱点会完全暴露，也无法和别人很好地沟通、交流！

参考文献

[1] 吴文铭.受益一生的心理学启示[M].北京：中国纺织出版社，2008.

[2] 成果.心理学的诡计[M].北京：中国纺织出版社，2010.